東大寺大仏と日本思想史

―大仏造立の意味を問う―

磯部隆

大学教育出版

東大寺大仏と日本思想史

目次

第一章　天平時代の大仏造立

はじめに

東大寺大仏は聖武天皇の勅願による造立である。いわゆる大仏造営の詔が出たのは天平十五年（七四三年）であるが、それよりも三六年ほど前、聖武の父、文武天皇が、まだ二五歳の若さで死んだとき、なお聖武は幼く、文武の母元明天皇が皇位を継承した。聖武の祖母にあたる。元明天皇は、聖武に皇位をつなぐ中継ぎのための即位ではあったが、その七年ほどの治世の間に、大宝律令の本格的な実施と、平城京の造営・遷都という大事業が行われている。その背後には、当時の実力者、右大臣藤原不比等の存在がある。

元明天皇は即位後七年を経て、皇位を娘の元正天皇に委譲した。聖武の伯母にあたる。元正天皇の場合にも、聖武即位にいたるまでの中継ぎとしての即位ではあったが、治世は九年間つづき、当然のことではあるが、聖武時代の直接的な前提を形づくる。したがって、聖武天皇による大仏造立の意味を考えるために、視野を元正時代にまでさかのぼらせてみたい。むろん、この課題のもとで元正時代にさかのぼるので、歴史過程の取り扱いの仕方が網羅的ではなく重点的にならざるをえない。また重点的に取り上げた諸事実の意味も、ずっと後に構想され現実化される大仏造立の時において、ようやく、肯定的にあるいは否定的に（大仏造立の促進ないし阻止要因として）明らかになるにすぎぬ場合もある。

以上は、聖武時代の前のことであるが、次に聖武時代以後についてもふれておきたい。

大仏開眼供養は、天平勝宝三年（七五一年）、あの大仏造営の詔から八年後のことである。この時、すでに聖武は皇位を娘の孝謙天皇にゆずり、みずからは太上天皇として臨んだのであったが、四年後、聖武は没っして、それから間もなく、孝謙天皇も淳仁天皇に皇位を委譲し、藤原仲麻呂が実権を握る時代が来る。ここでも、視野を仲麻呂時代にまでたどり、そのうえで、聖武時代の大仏造立の意味を再把握するということが必要だと思われる。というのは、仲麻呂は大仏造立に積極的に貢献し、それが孝謙天皇の仲麻呂への信頼をもたらし彼の昇進と実権掌握の大きな一因となったのだが、しかし、その後の足どりをたどると、仲麻呂にとっての大仏造立の意味は、聖武天皇の意図とはかい離し、むしろ対立するものだったように思える。それゆえ、仲麻呂の後を追うことによって、本来の、大仏造立の理念を、あらためて回顧することができるように思われる。

第一節　元正天皇

一　政治理念

元正天皇は即位すると、ただちに改元して霊亀元年として大赦を施し、翌月、次のような詔を発した(1)。

国家が大いに栄えおさまるためには、人民を富ませることが肝要である。人民を富ませるための根本は、つとめて貨食（財産をふやすこと）に専念させることにある。それゆえ、男は農耕につとめ、女は機織《はたおり》を修め、家では衣食が豊かになり、人民には無欲で恥を知る心が生じるようになれば、ここに刑罰を必要としなくなる政治がさかんになり、太平の風習をまねくことができるであろう（霊亀元年十月七日）

すでに大宝律令は本格的に実施されており、さらに藤原不比等による養老律令の編纂が行われている時期に、詔は政治理念として「刑罰を必要としなくなる政治」をかかげる。もちろん、律令国家の整備と現実政治におけるこの理念とが矛盾するというわけではない。詔は、民衆が豊かになれば自然に犯罪は減少すると考えるからだ。だから詔は、右につづけて、具体的に、陸田《はたけ》における粟《あわ》などの播種耕作を国司が人民に教導することを命じている。

以上のような、いわば貨殖主義的な立場に立つ政治理念は、元正天皇時代に一貫して追求されてゆくことになる。たとえば、『続日本紀』は元正時代の一人の模範的な官吏の姿を次のように伝えている。彼の名は首名《おびとな》といい、若くして律令を習得し、官吏としての職務に習熟していたが、和銅末年つまり元正即位の一、二年前、地方官となり筑後守《つくしのかみ》および肥後国司として転出、そしてその任地において、「人民に生業を奨励し、箇条書きの規程を作って、農作業の仕方を教え、耕地には（稲の他に）果物や野菜を植えさせた」。首名の「教え」は家畜の飼育にまでおよんだ。この「教え」に従わない場合には、刑罰を適用したので、老人のみならず若者も彼の施策をうらみののしったが、やがてその施策の効果があがるにつれて喜び従うようになった。さらに首名は提と池を構築して灌漑《かんがい》を拡大した。肥後の味生池や筑後にある提池である。養老二年（元正治世四年）、首名が死ぬと、人びとは彼を神として祀《まつ》った。律令国家は、模範的な官吏が人びとによって神として祀られることを誇らしく思っているのである。現存する神像のなかに官吏の姿をとったものもある。

元正天皇の治世の終わり頃、養老六年四月二十五日、太政官（大臣以下の国家審議公卿の合議）は天皇に奏上して、

また、食物は人民にとって最も大切なものであります。時宜にかなった方策を打ち出すことは、国を治めるための重要な政治です。次のように請願します。農業を奨励して穀を蓄積し、それによって水害や旱魃《かんばつ》に備えますが、ついては所司に委任して人

夫を徴発し、肥沃な土地の良田百万町歩を開墾したいと思います。そして（人夫の）労役は十日を限度とし、食料を支給し、使用する道具類は官物を貸し与えることにし、秋の収穫ののちすぐさま（それらの道具類を農民たちに）造らせ準備させます。もし、国司や郡司のなかで、詐《いつわ》って（この仕事を）遅らせ、肯《あえ》て開墾しない者があれば、両方ともすぐさま解任することにします

と述べ、天皇の裁可を得ている。

この大規模な良田百万町歩開墾計画は、国司・郡司による農民（人夫）の強制徴募・食料道具の官物支給という上からの開発計画であったが、一年後、養老七年（七二三年）四月十七日、太政官はいわゆる「三世一身の法」を奏上して天皇の許可をえている。

最近、人民の人口が次第に増加し、田や池が不足しています。どうか天下（の人民）に田地の開墾を勧めわりあてたいと思います。新たな溝や池を造って開墾した者があれば多少にかかわらず三代目まで所有を許し、もし、旧《ふる》い溝や池を利用したときには、本人の代にのみ所有を許すことにしたいと思います

百万町歩計画も三世一身の法も、元正天皇の即位に際して打ち出された基本的な政治理念、人民を豊かにすれば、「廉恥《れんち》の心」が生じ、「刑罰を必要としない政治」が興るという理念、その具体化のための大胆な試みにほかならない。けれども、両者がいずれも元正天皇の治世末期に打ち出され、三世一身の法の半年後、天皇は譲位するという点から推測すれば、右の基本的政治理念が一貫して高くかかげられてきたにもかかわらず、現実にはその反対の事態が進行し、それゆえにこそこの両政策が元正時代末期に打ち出されざるをえなかった、とも思われる。理念に対して現実はどうだったのだろうか。

二　律令国家の矛盾

養老四年三月十七日、元正天皇の治世の第六年、百万町歩開墾計画の二年前、太政官は社会問題の実状を報告しつつ、その是正策を天皇に奏上している。その要点を摘記すると、まず基本点として、人民の貧困があげられている。

最近人民は、一般にたいてい貧乏で、公私（の負担）を弁ずることができない者が多くなっています

したがって太政官は、春に正税の稲を無利息で人民に貸与させ、生業を継続させ、秋に返納させるように諸国に命じている。

また、稲の負債を負っていて、返還する手だてのない人も多く、厳しく徴収すると逃散してしまうので、養老二年以前の債務を免除する。

第二に、地方から公の物品を運ぶ運脚夫の状況。

人々が物を運んで入京し用件が完了したら、早速に帰還させるべきであります。〔しかし〕国に帰る旅程の食料がないため、途中で大そう艱難辛苦《かんなんしんく》しています

したがって太政官は、京内に官物（食料その他）を貯蓄して、公用で物品を運び帰還する者には食料を支給することを奏上する。ただし、庸・調を運搬する人夫（運脚）の場合は、賦役令によって「庸・調の家」の負担となっており、その負担の改善が提案されているわけではない。ちなみに、これら運脚夫の状況は、「入京した人夫をみると、その衣服はぼろぼろに破れ、（その顔色は）青菜のような色の者が多い」（霊亀元年四月二十日、詔）と、元正天皇が詔のなかで指摘するほど深刻な状況だったのであり、のちにふれる行基とその仲間たちが、元正時代にはこうした人

びとの救済活動にたずさわっていたことはよく知られている。

最後に逃亡農民について。

逃亡は律によって処罰されることになっていたが、太政官は、逃亡後六年間以上を経過した者で、非を悟って帰郷しようとする者には、一年間租税負担を免除して、生業を継続させることを提案している。この提案の前置きで、太政官は、

また、愚かな人民が法律に習熟せず、徭《よう》役を避け多くが逃亡してしまう場合があります

と述べている。律令国家からすれば、農民が愚かで法律（条章）に習熟していないので、法律に反して逃亡するのだが、農民からすれば、土地に緊縛《きんばく》され過酷な労役を負担せねばならず、税も重いので逃亡せざるをえない。逃亡しない場合にも租税未支払いへの刑罰が待っている。

養老四年の太政官奏上は、律令国家の実状を示す一つの例にすぎない。これ以外にも、たとえば兵役勤務の過酷さなど、人民の窮乏についての記述をあげればきりがないだろうが、しかしそうする必要もない。というのは、ここで取り扱いたい問題は、理想と現実とがかい離しているという一般的な事柄ではなくて、律令国家の支配層が「刑罰を必要としない政治」という理念を追求しているにもかかわらず、前提とする律令国家そのものが刑罰の必要性を生み出してくるという問題だからである。そして、このような儒教の徳治主義的な政治理念と律令国家の現実との矛盾は、あれこれの諸事実におけるよりも、理念の中心的担い手である天皇の、繰り返し行われる大赦ないし赦免の行為において端的に表現されているように思われる。一つの例を具体的に紹介してみよう。

養老二年十二月七日の天皇の詔。

朕は、つつしんで皇位を継承し、天の運行を仰いで頼りとし、この四年間、君主として天下に臨んできた。上は天を規範とし、下は人民を養ってきたが、平凡で愚かな人民たちは、ゆるやかな法なのに、自らそれにふれ、（それを取り締る）官司の法律は、（取り締りに備え）常置されているありさまである。このことを考えるたびに、朕は憐憫《れんびん》の情を禁じえない。広く最善の道を示し、遠くまで淳朴な風俗を奨励し、悪業を行なう者も（朕の）深い仁慈に感じて善人に改心し、既に罪を犯した者も法に従ってよい風俗になじませたいと思っている。しかし、昔から今まで種々の大赦というものは、ただ小罪のみをゆるし、（大罪の）八虐《はちぎゃく》は除外してきた。朕は、うやうやしく太上天皇のおんために、通り一遍ではないめぐみを降《くだ》そうと思う。

全国に大赦を行なえ。養老二年十二月七日の子《ね》の刻より以前の死罪以下、罪の軽重を問わず、現在、獄に繋《つな》がれている囚人、にせ金造りや盗人、及び八虐など、通常の赦では免ぜられない者も、ことごとく赦免せよ。また、廃疾《はいしつ》の者で自活できない者は、その程度に応じて物をめぐみ与えよ。そのために長官は、自ら慰問に出向き、あわせて煎《せん》じ薬を下賜せよ。僧尼についても同様な措置をとれ。全国に布告して、朕の意志を知らせるように

この詔のなかの、「平凡で愚かな人民たちは、ゆるやかな法なのに、自らそれにふれ、官司の法律は常置されているありさまである」（庸愚の民、疏網に挂り、有司の法、常憲に置く）という文言は、先ほどの太上官奏の、「愚かな人民が法律に習熟せず」（無知の伯姓の条章に閑《なら》はずして）と同じく、律令を体系的に整備する側の立場を示しているが、それにもかかわらず天皇は「憐憫の情」ゆえに大規模な大赦を実施し、そのことによって罪人の改心を期待する。この時の大赦は、「太上天皇のおんために」とあるように、天皇の母の、おそらく病気回復祈願のためであったと思われるが、大赦という功徳によってこの祈願がかなうことを期す、という点は表にあらわれず、罪人に対する「憐憫の情」が基調になっている点に特徴がある。元正天皇は別の恩赦の場合にも「あわれみと思いやり」（仁恕）を前面に立て、

朕は（罪人を）大変あわれに思う〔愍ぶ〕。どこであれ罪を犯す者がいるならば、（その責任は）わたし一人にある。奏上された罪人でいずれも処罰すべき者どもは、全員を放免せよ。（以後彼らを）取り調べてはいけない〔養老元年四月二十一日、詔〕

と述べている。

元正天皇は、「刑罰を必要としない政治」をめざしているのだが、現実は理念に逆行する。律令国家は犯罪と刑罰があふれていわば監獄国家へ転化する危険がある。大赦は何度も行われる。それは元正天皇の責任意識と心を表明するけれども、問題の根本的な解決にはならない。一体どのようにすれば、律令国家が監獄国家に転化せず、「刑罰を必要としない政治」を実現できるのだろうか。それは元正天皇だけの問題ではなく、皇太子（のちの聖武天皇）の問題でもあっただろう。

三 仏教の統制

元正天皇は即位の翌年、霊亀二年（七一六年）五月十五日、仏法興隆のための詔を出している。しかし、どのような意図での仏法興隆なのか、注意が必要である。

この詔の特徴は、「今聞……又聞」という文言によって、二箇所、天皇への言上文が要約され「諸国の寺」の実状が語られていることであるが、『続日本紀』にはこの詔につづいて、藤原武智麻呂のほぼ同じ内容の奏上文が掲載されているので、元正天皇が武智麻呂の報告と提案を容れて詔を発したことは明らかである。『武智麻呂伝』は武智麻呂の奏上の次に詔を置き、『続日本紀』と順序を入れ替えている。(2)

武智麻呂は藤原不比等の長子であり、すでに元明天皇時代から政権に参与しており、この奏上から二年後には式部卿になっている。それから間もなく不比等は死ぬけれども、武智麻呂は他の兄弟とともに政権の中枢部に位置しつづけ、聖武天皇の治世前半期においては、不比等の四子による権力体制をつくるにいたるので、彼の仏教政策には注意を払っておく必要がある。元正が退位しても、武智麻呂と他の三兄弟が権力中枢部にいるのであれば、元正時代の仏教政策は継続するはずだからである。

詔のなかで、「聞くところによると」という前置きで語られる事柄は二点ある。第一点は、諸国の寺の荒廃にかかわる。諸国の寺は、みすぼらしい堂舎を建てただけで、公認されて田の施しをえようとしたり、あるいは僧尼の住む建物を整備せず、内部は荒れはて、「馬牛が（寺内に）群れあつまり」、「門や庭が荒れはてて荊棘《いばら》が繁茂するにいたり」、仏像はほこりをかぶって経典は雨に濡れている。年数が経ているにもかかわらず寺を構えつくることができない。

第二点は寺の財産に関することである。これはそのまま引用しよう。

諸国の寺では、堂や塔が完成してもそこに住む僧侶がおらず、仏の礼拝さえ行なわれない。また檀越《だんおつ》の子孫が田畑をすべて支配して、専《もっぱ》ら妻子を養い、寺の僧たちの役に立てようとしない。そのため（僧たちと檀越との間に）訴訟がおこり、国郡をやかましくさわがせている

第一点および第二点に共通することがある。それは寺に僧がいないということである。第一点は建物としての寺がボロボロなので、第二点は寺財産を檀越が掌握してしまっているので、という理由を付している。

近江《おうみ》国の守《かみ》武智麻呂は上奏文のなかで、

まさに今、人情はしだいに薄くなり、仏の教えは衰えていますが、それはただ近江国だけではなく他の国も同じです

と述べ、また元正天皇も、

請い願うことは、力をあはせて共に（寺を）造立し、もう一度衰えた仏法を興隆することである

と詔している。

けれども、寺に僧が住まないということは、はたしてただちに仏法の衰えといえるのだろうか。むしろ仏法とその担い手たちは、公認された寺院から出て、民衆のなかで生き生きと仏法を興隆させ始めたのではないのだろうか。そうした動向に対して、武智麻呂は僧侶を寺院のなかへ引きもどし、上から僧綱《そうごう》を通じて監督しようとしているのではないのか、つまり僧侶と民衆との関係を遮断することが、この「仏教興隆」政策の主眼点ではないのだろうか。

詔から二年後、養老二年十月十日、太政官は僧綱（僧尼の統制・監督を行う僧官職）に対して告示を出しているが、その終わりは次のような言葉で締めくくられている。

（また）僧侶が寺院に住まず、（仏法の）修練の方法にそむいて、おもいのままに山に入り、たやすく菴《いおり》や岩屋をつくることは、清浄な山河を濁らせ、霞や霧の美しさを汚してしまうことになる。また経典にもつぎのようにある。教えを説いて市井《しせい》に雑居し、その心情は、自分の才智を外にあらわさないことを目ざしてはいても、その姿は窮乏した乞食とかわりがない、と。このような輩については戒めて、禁制を加え説諭せよ

武智麻呂および太政官首脳部の立場は、僧の自由な移動を禁じ、民衆との接触を断ち、僧院の中において学問や修行を行わせ、つねに僧綱の監督の目のとどく所に置こうというものである。

けれども、太政官による僧の規制策は、以上のような僧の居住場所という空間的規制にとどまらず、転経（経の初・中・終の数行の略読）・唱礼（悔過《かいか》の文や願文を唱えること）の際の節廻しの統制にまで及ぶことになる（養老四年十二月二十五日の詔）。

なお、最初に紹介した詔において、僧院の荒廃が問題となっていたが、その解決策の一つとして貧弱な数寺を併合して一寺とすることが諸国の国司に命じられた。それから五年後の養老五年五月五日『続日本紀』の条には、

七道の按察使《あんさつし》及び大宰府に命じて諸寺を巡察させ、便宜に応じて併合させた

とある。

按察使は養老三年七月十三日に初めて設置され、それぞれ二ないし三国を管轄し、国司を監視する役割をもった。元正時代の中央政権はたえず僧尼の動向に疑わしい不安な眼を向け、一貫して取り締まりの姿勢をくずさない。しかし、それにもかかわらず、中央政権は彼らなりの仏教興隆をめざしている。たとえば、先ほどふれた太政官による僧綱への告示において、

聡明で判断力が時世にぬきんでてすぐれ、人々にも推され、仏門の模範とすべき人物は、その人を推挙して高徳を顕彰せよ

と命じており、他方でまた天皇の詔は理想的な僧として神叡《しんえい》および道慈《どうじ》を賞賛し、

朕はいつも喜び賞《ほ》め称《たた》えて止むことができない。（よって）二人に食封《じきふ》五十戸を施して、手厚く誉め賞し、徳のある者を顕彰する（養老三年十一月一日）

と述べている。

このような仏教奨励策は元正時代に一貫している。したがって、ここで根本的な問題に遭遇することになる。すなわち、元正政権にとって、あるいは元正時代に限らず律令国家にとって、仏教はいかなる政治的意味をになっていたのか、という問題である。もっとはっきりいえば、僧の規制がそれほど必要にもかかわらず、国家はなぜ仏教を捨てないのか。

最初に見たように、元正天皇および太政官の政治理念は、人民を富ますことによって、「刑罰を必要としなくなる

政治」を実現するというものであった。その思想的背景は儒教的な徳治主義である。元正天皇は即位の際の詔において、

孝子・順孫（祖父母によく仕える孫）・義夫・節夫は、その家の門と村の入口の門に（その旨を）示し、終身租税負担を免ずる

と、儒教的な徳である孝を高らかに宣揚し、また、養老四年六月二十八日の詔では、

人間には常に行なうべき五種の徳がさずけられているが、（なかでも）仁義はとくに重要である。（また）人間にはいろいろな行ないがあるが、父母に事《つか》え孝をつくして敬うことこそ、すべてに優先する

と述べたりもしている。むろんこうした儒教主義は天皇個人の立場ではなく、体制の立場であり、たとえば、『律』に規定される最も大きな罪である八逆《はちぎゃく》は、国家に対する反逆を別にすれば、「悪逆」「不道」「不孝」という孝に対立する罪が主要部分をしめている。また、一例にすぎないが、天皇に僧の規制を奏上した武智麻呂の若き時代について、伝記は、

公［武智麻呂］学校に入りて、その空寂たるを視て以為《おも》へらく、それ学校は賢才の聚《あつま》る所にして、王化の宗《むね》とする所なり。国を理《おさ》めて家を理むるは、皆聖《ひじり》［孔子など］の教に頼《よ》り、忠を尽し孝を尽すは、この道に率《したが》ひ由る。今学者散《あか》れ亡《う》せて、儒風扇《あふ》かず。これ聖の道を抑揚し王化を翼賛する所以《ゆえ》に非ずと思へり(3)

と伝えている。

元正天皇の時代は、武智麻呂の父不比等の時代でもある。この時代の政治理念は儒教を中心にしているのである。

それにもかかわらず、天皇も不比等も武智麻呂も、仏教の興隆をめざしている。同じく武智麻呂の例。

> 公〔武智麻呂〕少《わか》き時より三宝を貴重《たふと》び、妙法を貪り聴き、仏果を願ひ求めつ。食を終ふるの間も、あえて亡《わす》るることあらず、公《おほやけ》の務ありといへども、常に精舎《てら》を礼《おが》む。忽《たちまち》に一の寺に入るに、寺の内荒れたり。堂宇は頽《くづ》れ落ちて、房廊《ぼうろう》は空しく静かなり(4)

ここで『武智麻呂伝』は、あの養老二年の詔のあとの、武智麻呂による寺院荒廃の改善に関する奏上に移ってゆく。したがって、ふたたび最初の問題にもどらざるをえない。天皇および太政官は僧の統制に必死になっているにもかかわらず、しかも統治に関しては聖人の道、儒教を基本にしているにもかかわらず、なぜ仏教を必要とするのか。なぜ寺の荒廃をくいとめようとするのか。

通常は、僧を寺院にとじこめ、国家の平安を祈らせたり医療その他さまざまな仕方で国家に役立てるためだといわれている。実際、そのような「利用」が行われたことは確かである。が、問題は『続日本紀』の元正時代に、そのような記事がほとんど現れてこないことである。たとえば養老六年の厳しい旱魃のとき、国家は天神地祇《ちぎ》への祭事はしたが仏教には関与していない（七月七日）。

あれこれの「利用」価値の問題ではなく、律令国家の存立の前提として、仏教の必要性は考えられるべきであると思う。武智麻呂の属する藤原氏の例をとって考えてみよう。藤原氏は養老五年に興福寺北円堂を建立している。興福寺は藤原氏の氏寺であり、祖先をとむらう法事を中心にして藤原氏の結束を強め、北円堂は他に対して一族の勢威を示すことにもなっただろう。しかし、祖先をとむらうといっても、祖先を神として祀るのではなく、仏《ほとけ》を祀るのであり、仏教に帰依するにすぎない。そして仏教は、本来、出家主義であり、血縁の枠組から抜け出して、そのうえで、他との共存を実現しようとする。それゆえに、藤原氏のような有力諸氏族が本来的に持っている血縁的な壁（他氏族と自らとを遮断する閉鎖的な意識）を、仏教によって破ることによって、有力諸氏族を官僚制的に編成する統一国家としての律令国家が可能となる。藤原氏などの高貴な諸氏族は、その一族としての意識を存続させつつも、同時に仏教を通じて、閉鎖的な一族の意識を越え、国家のメンバーとなり、このことを基礎として他と結びつく。むろん諸氏族間の競争は持続するにしてもそれは冠位の競争となり、その時にはすでに前提としての、諸氏族の実体的な閉鎖性を越えた官僚制国家が成立しているわけである。

律令国家の存立にとって、仏教が以上のような意味をもつのであれば、それは「利用」価値の問題ではなく、支配諸氏族が主体的に帰依すべき思想であっただろうし、かつ支配諸氏族が支配団体として連合する内面的要件であったのだから、当然仏教は民衆から切断されたものであったし、支配諸氏族の連合としての律令制国家は民衆に対しては仏教の理念ではなく儒教の理念によって向きあうことになったのである。

四　行　基

養老元年四月二十三日、元正天皇の治世三年目、天皇の詔は、民間で僧尼令に反して活動をつづける行基《ぎょうき》とその弟子たちを名ざしで批判・弾劾している。が、このようなことは類例がなく、当時五十歳の行基が、平城京を造営し遷都を決行した元明天皇の時代からいかに深く民衆のなかに根づいた宗教活動をつづけ、いわばカリスマ的な声望を集めていたかを、物語る。研究史上この詔は、行基について論じる場合、必ず引用され、よく知られているけれども、やはりここでも引用しておきたい。というのは、この詔のなかで「小僧」として軽蔑され、律令国家によって拒絶された行基が、ずっと後に、聖武天皇の大仏造立の事業に参与し、大僧正という僧綱トップの地位を与えられており、こうした「小僧」から大僧正への劇的な転換という出来事のなかに、大仏造立の意味解明の一つの手がかりが、のちほど与えられると思うからである。

官職を設け、有能な人物を任命するのは、愚かな人民を教え導くためであり、法律を設け禁制をつくるのは、そもそも悪事を禁断するためである。近ごろ、人民は法律に違反し、かって気ままに自分の気持ちどおり髪を切り鬢《びん》を剃《そ》って、たやすく僧服を着ている。みかけは僧侶のようであるが、心によこしまな盗人の気持ちを秘めている。こうしたことからいつわりが生まれ、みだらで悪いことはここより起こるのである。これが一つである。

すべて僧尼は、しずかに寺の中にいて、仏の教えを学び、仏の道を世に伝える。（僧尼）令によると、『乞食《こつじき》する者があれば、三綱（各寺院において寺の取締りをつかさどる三種の役僧）が連署して（国郡司に届け出）、午《うま》の刻以前に托鉢《たくはつ》して食物を乞え。このことにより食物以外の物を乞うことはできない』とある。ちょうど今、小僧の行基とその弟子たちは、道路にばらばらになったり連れだったりして、みだりに罪業と福徳のことを説き、徒党を組んでよくないことをたくらみ、指を焼い（手灯とし）たり、臂《ひじ》の皮を剥《は》いで（経を写したりして）、家々の門をめぐり、いいかげんなことを説き、むりに食物以外の物を乞い、いつわって聖の道であると称して人民を惑わしている。（そのために）僧侶も俗人も乱れさわぎ、各階層の人民は生業をすてている。一方で釈迦《しゃか》の教えに違反し、他方では法令を犯している。これがその二つである。

詔はむろん律令国家を背景として、「愚かな人民を教え導く」という立場に立ち、法律による禁制も悪事を禁断するためであるといっている。これまで見てきたように、この立場は、人民に「孝」という儒教的道徳を中心にする無条件的な従順性を求めるものである。人民がこのような徳を身につければ、「刑罰を必要としない政治」が実現できるとする立場である。この立場から詔が問題としているのは、人民が勝手に僧服を着たり、生業を捨てたり、僧俗が交流をもったりすること、つまり一言でいえば、人民の仏教化という動向なのである。それは単に私度僧《しどそう》を抑えるためなのではなく、人民の仏教化を封じようとするものである。律令国家はなるほど仏教国家ではあるが、さきほど述べたように、その仏教とは支配諸氏族の連合・官僚制的編成の内面的要件を満たすためのものであり、人民に対しては儒教的徳治主義の理念で臨み、人民に「孝」を中心にした徳を求めた。ところが仏教は、出家主義に立ち、道徳的理念としても、少くとも大乗仏教は、「孝」を越えて普遍主義的な「慈悲」をめざす。それゆえ、この詔は、人民の儒教化（律令国家）と人民の仏教化（行基集団）との思想的な対立を表現しているのである。行基問題は、このような意味で日本思想史上の根本問題だったのである。

が、さらにもう一点。行基は、律令国家の外面的・禁止的な「律」の立場に対する、仏教の側からの、内面的・主体的な、仏教理念の宣揚を行った。この点についてはすでに行基研究史が大きな成果をあげている。二葉憲香氏は、行基の活動が『瑜伽師地《ゆがしじ》論』に説かれる瑜伽《ゆが》戒に関連していることを具体的に指摘し、民衆の困苦を救おうとする行基の行動原理をこの点に置いている。(5)あるいは、行基の救済活動が『梵網《ぼんもう》経』の説く梵網戒の実践であるとする石田瑞磨氏のやはり具体的な指摘がある。(6)が、その後、古田靖雄氏は、右の養老元年の詔のなかに記載される行基たちの活動を、『梵網経』のなかの戒律規定と照合してその関連性を明らかにするとともに、その後の行基たちの活動をも視野に入れたうえで、結論としては、行基の思想活動は、「大乗菩薩戒をその根底におき、菩薩戒は、梵網経と瑜伽戒を併せ」もつものであり、特定の宗派の経典に執着しない「汎宗派的」性格だったとしている。(7)

行基が瑜伽戒や梵網戒から思想的な影響を受けたことは確かだと思われる。けれども、行基の活動は、ちょうど律令国家の禁止事項を守るように仏教の戒を守り、福祉活動を行った、というふうなものではなかったと思われる。というのは、行基は、本来は禁止事項であったものを、主体的・内面的に受けとめて、積極的なものへと転じて、救済の道を切り開いていったと思われるからである。たとえば、人を殺すなかれ、という禁止事項を、主体的・内面的に受けとめて、人を生かせ、というふうにみずからに課してゆく道をとった。だから行基は、瑜伽戒や梵網戒に書かれていることを実行しているけれども、その実行は、戒がそこに書かれているからではなく、その戒の根底にある精神を受け入れているからであって、それゆえ行基の活動は、以後、さまざまな領域に開かれてゆくのであり、創造性に富むものとなる。架橋、道路建設、池の築造、港湾の整備、堀の開削、布施屋（宿泊施設）の設置など。むろんそれは将来のことであって、今のところ行基集団は、都の街衢《がいく》で「食物以外の物」すらも乞食して、それをファンドにして、欠乏した人びとや、青い顔色で衣服がボロボロの地方からの運脚夫の救済などを行い、仏《ほとけ》の道を説いていた。しかしそれも、養老元年の詔によって厳禁されることとなった。

翌年、養老二年、行基は陸福院という寺を建てているが、それは平城京から四、五キロ離れた地にあり、迫害からの退避という性格が強い。二年後、養老四年、行基はさらに平城京から遠ざかる地に石凝院を建てている。迫害から退避しながら、人びとの救済および宗教活動の拠点をつくっていったと思われるが、驚くことに翌年、養老五年、行基は菅原寺を建てているのだが、その場所は平城右京三条三坊つまり平城京の内部にある。(8) するとどうなるのか。翌年の養老六年七月十日、太政官は次のように天皇に奏上した。

（人民に）徳化を垂れ教えをひろめることは、法規にのっとってはじめてうまくゆき、風俗を善導し人を教えさとすことは、守るべき常の道に違ったならば、成功しません。最近、在京の僧尼らは、浅い知識と軽薄な知恵をもって罪と福の因果関係を巧みに説き、戒律を充分守ることなく、京内の民衆を詐《いつわ》り迷わせています。内には聖教をけがし、外には帝王の道を崩し、遂には人の妻子を剃髪《てい》させ皮膚に（しるしを）刻ませ、どうかすると仏法と称してたやすく自分の家をぬけださせています。（妻子らは）法規をおそれることもなく、両親や夫を顧みなくなっています。ある者は、経を背に負い鉢を捧げてちまたに食を乞い、ある者は、偽って邪説をとなえて村々に寄宿し、あつまって宿るのを常とするので、あやしいことを言いふらす者どもは群をなしています。最初は仏道の修行に似ていても、最後にはよこしまで乱れた状態になるのです。深くその弊害について考えてみますに、とくに禁断すべきであります

奏上文は人民の徳化・教導という立場から、儒教的秩序をほりくずす仏教活動を批判する。

行基とその弟子たちは、平城京に帰ってきたので再びその活動を禁断されることとなった。彼らの行動の特質は、人びとの苦難に応じて自由に創造的な救済活動を行うことにあるのだが、それと同時に、その活動の領域がたえず律

令国家の活動領域と重なることにある。たとえば、今、平城京にもどってきたのは、公物を運ぶ遠方からの運脚夫を救済したり、あるいは、平城京の造営活動にかかわる人びとを救済するためだったと思われる。おそらく行基は、律令国家の生みだす苦難の人びとをひろいあげたり、律令国家の放置する公活動を代行したりしながら、慈悲の仏教を下から、階層を越えて広めていこうとしていたのだろうし、移動する人間に照準をあてて、空間的にも全国的な拡大を展望していたのだろう。

第二節　聖武天皇

一　治世初期

神亀元年（七二四年）二月四日、元正天皇は皇太子に位をゆずり、皇太子は聖武天皇として即位した。同時に、長屋王が左大臣に任命されて政権のトップに立ったが、五年後の神亀六年、いわゆる長屋王の変が生じ、自害させられる。便宜上、この時期を聖武天皇の治世初期として一括し、将来の大仏造営のことを念頭におきつつ、この時期のおもな事柄をながめておきたい。

まず軍事にかかわることから見ておこう。

即位の翌月、陸奥《むつ》国で蝦夷《えみし》の大規模な反乱が起きる。元正時代の開墾政策・農地拡張政策と関連するものだったかもしれない。武智麻呂のあとをついで式部卿になった弟の藤原宇合《うまかい》が征討軍の大将となった。宇合は、東北地方の支配の拠点として現在の宮城県に多賀城を創建した。朝廷は、この多賀城に陸奥国府を移し、また陸奥・出羽按察使を常駐させ、さらにその背後には東国を主とする軍事的支援体制を確立させ、ちょうど九州の大宰府に対応するような「遠《とお》の朝廷」を作り出した。(9) なお、この頃から藤原氏が軍事領域で中心的役割を果たし始めたことに注意しておきたい。

直接的にではないが、広い意味で軍事にかかわる出来事として、神亀四年の渤海《ぼっかい》使の来日と国交の開始という事柄もかかげておく必要がある。

渤海国は、中国東北地方（旧満州）の東南部から朝鮮半島北部を領域とし、使者の持参した渤海王の書状によれば、「旧高句麗《こうくり》の土地を回復し」、かつての日本と高句麗との友好関係を復活するために、寧遠将軍の高仁義以下、高級軍人二十四名の使者を派遣した（続記、神亀五年正月十七日の条）。

この時より六十五年前、白村江の戦いがあった。高句麗・百済・日本の連合と、唐・新羅の連合とが対決し、天智二年（六六三年）、日本水軍は白村江で全滅し、百済は滅亡、その五年後に高句麗も滅亡した。

今、渤海国がかつての高句麗の後継国家であることを強調しつつ全員軍人からなる使節団を派遣してきたのは、渤海が唐との戦争を予想し、かつてと同じように渤海と日本との軍事同盟によって、新羅をおさえこもうとするためだった。実際、使節派遣の四年後、渤海は唐との戦端を開いている(10)。

朝廷は渤海との国交開始を決定して、使節を翌年（神亀五年）に、派遣しているが、この時から、唐、渤海、新羅の軍事・外交関係に以前よりも深くかかわることになる。そのかかわり方がどのようなものとなるか、それは唐、とりわけ新羅の出方によっても決定されざるをえないが、今のところ定かではない。

次に内政面での聖武天皇の行動をとりあげてみよう。

聖武天皇は即位の翌年、神亀二年十二月二十一日、詔によって次のような大赦を命じている。

死んだ者は生きかえることができないし、刑に処せられた者は息をすることはできない。これは古典が重要なこととしたところである。刑の厳しい執行を禁ずることがどうしてなくてよかろうか。今（刑部省の）奏上にみえる在京及び天下諸国に現在禁獄されている囚徒のうち、死罪は流罪に、流罪は徒罪《ず》に（減刑）せよ。徒罪以下については刑部省の奏上によって刑を行なえこの減刑命令の特徴は、通常の大赦の場合とは違って、特別の理由をもたず、減刑それ自体が目的になっていることにあり、したがって即位とか天候不順とか、特別の出来事とも関連をもたないという点である。聖武天皇のこうした志向性は皇太子時代からのもののようだ。たとえば皇太子時代の養老六年正月二十日の条。

正四位上の多治比真人三宅麻呂は謀反を誣告《ぶこく》した罪により、また正五位上の穂積朝臣老《おゆ》は天皇を名指しで非難した罪により、斬刑とされた。しかし皇太子が（天皇に罪の軽減を）奏したので、死罪より一等減ぜられ、三宅麻呂は伊豆の島に、老は佐渡の島に流された

事件の真相はよく分からないが、皇太子が減刑のために勇気ある行動をとったことは事実だ。皇太子が即位して聖武天皇となったとき、以上の点から判断すれば彼は元正天皇の「刑罰を必要としない政治」という理念を受け継いだにちがいない。ところが、同一の理念をめざしながらも、両者の間には大きな違いがあったように思われる。

元正天皇のもとで、養老二年、藤原不比等を中心にして養老律令がつくられた。天皇も不比等も、間もなく即位するであろう聖武の代にこの養老律令を、いわば記念碑的な事業として施行させるつもりだったように思われる。聖武は、文武天皇と不比等の娘宮子の子供だったので、不比等は、養老律令の施行という形で聖武の即位を飾ろうとしたのであろうし、また、律令国家の完成にすべてを注いだ彼の努力を継承してもらいたかったにちがいない。元正天皇も、養老律令が完成した翌年、つまり養老三年十月十七日、詔のなかで、

創世以来、法令は久しい。君臣の地位を定めて世が移っていった。中古に及ぶまで準拠して行なわれてきたが、まだ整った法文にあらわすまでには至らなかった。降って近江の世（天智天皇）に至り、緩やかにすることも厳しくすることもすべて具備された。藤原の朝廷（文武天皇）の時に大幅な増減があったが、（これに）もとづいて施行し（根本を）改めず、恒法とした。そ

こで遠い大祖の正しい法典を思い、歴代天皇の大いなる法則を考えてみると、大きな事業を継承するのは、まさに皇太子である。しかしながらまだ年少であって政治には未熟である

と述べ、養老律令の施行を将来に期待したのである。ところが、聖武天皇がやがて即位し、その治世は開始されたが、しかし、年月は過ぎてゆくばかりで養老律令はついに施行されなかったのである。こうした事柄のうちに、律令を重んじた元正時代とは異なる聖武天皇の意向が現れているように思える。

なお、聖武天皇の治世初期において、護国経典の転読命令がしばしば行われており、他の国政上の諸命令がたとえ天皇の詔において告示されたとしても、それがどこまで聖武天皇自身の意向を表しているのか分からないのに対して、この経典転読命令は聖武天皇の意向にもとづくことは明確である。というのは、聖武天皇には、元正天皇の場合と同じように、天地の異変や異常は天皇の徳の問題性から生じてくるというカリスマ意識ないし支配者としての責任意識があるが、そのような意識にもとづいて聖武天皇は災害を防止するために、護国経典の転読を命じており、この点では元正天皇とは異なっているからである。元正天皇時代にはそのような事は行われなかった。

神亀二年正月十七日

僧六百人を宮中に招き大般若《はんにゃ》経を読誦させた。災異を除くためである

同年三月十七日、詔

また諸寺院の境内は勤めて掃《はら》い浄《きよ》めよ。そのうえで僧尼に金光明《こんこうみょう》経を読ませよ。もし、この経がなければ、(金光明)最勝王経を転読させて国家を平安にさせよ

同年三月二十二日、詔

所司に命じて三千人を出家入道させ、同時に左右両京及び大倭国の管内の諸寺院において、今月二十三日より七日のあいだ経典を転読させよ。このおくふかい善行によって災害を除きたい

神亀四年二月十八日
僧六百人と尼三百人を宮中に招いて、金剛般若経を転読させた。災異の起こるのを防ぐためである
神亀五年十二月二十八日
金光明経六十四部計六百四十巻を諸国に配布した。国ごとに十巻づつである。これ以前は、諸国が保有する金光明経は国によって八巻であったり四巻であったりしたが、ここに至っていっせいに書写し（十巻づつ）分与したのである。経の到着次第に転読させることとした。国家を平安にするためである

聖武天皇の治世初期は、般若経転読による災害防止、金光明経転読による国家平安という仏教推進策をとった。特に神亀五年（七二八年）の金光明経の諸国の配布と転読命令は、上からの、仏教による鎮護国家の思想を体制的に推進するものであり、注目に値する。

金光明経を全国的に転読すれば国家の平安が実現するという思想は、金光明経自身の語るところではあるが、しかしそれが上からの体制的な推進によるものであれば、宗教としての信仰の立場から離れて経典をいわば呪文化する呪術的な意識を生む危険がある。しかし他方、金光明経の論理は、国家が仏教の道を歩もうとしているので仏教に帰依している四天王や他の神々がその国家を護るというものであり、転読命令それ自体が呪術的な発想というわけではない。聖武天皇による仏教の推進は、神亀五年の金光明経の全国配布を基点にして、呪術とは異なる方向へさらに展開してゆく可能性ももっている。

なお、金光明経の語る多くの救済の約束のなかに、次のような刑罰からの救済の約束もある。

若し鞭・杖・枷・鎖の繋《け》を受け、種々の苦具、其《そ》の身を切り、無量百千憂悩する時、身心を逼迫して暫くも楽なからんに、皆繋縛《けばく》、及び鞭杖苦楚の事を免るるを得せしめん。将に刑に臨まんとする者には、命全きを得せしめ、衆苦皆永く除尽せしめん(11)

元正天皇から「刑罰を必要とはしない政治」という理念を受け継いだ聖武天皇は、養老律令の施行という方向ではなく、国家仏教の展開の方向のなかに、その理念の実現可能性を見たのだろうか。

二　藤原四卿体制と聖武天皇

金光明経を諸国に配布して国家平安のための転読令を出した翌年、神亀六年（七二九年）二月、長屋王の変が生じた。藤原不比等の四人の息子たち、武智麻呂《むちまろ》、房前《ふささき》、宇合《うまかい》、麻呂《まろ》を中心にして、長屋王に国家反逆の嫌疑をかけ、長屋王とその妻の吉備内親王、さらにその息子たち、膳夫王《かしわで》、桑田王、葛木王《かずらき》、鉤取王《かぎとり》を強制的に自害させたという事件である。藤原四兄弟は、聖武と藤原光明子の息子基王が神亀五年二歳で死ぬと皇位継承問題に不安をもち、長屋王の息子たちを廃除して、光明子を皇后に立て、皇位継承を藤原氏の事実上の支配下におくためにこの事件を仕組んだといわれている。『続日本紀』に記載の諸事実からすれば、確かにこれが事件の真相であったと思われるが、しかし皇位継承以外の国政上の問題においても長屋王と藤原四兄弟とは対立していた可能性もある。

長屋王一族の自害は、神亀六年二月であるが、翌月には武智麻呂が大納言となって政府の中枢に立ち、その八月には光明子は皇后となっている。なお、その直前、藤原兄弟の一人麻呂が大瑞《たいずい》を示す亀を献じて、改元が行われ、神亀六年は天平元年となった。

藤原四兄弟の事実上の政権掌握は、ただちに翌年の政策のなかに映し出されてくる。

第一に、儒教の宣揚がある。長屋王の変からちょうど一年後の天平二年二月二日、孔子を祭る「釈奠《せきてん》の儀」が初めて行われた。その三月二十七日には、太政官は次のように天皇に上奏した。

大学に在籍する生徒の中には、年月を経ても身についた学業が浅薄で、博く深くは進めない者がいます。まことに、家が貧しく生徒の学資を充分に出すことができなければ、学問を好んではいてもその志を遂げることはできません。生れつき知恵がさとく学業の優良な者を五人から十人えらび、専一に学問に精進させ、（後進への）善き誘いにしたいと思います。そこで夏冬の服装と食料を支給していただきたい

この太政官奏の背後に武智麻呂がいることは疑いがない。本来、孔子自身が官吏養成学校の指導者のごとき存在だったのであるが、武智麻呂も儒教的な諸学問による律令国家の官吏養成を主眼としていたかと思われる。

同年八月末、渤海国に派遣されていた使節が帰朝すると、その一か月後の九月二十五日。

使者を派遣して渤海郡の進物を六ヶ所の山陵《みささぎ》に献上し、あわせて故太政大臣藤原朝臣不比等の墓を祭祠させた

この短い記事から多くのことは言えないけれども、藤原四兄弟の立場からすると、高句麗・百済の滅亡は歴代天皇の痛恨事であったが、今、渤海国として再興して進物をもたらしてきたのでこのことを報告し、その霊を慰めた、ということだったのであろう。いずれにしても不比等の息子たちが渤海国との交流の推進者だったと思われる。他方、長屋王は『懐風藻』所収の詩が示すように新羅との関係を尊重していたので、藤原四兄弟が志向する渤海国との軍事的性格の濃い国交に対しては否定的であったのかもしれない。

山陵に使者を派遣し、また不比等の墓を祭祠させたわずか四日後、つまり天平二年九月二十九日の詔において、行基集団を念頭においたと思われる禁令が現れる。

また安芸・周防両国の人の中には、妄《みだり》に禍福（の因果）を説き教え、多くの人を集め、死者の霊魂をまつり、祈祷をする者がいるという。また京に近い左側（東方）の丘陵に、多人数を集めて妖《あや》しげな説教で人を惑わす者がいる。多い時は一万人、

表１　行基の院設置とその場所

建立年	行基年齢	寺院名	所在地
慶雲二（七〇五）	三八	大修恵院　高蔵	和泉国大鳥郡大村里大村山
霊亀二（七一六）	四九	恩光寺	大和国平群郡床室村
養老二（七一八）	五一	隆福院　登美	大和国添下郡登美村
四（七二〇）	五三	石凝院	河内国河内郡日下村
五（七二一）	五四	菅原寺　喜光寺	平城右京三条三坊
神亀元（七二四）	五七	清浄土院　高渚	和泉国大鳥郡葦田里
〃	〃	同　尼院	和泉国大鳥郡日下部郷高石村
二（七二五）	五八	久修園院　山崎	河内国交野郡一条内
三（七二六）	五九	檜尾池院	和泉国大鳥郡和田郷
四（七二七）	六十	大野寺	和泉国大鳥郡大野村
〃	〃	同　尼院	同所
天平二（七三〇）	六三	善源院　川堀	摂津国西成郡津守村
〃	〃	同　尼院	同所
〃	〃	船息院	摂津国兎原郡宇治郷
〃	〃	同　尼院	同所
〃	〃	高瀬橋院	摂津国嶋下郡穂積村
〃	〃	同　尼院	同所
〃	〃	楊津院	摂津国河辺郡楊津村

（吉田靖夫『行基と律令国家』古川弘文館一九八六年三一九頁から引用）

少ない時でも数千人。これらの者は甚しく国法に背いている。もしこれ以上ぐずぐずして（放置すれば）、人びとの受ける害はますます大きくなる。今後はこのようなことを許してはならない

安芸・周防両国の国司および左京職に対するこの命令は、先ほどの山陵への使者派遣等と同じ時に決定され、天皇の裁可を得て詔として出されたものである。

禁令の内容も、以前に見た元正時代養老元年四月三日の行基集団に対する禁令の詔、「妄《みだり》に罪福を説き」「仮説して」「百姓を妖惑す」と共通性をもち、さらに養老六年七月十日の太政官奏、「罪福の因果を巧みに説き」「偽りて邪説を誦して」「終《つひ》には奸乱《けんらん》を狭《はさ》めり」とも共通性をもっており、禁令の実質的な主体は、元正時代の仏教規制者たる武智麻呂たちであったと思われる。それではなぜ、この天平二年に再びこの禁令が出されたのか。むろんそれは、養老六年の禁令によって一度撲滅したはずの行基集団

が、聖武天皇即位以後、むしろ宗教運動として成長をとげたからである。表1から明らかなように、行基の活動拠点としての院は、聖武天皇の即位した神亀元年以後、毎年建立されてゆき、また地域的にも広がってゆく。このことは少なくとも、聖武天皇および左大臣長屋王が元正時代の行基集団迫害政策を放棄していたことを意味し、長屋王を自害させて政権を掌握した藤原四兄弟が、今や元正時代の政策を復活させたことを物語る。京に近い丘陵で、膨大な人びとが宗教的目的のために集合するという事実を、天皇も左大臣も知らなかったはずがなく、したがって意識的に放置していたのであり、事実上、認めていたのである。

なお、安芸・周防両国においても「妄《みだり》に罪福を説」く行基の徒が大きな影響を行使し、禁令の対象になっていることにも注意をとどめておきたい。行基は常に平城京を意識して活動し、表1のように大和国から河内・和泉両国そして摂津国へと活動を拡大する際にも、律令国家の活動領域と関連をもち、したがって交通体系の要所で橋をつくったり、布施屋をつくったり、あるいは港湾の整備を行ったりする。そうした活動によって、当然に、諸国から公物を運ぶ運脚夫や労役のため強制的に平城京などへ来させられた者たちが救済され、布教の対象となり、そして行基の徒となって故郷に帰還することになる。おそらく平城京の丘陵に集まる人びとも多くそのような人たちだったのではないだろうか。もしそうであれば、行基の救済活動とその仏教思想は、律令国家の強制労働を媒介にして全国に広がることになり、いわば律令国家の背後・裏面から、全国家的なスケールでの救済の体系を展望することになる。けれども藤原四兄弟政権はそうした動向の積極的な意味を理解せず、むしろ危機感をつのらせてそれを阻止しようとしたし、この時点では、聖武天皇も彼らに同意せざるをえなかったのである。

ところが、それからほぼ一年後、驚くべき事態が生じる。天平三年（七三一年）八月七日の天皇の詔において、行基集団に対する国家の態度が大きく転換するにいたるのである。

このごろ行基法師につき随《したが》っている優婆塞《うばそく》〔在俗のまま戒を受けた仏教帰依者〕や優婆夷《うばい》〔同、女性〕らで、法の定めるところに従って修行している者、男は六十一歳以上、女は五十五歳以上のものは、すべて入道することを認可せよ。それ以外の、路上で托鉢を行なう者は、所管の官司に連絡して、厳しくからめ捕えよ。（ただし）父母・夫の喪にあって、一年以内修行を行なっているものは、論外である

行基集団の禁圧から公認へのこの転換はどのようにして生まれたのだろうか。

行基の研究者である吉田靖雄氏の解釈をとりあげてみよう。

吉田氏は、われわれとは反対に、行基の抑圧者を長屋王として考えており、長屋王の失脚という「政治上の大変革」によって、「天平二・三年の両年に一五院」が建立されるという行基集団の躍進があったという立場をとり、その上で、右の問題に関しては、神亀三年（七二六年）から天平四年（七三二年）まで、藤原宇合《うまかい》が知造難波宮事《ちぞうなにわぐうじ》として「難波津の改造」にあたっていた時期が「摂津における行基の旺盛な活動」時期と重なっていること、それゆえ宇合は「国家の経済的負担」を必要とせずに「摂津職官人の職務を代行したような大規模な」行基の活動を見たにちがいなく、その結果、行基を高く評価して、「行基の活動の公認の背景」をつくった、と解釈している。(12)

この解釈の問題点は、第一に、長屋王が左大臣の神亀年間に行基の活動の展開があったことを見ていないことであり、第二に、この公認の一年前の、先ほど紹介した天平二年九月二十九日の禁令と行基集団との関連性について検討を欠いていることであり、最後に、藤原宇合が行基集団の活動を国家財政的な利用価値の観点から評価したという根拠のない前提に立っており、両者の思想的な異質性について考慮してはいないことである。

それでは吉田説とは別に、行基集団の禁圧から公認への転換をどのように考えたらよいのだろうか。

行基集団を公認する右の詔の内容は、すぐに気づくように、妥協的性格が強い。まず、男六十一歳以上、女五十五歳以上の者のみの出家許可は、これまで研究史で指摘されてきたように、律令国家の課役制を前提とする上での許

可、あえていえば、ここまでなら譲歩しようというニュアンスの許可である。つまり、行基集団の活動が国家的見地からなされた高い評価の結果というふうなものではない。さらに、路上での托鉢の厳禁は、元正時代の行基に対する禁令と同一のものであって、ここでは譲歩の姿勢を見せない。が、父母・夫の喪の場合には、一年に限って托鉢行を例外としてゆるす。この特徴的な譲歩は、儒教的な徳である「孝」の立場からのものである。

以上から、むろん確定的なことはいえないが、あえて推測すれば、これまで、神亀年間、行基集団を放置するという仕方で事実上公認してきた聖武天皇の意向と、行基集団の禁圧をめざしてきた藤原四兄弟との妥協の結果として、天平三年の行基集団の公認が成立したように思われる。ただし、藤原四兄弟の勢力が前年に比して当然に衰退したというわけではない。反対である。この行基公認の詔の四日後、式部卿の宇合および兵部卿の藤原麻呂が抜擢されて参議となり、翌月には大納言武智麻呂が大宰師《そち》を兼任することになった。ひょっとしてこのことが、行基問題に関する藤原四兄弟の譲歩の原因だったのだろうか。

端的に言えば、国家運営の構想に関して、聖武天皇と藤原四兄弟の思想は、明らかに異なっていた。このことは、この年、天平三年十一月十六日の聖武天皇による禁獄囚徒の赦免の記事と、それにならぶ惣管《そうかん》・鎮撫使《ちんぶし》設置の記事との対照性のなかに象徴的に浮かびあがってもいる。禁獄囚徒赦免の背景に聖武天皇の思想を、惣管・鎮撫使設置の背景に藤原四兄弟の思想が読み取れる。まず聖武天皇の記事。

天皇が（平城）京内を巡幸し、途中で牢獄の近くを通ったとき、囚人たちが悲しげにうめき、大声で叫ぶ声をきいた。天皇はあわれに思い、使者を派遣して、犯した罪の軽重を再び審査させた。ここに恵みを下して、死罪以下をすべて免《ゆる》し、あわせて衣服を賜わって、行いを改めさせた。

この記事は、ある時の天皇の行動をエピソード風に描き、囚人にまでおよぶ天皇のあわれみの深さを伝えようとしている。しかし、「牢獄」なるものは、国家の正義を担保するものであり国家の存在根拠でもあるのだから、国家の最高責任者である天皇が国家の正義に反した「牢獄」囚徒へあわれみを深めるという場合には、おそらく思想的ないし宗教的なバックボーンがあるはずである。なぜなら以前にも見たように、ここでも聖武天皇は、何かの祈願のための大赦や慣例にもとづく大赦ではなく、「牢獄」の悲惨に対する「憐愍《あわれみ》」のみから行動し、その根底には思想性・宗教性があると思われるからだ。その点で、田村圓澄氏の指摘は興味深い。田村氏によれば、『華厳経』のなかには、善伏太子が獄中の罪人に代わってみずから罰を受けることを父の勝光王に申し出るという話があるが、

若き日の聖武天皇が、獄中の囚人に憐みをかけたのは、『華厳経』の善伏太子の話に、関連しているように思われる

という。[13]

田村氏の指摘はここで止まっているけれども、『華厳経』はのちに大仏造立の際に根本経典となり、大仏（盧舎那《るしゃな》仏《ぶつ》）は『華厳経』の教主にほかならない。したがって、もし、聖武天皇におけるこの時の獄囚へのあわれみの行為が『華厳経』と関連するものであるならば、それは将来の大仏造立のモチーフにもかかわるかもしれない。それゆえ、ここで少し立ち止まって、田村氏の指摘した「善伏太子の話」のストーリーを簡単に追ってみよう。

はるかに遠い昔、一万のほとけが世に現れ、その最初の法輪音声《ほうりんおんせい》虚空燈如来《こくうとうにょらい》が、宝蓮華《ほうれんげ》の座にあってもろもろの菩薩《ぼさつ》、諸天、世人などのために正法を説いていた。その時の国王は勝光という名だった。

しかしこの幸福な時は流れ去り、人民のなかに、殺・盗・淫・妄語・綺語・両舌・悪口・貪・瞋《しん》・邪見の悪が生ま

れ、父母への孝や沙門への敬も失われた。王はこれを憂い、悪をおさえるために牢獄を造立し、罪ある者に重刑を加えることにした。

ところで王には一人の太子があり、善伏という名で、端正な、人が喜び見る青年だった。

一日、太子は宮殿のうちに在って遥かに獄囚の声を耳にし、心に傷愍の念をいだき、宮殿より出て、牢獄のうちに入ってもろもろの罪人を見るに、或ひは手枷《かせ》・足枷・首枷をかけられ、或ひは数珠《じゅず》繋ぎにして幽暗のところに置かれ、或ひは火で炙《あぶ》られ、或ひは煙でいぶされ、或ひは笞で打たれ、或ひは耳・鼻を削《そ》がれ、裸形となって髪をみだし、飢え、渇き、痩《や》せ、疲れ、泣き、喚《わめ》き、叫び、苦劇の状正視するに堪へない

太子は大悲の心をおこし、王のもとに行き、獄中の罪人への憐みを乞う。王は群臣を召して諮《はか》ると、群臣は口をそろえて反対し、万死に値する罪人を救おうとするならば、その行いもまた死に値するであろうと進言する。

太子はそれを聞いてむしろ大悲の心を深くし、罪人たちの救済のために命を捨てる覚悟をする。

自分が代って獄に繋がれてもろもろの苦しみを受けよう。どうぞ自分を罪してもらひたい。自分は自分の身命に代へて彼ら罪囚をことごとく救ってやりたいと思ふ

太子は、「王法の罪囚」を救い、さらには衆生を貪愛《どんあい》のきずなから解くことをもめざす。けれども、大臣たちはことごとく反対し、手をかかげ、声を強めて、

大王よ、もし太子の意にしたがって罪囚を放つならば、王法は破毀《はき》せられ、禍《わざわ》ひ立ちどころに万人に及ぶでしょう、大王がもし愛念して太子を不問に附したまふならば、王の宝祚《ほうそ》〔王位〕もまた万歳を期することが出来なくなるでしょう

と進言する。

王は大臣たちの言葉に動かされる。彼は太子に向かって、

罪人を救ってはならぬ、もし彼らを放つならば、かならずお前のいのちを断つだろう

と言った。けれども太子の心は動かない。

大王よ、どうぞ彼らを赦してください、私は誅戮《ちゅうりく》を受けましょう

太子は獄中に入り罪人を放った。獄囚苦人の代りに罪《ざい》せられ命を絶つことになったが、王の夫人が現れ、半月ほどの施しの期間を太子に与え、その後に罪することを願う。王は許す。

太子は都城の北の林において布施《ふせ》会《え》を設け、求める者に与えた。やがて半月が経過して時が満ち、国王、大臣以下、都城の人民その他の者たちが雲のようにこの北の林に集まった。太子の死は近づいた。

その時、あの法輪音声虚空燈如来が、天王・龍王・夜叉《やしゃ》王などの帰依者にかこまれて北の林のなかに到来した。太子は、「相好荘厳して円満の光明あまねく一切を照らす」如来の姿を拝して、歓喜に満ち、合掌して言った。

よくこそお越しくださいました、世尊《せそん》よ、ただ願はくは哀愍《あいみん》して我らを摂受《せつじゅ》し、この摩尼《まに》の座にお着きくださいませ

如来は着座して正法を説いた。衆生のなかに離《り》垢《く》清浄法眼が生じ、「十方世界の無量の衆生は悪道の苦難を滅して天・人の世界に生ずることをえた」(14)

大乗仏教のなかには、慈悲の立場から囚人への配慮を求める『宝行王正論』のような経典もあるが、(15)『華厳経』の

ように、国家の絶対要件としての監獄と大乗仏教の大悲の精神との葛藤という思想的問題を正面から取りあげたものは他にない。聖武天皇のかかえた問題はまさにこの問題だったように思われる。というのは、平城京の牢獄の近くを巡幸した時から三年後、天平六年（七三四年）七月十二日においても、聖武天皇は次のような詔を発しているからである。

朕が人民をいつくしみ育てるようになってから何年かがすぎた。人を善導することがなお十分ではなく、牢獄はまだ空となってはいない。一晩中寝ることをわすれて、このことについて憂いなやんでいる。このごろは、天変がしきりにおこり、地はしばしば震動する。まことに朕の導きが明らかでないために、罪をおかす民が多い。その責任は、朕一人にあり、多くの民に関わるものではない。寛大に罪をゆるして、めぐみぶかい心で長寿をまっとうさせ、きずやよごれをあらいながして、心を入れかえることを許すべきである。天下に大赦を行なう

牢獄を空にするという理念は、聖武天皇の治世初期から一貫している。もしその理念が、『華厳経』を背景とするものであるならば、さしあたり今は、大赦という一時的な行為の形をとるにすぎないが、やがてはもっと原理的な解決の方向がめざされて、あの法輪音声虚空燈如来が東大寺大仏の姿をとって現れてくるともかぎらない。なぜならば、国王および大臣、群臣が、如来の下にひざまずき、如来の教えが国家人民のすみずみにまで伝わってゆくときに、おそらく牢獄の空洞化は実現するであろうからだ。けれどもそれは、いまだ将来の可能性である。今は天平三年の現実にもどろう。

『続日本紀』には聖武天皇の牢獄巡幸記事につづいて、畿内の惣管《そうかん》および諸道の鎮撫《ちんぶ》使《し》の初めての設置の記事がくる。その役割は、徒党や、政治を論評する者、盗賊、武器所持者などの取締まりであり、「天平初年以来、長屋王の変や渤海使の来朝、旱害・飢饉等による人心の動揺、社会不安を、武力を背景に鎮圧することにあった」、「とくに反政府的な行動、私的な武力に対するきびしい警戒的な態度がうかがわれる」といわれ[16]、藤原四兄弟を中心に、他の参

議をもまきこんで、警察国家的方向が進められてゆく。翌年、天平四年八月十七日、節度使《せつどし》が設置された。その任務は、諸国の武器・牛馬等の保全、兵士の徴発、兵船・武器・糧食等の準備、兵士に対する武芸の訓練などであるが、「天平四年度の節度使は、遣新羅使の帰朝の六日後に任命されていることから考えて、恐らく遣新羅使のもたらした情報にもとづき、唐・新羅・渤海の動きを含めた国際関係の緊張に備え、西辺の武備を固めることを目的として置かれたものと考えられる」という。[17] 渤海との国交開始は新羅との緊張関係を深めたのである。

藤原四兄弟のうち、麻呂《まろ》は山陰道鎮撫使、宇合《うまかい》は畿内の副惣官および西海道の節度使、房前《ふささき》は東海・東山二道の節度使、武智麻呂は大宰師《そち》として実質的には西海道鎮撫使の地位についた。このことから見ても、彼らが警察・軍事国家の推進主体であったことは明らかであると思う。

三　戒師招請

天平四年（七三二年）八月十七日、房前、宇合および多治比真人《たじひのまひと》県守《あがたもり》の三名が節度使に任じられた同じ日に、多治比真人広成が遣唐大使に任じられた。したがってこの霊亀二年に次ぐ十六年ぶりの遣唐使派遣は、節度使の設置と関連して、東アジアの緊張状況に対応する政治的目的をもっていたと思われる。しかし、それにもかかわらず、翌年五月難《な》波津《にわづ》を出港した遣唐使船には、戒師招請を任務としてのちに鑑真の来日を実現させる栄叡《ようえい》と普照《ふしょう》の二僧が乗船していた。この時期に、なぜ、戒律をさずける戒師を招請するため、わざわざ唐にまでこの二人の僧を派遣せねばならなかったのか、そして誰がこの派遣の主だったのか。それとも真相は、『東征伝』および『東征伝絵巻』の詞書の語るように、

> ここに我が朝、聖武天皇天平五年癸酉《みずのととり》、遣唐の大使多治比真人広成に従ひて、沙門栄叡《ようえい》・普照等入唐して留学す。この年、玄宗皇帝開元二十一年なり。栄叡等、つらつら諸寺の三蔵大徳をうかがふに、みな戒律を以て入道の正門とせり。若し、戒行を

> 守らざるをば、僧中に交《まじ》ふることなし。これを見て、我が国の仏法の具《そな》はらざることを悟りて、伝戒の明師を請じて、本国に帰らむと思ふ志深くなりぬ[18]

ということだったのか。

日本の鑑真研究の基礎を築いた安藤更生氏によれば、天平のこの当時、為政者は「出家による百姓の流亡と、僧尼行儀の堕落」という困惑すべき事態に直面し、彼らを取締まるには「凡俗の律法」によるよりも、「釈迦の至上命令」たる仏の戒律による方が遥かに効果的であることを知ったのであるが、しかし、当時、「三師七証」(戒和上・羯磨《かつま》師・教授師および証明師七人)による正式な授戒が行われておらず、それが戒師招請の理由だったとされる。「正式の具足戒を授け、放埓《ほうらつ》に流れる仏徒を取締るには、唐より傑《すぐ》れた戒師を迎へ、その正しき戒儀を整へる事が近道である。この知恵を出した者が恐らく元興寺の隆尊である[19]」

この安藤説は、その後、通説となって今に至っている[20]。

しかし、この安藤説に一見すると疑問を投げかけるような意見もある。佐久間竜氏は、「どうしてこの天平五年という時点で、初めて戒師を招くことになったのだろうか」という問題を再びかかげる。というのは、仏教伝来からすでに二〇〇年ほどたち、戒定恵(戒律・禅定・知恵)の三学を修した僧尼が現実に存在し、三師七証の形によらずとも授戒の形式は慣習的に成立していたはずであるし、また大陸からの優れた僧の来朝や多くの留学僧の帰朝によって、完備した具足戒の伝授は充分に行うことができたはずだからだ。わざわざ戒師招請を行うのはなぜなのか。佐久間氏は、このように本来の問題を再提起したのであるが、ふしぎなことに結論は天平六年十一月二十一日の太政官奏を引用しつつ、安藤説と同じものとなっている。「天平五年の戒師招請計画をこの太政官奏と対比してみると、戒師招請が、少なくとも唐の制をとり入れてわが国授戒の制を整え、よりよき比丘・比丘尼を作ろうとしたものと考えられることからすると、これらは共に、悪質な僧尼の出現を防ぎ、よりよき僧尼を育成せんとする共通の目的・方針の上に立てられた政策と思われる」[21]。

天平六年（七三四年）の太政官奏は、安易な出家を規制し、厳格な学業審査や浄行三年以上等の要件を推挙される得度《とくど》者に課そうとするもので、戒師招請とこの太政官奏を重ねあわせれば、むろん戒師招請の目的も「悪質な僧尼の出現」の抑止、「よりよき僧尼」の育成、ということになる。問題は、このように戒師招請と太政官奏とを重ねあわせ、共通の目的のものとして考えることができるかどうか、という点にある。この問題は、戒師招請が誰のイニシアチブによって行われたか、という問いに深くかかわっている。

『東大寺要録』によれば、元興寺の隆尊が、我が国には戒律の経典があっても「戒足〈伝授の人〉なきを嘆き」、当時、知太政官事（太政官の首班）の地位にあった舎人《とねり》親王に、僧栄叡を入唐させ、伝戒師を招請させたい旨語ったので、舎人親王が天皇に奏上し、その結果、栄叡および普照が「勅を奉りて」入唐したという[22]。ところが、佐久間氏は、この記載事実の信憑性に疑いをいだき、天平五年の時点で元興寺の隆尊はわずか二八歳にすぎず、また知太政官事舎人親王に対して政治的発言をなしうる要職にあったとも思われないとして、さきほどの天平六年の太政官奏の政策立案に参画したはずの僧綱、および日本の僧尼のあり方に批判的な留学僧道慈たちによって戒師招請の献策があったであろうと推測している[23]。この最後の点は、太政官奏と戒師招請とが同一の主体、つまり僧尼の規制に責任をもつ僧綱を中心に行われたという前提に立っており、したがってここでもまた、戒師招請は僧尼の規制という政治目的のためだった、という結論になる。

しかし戒師招請の目的を僧尼の規制という点で考えようとすると、いくつかの疑問点が生まれてくる。

第一点、栄叡と普照は天平五年入唐し、翌年、洛陽の大福先寺で道璿《どうせん》と出会い、「伝戒者」として日本に招請し、承諾をえて、天平八年、帰国する遣唐副使名代《なしろ》の第二船で日本に送っているのであるが、その際、「伝戒者」道璿だけではなく、インド僧の菩提僊那《ぼだいせんな》やベトナム僧の仏徹《ぶってつ》などをも送りこんでいるのであり、その年の十一月二日、天皇は「唐僧の道璿・バラモン僧の菩提《ぼだい》らに時節にあった服装を施与した」。それだけではなく、ずっと後のことであるが、十五年後、天平勝宝三年（七五一年）四月二十二日、インド僧菩提は僧正、唐僧道璿および元興寺僧隆尊は律師に任じられた。さらに、翌年の大仏開眼供養会に際しては、菩提僧正は開眼師の役割を、天皇の代わりとして「敬請」され、隆尊律師には華厳経を講じることが、道璿律師には呪願《じゅがん》の役割が「敬請」されている。(24) むろん天平五年の戒師招請の時点で、大仏造立の構想があったと言いたいわけではないが、しかし戒師招請の目的を戒律の整備・導入による僧尼の規制という点だけでおさえようとすると、戒師以外のインド僧、ベトナム僧の来朝や、右のような将来への展望が失われてしまうのである。

第二点、栄叡《ようえい》と普照《ふしょう》は、「伝戒者」道璿《どうせん》を日本に送った後も唐にとどまり、その後さまざまな苦難を経て、天平勝宝六年、実に入唐の二十一年後、鑑真の一団とともに帰国した。ただしその時、栄叡はすでに中国において客死していた。もし戒師招請の目的が僧尼の規制を念頭においた授戒整備であるならば、なぜこれほどの年月をかけて鑑真の来朝に文字通り生死を賭ける必要があったのだろうか。「三師七証」という授戒の整備は鑑真でなくとも可能であっただろう。

推測するに、天平四年の戒師招請の目的は、授戒の制度的整備ではなく、ほとけそのものの如き、カリスマ的な授戒師の探索であり、その来朝の実現だった。鑑真でなくともよかったのではなく、鑑真でなければならなかった。なぜならば、鑑真はほとけそのもの、ないしほとけの代理者たる資質をもっていたからである。なぜ、招請すべき戒師がこのような資質をもっていなければならないのか。戒律はほとけの命令だからであり、ほとけによってさずけられるからである。そしてこのような授戒師の必要性は、僧侶になる具足戒の場合にかぎらない。俗人が菩薩戒を受けて、ほとけの世界に入る場合、つまり俗人のまま仏徒となる場合、カリスマ的授戒師およびその直接的な継承者を必要とするであろう。つまり戒師招請の目的は、カリスマ的授戒師によって、僧俗ともにほとけの世界に導くことにあり、僧尼の規制や出家の抑制という太政官および僧綱の視点とは異なる意図の所産であったと思われる。

菩薩戒の受戒に関して『梵網経』は次のように規定している。

> 若《なんじ》、仏子、仏滅度の後、好心を以て菩薩戒《ぼさつかい》を受けんと欲する時、仏菩薩の形像の前に於て、自ら誓ひて戒を受けよ。まさに七日仏前に懺悔《ざんげ》すべし。好相を見ることを得ば、便《すなは》ち戒を受くることを得る。……もし好相を得ずんば、仏像の前に戒を受くと雖も戒を得ず。もし先に菩薩戒を受くる法師に現前して戒を受くる時、要《かなら》ずしも好相を見ることを須《もち》ひず。何を以ての故に。この法師、師子〔師と弟子〕相授の故に、好相を須ひず。……もし千里の内に能く戒を授くる師なくば、仏菩薩の形像の前にて戒を受くるを得、而して好相を見ることを要す[25]

「千里の内に能く戒を授くる師」がいない場合にかぎって、自誓受戒が認められている。その場合には「好相」が必要とされている。けれどもその「好相」がほとけに由来する真実のものかどうか、誰が判定するのだろうか。この天平初期の時代においては、「好相」を要件とする自誓受戒は、その曖昧さゆえにかえって僧綱による規制の対象となるだけであって、俗人を仏徒とする仕方としては現実性をもたなかったにちがいない。それゆえ、たとえ千里を越えてでも、「能く戒を授くる師」を招請する必要があったのであろう。

もし以上のようであったとすれば、『東大寺要録』が元興寺僧隆尊の言葉と伝える「律本あると雖も」「戒足なき」という場合の「律本」とは『梵網経』をさしていたであろう。石田瑞麿氏によれば『梵網経』はすでに天平五年には伝わっていたことが確認できるし、それ以前からこの経が読経され、また『疏《しょ》』（注解）二巻も修行に使われていたという。そして天平八年来朝した道璿は『梵網経』の注釈書『註菩薩戒経』三巻を著わし、常に「梵網の文を誦した」と伝えられていたという。[26]

さらにもう一点、注意すべきことは、元興寺僧隆尊が、『梵網経』と同時に『華厳経』に精通し「平生、華厳経を業とす」と伝えられていることであり、[27] また来朝した道璿が華厳寺普寂和尚の弟子であり、隆尊と同様に、『華厳経』に精通し、来朝に際しては多くの「華厳章疏」をもたらした、ということである。[28]

すでに見てきたように、天平初期の聖武天皇は、『華厳経』を背景において監獄国家の克服をめざしており、人民を上から儒教的に、かつ強制的に教導する道に対して、民衆の仏教化によるその目的実現の可能性を模索していた。行基集団の公認化はその具体例であろう。戒師招請という出来事は、藤原氏を中心とする太政官の国家構想に対して、それとは異なる聖武天皇と側近たちとの国家構想の所産であったように思われる。その国家構想の眼目とは、警察・軍事国家の方向性を、ほとけの国の構築の方向性へと切りかえて、牢獄を空にするという理念であったかと思う。

四　新羅問題と天地の災害

天平五年（七三三年）に遣唐使が難波津を出港した翌年、天平六年の末、十二月六日、大宰府から新羅の貢調使《こうちょうし》がきて停泊中との奏上があった。この奏上じたい、背後に何か異常な事態がひそんでいることを予感させる。ずっと以前から新羅の貢調使はしばしば来日し、上京して朝廷に自国からの挨拶を伝えている。なぜ彼らは今、九州の港に停泊中なのだろうか。

けれども翌年の二月十七日、新羅の使節は入京する。入京したといっても、朝廷における正月の拝賀のために来日したにもかかわらず、すでに二か月を経過している。しかも入京してから、歓迎ではなくて反対に尋問を受けている。続紀二月二十七日の記事。

中納言・正三位の多治比真人県守を兵部省の庁舎に遣わして、新羅使が入朝することとなった旨趣を尋問させた。しかし新羅国は、かるがるしく本来の国号を改めて『王城国』と名のった。これによって使者を追い返した

県守《あがたもり》は、天平四年に藤原房前《ふささき》および宇合《うまかい》とともに節度使となり山陰道の軍団の整備を担当した。彼が兵部省の庁舎で新羅使を尋問したのは、日本の対新羅関係における政治軍事状況の偵察が新羅使来朝の目的ではないか、と、疑ったためであろう。すでに両国の間に疑心が広がっていたのである。そして、新羅使が国号を改めて「王城国」と名のったので新羅使を追い返したとあるが、その背景の事情は二点ある。一つは、この年、天平七年、これまで複雑な対立関係をはらんでいた唐と新羅の確執が解消し、唐はほぼ六十年ぶりに新羅の朝鮮半島領有を承認することになるのであるが、このことをすでに予知している新羅使は独立国というニュアンスをこめた「王城国」を名のったという事情である。もう一つは、従来、日本は新羅をみずからの従属国とみなしてきたという事情であって、新羅が日本と対等の独立国として使者を送ることは、宗主国日本に対する無礼ないし挑戦として受けとめられたということである。しかしむろん新羅からすれば、大国唐との緊張関係が解ければ日本に従属する態度を取りつづける必要もない。あの白村江の勝利者はむしろ新羅の方であったし、しかも今、日本は渤海と国交を開始して、むしろ日本の方が新羅に対して挑戦的な態度を取り始めたように見えもしたのである。

その後、天平八年（七三六年）二月に遣新羅大使が任命されているが、おそらく、新羅使を追い返したあと、新羅がどのような態度を取るのかその実情を知るためだったであろう。

遣新羅使はその年に出港し、翌年、天平九年正月に帰京し、翌月の二月十五日、帰朝報告を行った。

遣新羅使が奏上し、新羅の国がこれまで行なってきた礼儀を無視し、（我が）使節の命令を受けつけなかったことを申し述べた。そこで（天皇は）五位以上と六位以下の官人、合わせて四十五人を内裏に召集し、意見を陳述させた

一週間後、二月二十二日。

諸官司が（新羅国の無礼に対する）意見を記した上表文を奏上してきた。或る〔官司〕は、（再度）使者を派遣してその理由を問うべきであるといい、或る〔官司〕は、兵を発して征伐を実施すべきであると言上した

新羅は日本との戦争も覚悟の上での態度決定であったから、日本側の危機感も強く、また朝鮮半島への出兵の機運も高まった。

三月三日には詔によって、

国ごとに釈迦仏の像一体と脇侍菩薩《わきじぼさつ》の像二体を造立し、あわせて大般若経一揃いを書写せよ

と命じられた。これは国分寺創建につながる詔であるが、新羅問題が大きな動機であったといわれている。(29)

つづいて四月一日の続紀には、

使者を伊勢神宮、大神《おおみわ》神社、筑紫《つくし》の住吉神社・八幡神社の二社、および香椎《かしい》宮に遣わして幣帛《みてぐら》を奉り、新羅国が無礼であるさまを報告した

とあり、新羅に対する深刻な危機意識を表している。聖武天皇は、この時、どこまで実質的な裁量権をもっていたのか明らかではないが、諸官司の上表文の奏上を受けて何らかの態度決定をせねばならない状況におかれていた。が、その点に入る前に、元正天皇即位の霊亀元年（七一五年）から天平九年（七三七年）現在にいたるまでの、日本と新羅および渤海との交流経過を簡単にふり返っておこう。

この表で明らかな点は、養老二年、日本から遣新羅使を送ると、翌年に新羅貢調使が来日し、渤海使が来日する神

表２　元正天皇即位から聖武天皇治世中期までの日本と新羅および渤海との交流状況

霊亀一	
二	遣唐使
養老一	
二	遣新羅使
三	新羅貢調使
四	
五	新羅貢調使
六	遣新羅使
七	新羅貢調使
神亀一	遣新羅使
二	
三	新羅貢調使
四	渤海使
五	遣渤海使
天平一	
二	
三	
四	新羅貢調使
五	
六	新羅貢調使
七	
八	遣新羅使
九	帰朝報告

亀四年までのほぼ十年間、日本と新羅の交流がほぼ一年毎に往き来するような緊密さを示すことである。結論からいえば、この交流の推進者は長屋王であったと思われる。というのは、養老四年（七二〇年）、藤原不比等が死ぬと、翌年正月、長屋王は右大臣となっており、したがって不比等の死の二年前から始まる交流も長屋王のイニシアチブが大きかったと思われる。

対新羅平和外交と予盾しうる神亀五年の遣渤海使は、長屋王が左大臣の時ではあるが、翌年には長屋王の変が生じ、自害するので、おそらく渤海への派遣は長屋王の意に反したものであったと思われる。

長屋王が日本と新羅の交流の推進者であったことは、『懐風藻』に残された漢詩文からもうかがうことができる。このなかに「秋日長屋王が宅《いへ》にして新羅の客を宴《うたげ》す」という題の詩が九首とられているが、これは養老七年の秋、新羅の使者の帰国に際してのものである。[30] 長屋王の邸宅は当時のサロン文化の一つの中心であり、新羅との交流においても実質的な役割を果していたのである。なお、この時の漢詩文の作者のなかに不比等の息子総前《ふささき》もいるが、他の漢詩文作者たちが帰国する新羅使を、「賓《まらひと》」（賓客）、「新知」、「使人」、「遠使」、「客《まらひと》」、「西使」などと呼んでいるのに対して、彼だけは「職貢梯航《しょくこうていこう》の使《つかひ》」、つまり、みつぎものを運ぶ使いと呼んでおり、藤原氏一族の新羅に対する態度を明示している。[31] この点は、渤海使との国交開始や、節度使の設置など、藤原氏を中心とする対新羅強硬政策とも符合している。おそらく天平九年の上表文において軍事的征伐を主張したタカ派は、事実上政権を掌握している藤原氏一族とそれに従う貴族層であっただろう。したがって、再度使者を派遣すべきという慎重論は、おそらく皇親勢力（皇族）からのものだったと思われるが、確かなことはいえないし、再度使者を派遣しても新羅の態度が変わらなかった場合には、タカ派に同調せざるをえなかったであろう。つまり、藤原氏を中心とする強硬路線はほぼ既定のものとなりつつあったのであり、伊勢神宮および平城京の大神《おおみわ》神社、そして新羅に直面する九州の三社、住吉神社・八幡神社・香椎宮への使者の派遣は、ほとんど戦勝祈願に近い意味をもつものだったと思われる。戦争に踏み切るには今や聖武天皇の号令のみが必要だった。が、一つの出来事をきっかけにして、聖武天皇は予想に反する方向へ突き進んでゆくことになる。その時の彼の内面のあり方を理解するためには、天平四年以来、ひきつづく自然災害とその折々に表出される聖武天皇の、天皇としてのカリスマ意識ないし責任意識に注意を払っておく必要がある。

天平四年（七三二年）は深刻な旱魃《かんばつ》に襲われた。七月五日の詔。

春より日照りがはげしく、夏まで雨がふらなかった。多くの川は水が減り、五穀はいたんだ。まことに朕の不徳のせいである。人々に何の罪があって、こんなに甚だしくやけ萎《な》えることがおきようか。……天下に赦を行なえ

天皇の徳が薄いため天地の乱れが生じる、という意識は元正天皇の場合にもみられたが、聖武天皇の場合はより強く前面に現れる。

翌年は日照りの結果として飢饉が広がる。

正月二十七日「芳野監、讃岐・淡路などの国は、去年不作であった。人びとは飢饉になっている。勅を発して無利息で貸付けることにした」

二月七日「紀伊国で旱魃によって損害が生じた。物をめぐみ与えた」

三月十六日「遠江・淡路が飢饉となっているので、あわれんで物をあたえた」

飢饉は旱魃の結果であるし、その遠因に天皇の徳の問題があるとすれば、食料等の物資の授与は、あわれみとともに義務でもある。

さらにその翌年、天平六年は、大地震に襲われる。

四月十七日の詔「地震の災難は、おそらく政治に欠けたところがあったことによるのであろう」

七月十二日の詔「このごろは、天変がしきりにおこり、地はしばしば震動する。まことに朕の導きが明らかでないために、罪をおかす民が多い。その責任は、朕一人にあり、多くの民に関わるものではない」

天平七年、聖武天皇は同じ言葉をくり返す。

五月二十三日の勅「朕は徳の少ない身でありながら人民の上に君臨しているが、自身は治政上の要諦がわからず、まだ人民に安らかな生活をさせることができない。このごろ、災害や異変がしきりに発生し、（天が朕の不徳を）責め咎《とが》める徴候が度々現れる。戦々競々《きょうきょう》とした気持であり、その責任はすべて予にある。……天下に大赦を行なおう」

ところが、この年の八月から、大宰府で疫病が大流行して死者が広がった。疫病は天然痘だった。

十一月十七日の詔「災害や異変がしばしば発生し、流行病も治まることがないので、天下に大赦を行なう。……八虐を犯した者など、通常の恩赦で赦《ゆる》さない者も、ことごとく赦免する」

天然痘大流行の二年後、天平九年（七三七年）はさきほど見たように新羅問題の年だった。二月に遣新羅使の帰朝報告と諸官司の上表文の奏上があり、三月に国ごとの釈迦仏造立と大般若経書写の命令が行われ、四月に伊勢神宮等への使者の派遣があった。

ところがその後、驚くべき出来事が起きた。天然痘が上京して藤原氏一族を襲い、その年のうちに藤原四兄弟が死んだのである。

四月十七日「参議・民部卿で正三位の藤原朝臣房前《ふささき》が薨《こう》じた。……房前は贈太政大臣で正一位の不比等の第二子である」

七月十三日「参議・兵部卿で従三位の藤原朝臣麻呂《まろ》が薨じた。贈太政大臣不比等の第四子である」

七月二十五日「勅して、……（武智麻呂に）正一位を授け、左大臣に任命した。その日のうちに薨じた。……武智《むち》麻呂《まろ》は贈太政大臣不比等の第一子である」

八月五日「参議・式部卿兼大宰師で正三位の藤原朝臣宇合《うまかい》が薨じた。贈太政大臣の不比等の第三子である」

聖武天皇は、旱魃、飢饉、地震、天然痘などの災害をみずからの徳の薄さの問題として受けとめてきたし、おそらく新羅問題の深刻化も同様だったであろう。その点は一貫しているのであるが、藤原四兄弟の死以後、聖武天皇の内面的思考あるいは統治上の視点に変化が現れてきたように思われる。というのは、これまで災害や国家的不幸に対して神祇への祈祭、大赦、僧侶による護国経典の転読などを行ってきたのであるが、翌年の天平十年になると、こうした神仏への祈りだけではなく、国政の転換を実行するからである。聖武天皇の内面に何か大きな変化が生じたことはほぼ間違いないと思われる。

聖武天皇をはじめとして当時の人びとにとって、藤原四兄弟のほぼ同時期の病死は決して偶然ではなかった。天然痘の流行は、他の自然災害の場合と同様に聖武天皇の徳の問題であったかもしれないが、しかしそれでも天然痘は意識的に政権の中枢部に位置する四卿を打ち倒して、政策の担い手の転換を求めていた。そして天然痘は、彼らによって自害させられた長屋王とその妻と息子たちの怨霊のわざに違いなかったし、それは自明であったのだが、ただ問題はそれが私的なうらみにとどまるものかどうかということだった。自然災害も天然痘も、政治のあり方に問題があり、それゆえ最高責任者の天皇の責任だったとしても、その政治は長屋王の変以後、藤原兄弟を中心にして、特に新羅問題に関しては反長屋王的方向へと推進されてきたのであり、聖武天皇の徳に問題があるとすれば、その方向に対しておそらくみずからの意に反して同調してきたことにあった。

天平八年、かつて戒師招請のために唐に派遣した栄叡と普照が、唐僧の道璿やインド僧の菩提たちを日本に送りとどけてきた。行基集団の公認とともに人民の仏教化への新しいきざしが現れた。ほぼその頃、外国から天然痘が大宰府にやってきて流行し、翌年には、律令国家の儒教的側面を代表しかつ新羅問題に関しては軍事路線を推進する藤原四兄弟を打ち倒したのである。それゆえ聖武天皇は大幅に政策を転換し、ほとけの道を歩むことを決意する。

五　兵制の解体と広嗣の乱

藤原兄弟の没後まもなく、長期の留学から帰国して、聖武天皇の母宮子の看病に大きな力を尽した玄昉《げんぼう》が僧正（僧綱のトップ）に任命され、鈴鹿王《すずかおう》が知太政官事、橘《たちばな》諸兄《もろえ》が大納言に任命された。諸兄は翌年右大臣になり聖武天皇とともに最後まで歩みをともにする。

こうした新しい人事と同時に、すでに天平九年（七三七年）九月二十二日、宇合《うまかい》が死んでからほぼ一か月半後、聖武天皇の明確な意志を示すと思われる驚くべき政策が行われる。

この日、九州（に赴いている）防人《さきもり》を停止して、出身地に帰し、（代わって）九州の人民を徴発して壱岐《いき》・対馬《つしま》を守備させた

わずか半年前には遣新羅使の帰朝報告があり、新羅に対する軍団派遣の機運が高まっていたのだったが、今、それとは逆に東国から来ていた防人を故郷に返還したのである。研究史上すでに明らかにされた点は、天平十年度築後国正税帳に「勅に依り防人を還郷す」とあること、同年度の周防国正税帳に、約二三〇〇人の防人が京に向うという記述があること、また駿河国正税帳には旧防人一〇八二人が同年この国を通過したとあること、以上によって防人停止・帰還政策が現実に実行されたということである(32)。

それからまた半年後、天平十年五月三日。

東海・東山・山陰・山陽・西海道の諸国の健児《こんでい》を停止した

記事は短いけれども、国政上の姿勢の転換を示す重要な記事である。というのは、この「健児」制度は、天平四年に節度使が設置された際に、その節度使管内の在地の有力者や富裕農民を武装化して編成したものであり、藤原兄弟を中心とする対新羅軍事国家路線を中央のみならず地方においても具体的に推進するものだったからである。国土防衛上の軍事的意味ばかりではなく、諸国を軍事体制化するため、大きなイデオロギー的な機能をも果たしていたと思われる。したがって「健児」停止は、聖武天皇・諸兄《もろえ》の政策のこれまでとは違う意志を、諸国の諸地域すみずみに伝える効果をもったにちがいない。

ところがその一年後、さらに大きな政策の転換が行われる。すなわち、天平十一年五月二十五日付の兵部省符に、

勅を奉りて、諸国兵士、皆ことごとく暫停す。但、三関ならびに陸奥・出羽・越後・長門ならびに大宰管内諸国等兵士、常に依り改めること勿《なか》れ

とあり、三関国（伊勢・美濃・越前）および右に掲げられた諸国を除いて、すべての兵士徴集をしばらく停止する旨の太政官符が兵部省に下され、それを承《う》けた兵部省がこの五月二十五日付の兵部省符を作成して諸国に下知したのである。

この関連で、続紀同年六月二十二日の条に

（軍国の）兵士を停止したため、国府の兵庫は白丁（位のない一般の人民）から徴発して、当番を作り守らせるようにした

とある。

蝦夷《えみし》の脅威にさらされる国や反乱防止上不可欠の三関国および大宰府管内の国を除いて、諸国軍団兵士は停止され

た。天平四年の節度使設置以来、とくに東海・東山・山陰・西海四道の兵士数を令の規定のとおり正丁の四分の一に満たすべく努力が続けられてきたのであるが、反対にそれが、今、突然、勅命によって停止されたのである。

東国防人《さきもり》の停止と「還郷」、「健児《こんでい》」の停止そして諸国兵士の停止という一連の兵制解体政策は、これまで、「天平七年以後の疫病の流行などによる公民の疲弊と関係がある」とされたり[34]、「凶作と疫疾にあえぐ農民をもはや兵士に徴発することは不可能であったのであろう」とされてきた[35]。

もちろん、そうした農民の苦境という背景はあったであろうが、しかしこの時期、新羅問題は深刻化しており、「公民の疲弊」ゆえにむしろ盗賊その他、社会的に不穏な動勢が広がっているのであり、したがって聖武天皇・諸兄政権の兵制解体政策は、単に農民の苦境の結果なのではなく、鎮撫使・節度使を設置して内外の危機を武力によっておさえこもうとする藤原四卿体制の意識的な否定、国家構想の大規模な転換をめざすものだったのである。このことを端的に示すものが、天平十一年兵士停止の翌年におきた藤原広嗣《ひろつぐ》の反乱だった。

すなわち、天平十二年（七四〇年）八月二十九日の続紀によれば、広嗣は天皇に上奏文を奏して、「時の政治の損失を指摘し、天地の災害や異変について陳《の》べ」、元凶たる僧正の玄昉および（吉備《きび》の）真備《まきび》の追放を言上した。その上で、九月三日「広嗣がついに兵を動かして反乱した」。

広嗣は宇合《うまかい》の長子であり、宇合の死後、天平十年四月三日に大養徳守《やまとのかみ》に任じられたが、その年の十二月四日には大宰少弐に任じられており、反乱は大宰府から起きた。

聖武天皇はただちに大野東人《あづまびと》を反乱鎮圧のための大将軍に任命し「東海・東山・山陰・山陽・南海の五道から一万七千人を徴発」させて征討軍を形成した。皮肉なことに、これらの諸国は、天平十一年の兵士停止によって通常の軍団兵士をもたず、突然の徴発をよぎなくされたのであろうし、それに対して広嗣の大宰府は兵士停止から除外されていた。けれども、もっと皮肉なことには、広嗣の反乱の理由が、この兵士停止にいたる兵制解体が国家の深刻な危機をもたらすので、兵制解体に反対して国家を軍事的に守護する体制を取りもどすためだった、ということである。

広嗣が聖武天皇に上表した文の一節は、次のようである。

頃者《このごろ》、賢新已に没し、良将多く亡び、百姓零落し里社墟《きょ》となること、四隣具《つぶさ》に聞き八表《はっぴょう》共に識《し》れり。当今、五兵を練習して威を四海に振ひ、先ず諍《いさ》めて後に実にし、災変或ひは視て、能く賢を崇《あが》め士を選びて万邦を撫慰《ぶい》し、庸租《ようそ》を轄却《かっきゃく》して庶務を簡易にし、八柱の已《すで》に傾けるを復し、四維《しい》の将に絶えなんとするを張らん。然るときは則ち、遠きは粛《しゅく》にして近きは安く、民豊かに国富み、太平の基、華夷《かい》共に欣《よろこ》び、康哉《こうさい》の歌、朝野《や》、音を同じうせん。豈《あに》、武を偃め備を棄てて将士解体し、徐偃の仁義を修め、踏楚《とうそ》の詐謀《さぼう》に従ふべけんや。兵法に曰く、天下、安しと雖も戦を忘るれば必ず危し、彼の来らざるを恃《たの》むこと勿《なか》れ、我が備へて待つあるを恃むなり、と。然るときは則ち兵士を解却し、牧馬を出し売り、射田《しゃでん》を抑止す、斯《かく》の若《ごと》きの事条、未だ其の可なるを見ず[36]

こうした広嗣の立場は、白村江の戦い以後、律令国家の整備を進めてきた人びとの当然の前提だったのであり、藤原四兄弟が死んだからといって突然に消え去ったわけではない。将軍東人は一万七千の兵を徴発して九州に向かったけれども、反乱軍もそれに匹敵するほどの兵を集めており、特に九州においては兵制解体に危機感を募る人びとは多い。おそらく平城京においても広嗣に同調する貴族層は多かったにちがいない。けれども聖武天皇はこの反乱にもかかわらず、政策上の譲歩を示すことなく、心に決めた道を突き進んでゆく。

九月十五日、四畿内と七道諸国への勅。

このごろ、筑紫の地方に無法の臣下があらわれたので、軍に命じて討伐させている。(仏の)ありがたい助けにより、人民を安泰にさせようと願っている。そのため、今、国ごとに高さ七尺の観世音菩薩像を一体造るとともに、観世音経十巻を写経するように

六　国分寺建立の詔

続紀によれば天平十三年（七四一年）三月二十四日、国分寺建立の「詔《みことのり》」が発せられているが、これまでの研究成果を整理すると、「詔本文は天平十年以後十二年以前に発せられ、かつ部分的に施行されてきた国分寺造営についての詔・勅を集大成する形でまとめられたものと考えるのが妥当であろう」とされ、さらに、この本文に、「新たに三か条の条例と五か条の願文を加え、……天平十三年二月十四日に発布されたと考えられる」という。(37)

すなわち、国分寺建立の詔の本文は、藤原四卿の死後、広嗣の乱以前に出され、その後、乱の翌年に、条例と願文とを加えて発布されたのである。したがって、国分寺建立の構想と実行は、広嗣の反乱をサンドイッチ状にはさむ形で進行している。このことは何を意味しているのだろうか。

田村圓澄氏は、かつて、国分寺創建が広嗣の乱の一年後、天平十三年に初めて構想・企画されたという立場から、広嗣の乱の衝撃を受けた聖武天皇が、そうした反乱の出現を、将来未然に防ぐために、護国経典である『最勝王経』の国家・国王守護の約束にもとづいて国分寺創建を決意した、と解釈した。(38)が、その後、「国分寺建立の詔は天平十年（七三八）以後に発せられ」と述べて、詔本文が広嗣の乱以前である可能性を承認することになったので、「藤原広嗣の反乱が、直接の要因」という自説を後景に退け、聖武天皇と光明皇后の娘である皇太子阿倍《あべ》内親王の「仏教による全国的な擁護体制の構築」という面をクローズ・アップすることになった。国分寺の建立は、国分尼寺の建立とセットで構想されているので、皇太子阿倍内親王への配慮があったことは十分ありえる。しかしこの点が主目的であったかは定かではないし、また、詔本文が反乱以前に出され、その後、反乱以後に、完備された詔の発布があった、ということの政治史的な意味が明らかではない。

したがって、これまで見てきた政治史的過程をふり返りながら、国分寺建立の詔本文について検討し、僧寺・尼寺からなる体系的な国分寺建立構想の意図について考えてみたい。詔の前書《まえがき》は次のようである。

朕は徳の薄い身であるのに、忝《かたじけな》くも重い任務をうけついだ。まだ民を導くよい政治を広めておらず、寝てもさめても慚《は》じることが多い。昔の明君は、みな祖先の仕事をよくうけつぎ、国家は安泰で人民は楽しみ、災害がなく福がもたらされた。どういう政治・指導を行なえば、このような統治を実現できるのであろうか

まず確認しておかねばならないことは、国分寺建立構想が、「まだ民を導くよい政治を広めておらず」「どういう政治・指導を行なえば」とあるように、聖武天皇の国家および人民に対する統治の問題として提出されていることだ。そのよい政治が国分寺建立という形をとるのであるから、元正天皇時代や藤原四卿時代の儒教的観点から人民を教導するという理念ではなく、仏教による「政化」を前面的に打ち出すものであるということである。

次に詔本文の前半部分に移ろう。この部分は国分寺建立構想にいたった経過ないし理由である。それによると、〈近年、田畑はよく稔らず疫病がしきりにおこり、聖武天皇はひとり慚《は》じ心をいためていたのだが、先年（天平九年一月三日）、全国の神宮を修造し、「去る年（天平九年三月三日）には全国に高さ一丈六尺の釈迦の仏像を一つづつ造らせるとともに、大般若経を一揃いづつ写させた」。するとどうなったか。風雨は順調で五穀もみのり、神霊の賜わりものがあった。「恐れるやら驚くやら、自分でも心が安まらない」〉

すなわち国分寺建立構想の根幹は、天平九年（七三七年）三月三日の詔による、諸国の釈迦仏造立および大般若経書写が、驚くべき効験を現したことに由来したのである。

ところが、この詔には一つの奇妙な事柄がある。天平九年三月三日の釈迦仏造立等の命令は、すでに見たように、同年二月の遣新羅使の帰朝報告後の、新羅に対する危機感のためにとられた措置だったのであるが、詔はその点に触れることを避け、釈迦仏造立等のもたらした効験を不作と疫病からの解放においている。ところが、釈迦仏造立等の命令以後、四月、七月、八月に、政権を担ってきた藤原四卿がまさにこの疫病によって次々と死んでしまうのである。それにもかかわらず、今、詔は天平九年三月三日の釈迦仏造立等の命令を国家安泰・人民幸福のための国分寺建立の

根拠に置くのである。

一見すると奇妙なこの事実は、聖武天皇と、天皇の助言者たる僧正玄昉および吉備真備からすると、たしかに奇妙ではあっても理解可能な神霊のたまわりものだった。なぜならば、藤原四卿が死ぬことによって、国家が救われたからである。藤原四卿は新羅の無礼に対して戦端を開く強硬路線を歩いていた。けれども、ほぼ二十年にわたり唐に留学し天平七年に帰国した玄昉や真備からすれば、こうした戦争推進政策は東アジア全体の視野を欠いた偏狂でひとりよがりの冒険的な熱狂主義でしかなかった。それゆえ、最初、三月三日の時点で打ち出された釈迦仏造立等の命令は、おそらくは新羅に対する戦勝祈願という性格をもっていたが、藤原四卿死後、この命令によって、藤原四卿は死に、日本は戦争から、つまり敗戦から救済されたのだ、というふうに握みなおされたのである。そしてこのような考え方のもとで、今、国分寺建立の詔に取り入れられたのである。

さて、この詔の後半部分は、金光明最勝王経の一部を引用する。

もし国内に、この経を講義して聞かせたり読経・暗誦したり、恭《うやうや》しくつつしんで供養して、流布させる王があったなら、我ら四天王は、常にやってきて擁護しよう。一切の災いや障害は、みな消滅させるし、憂愁や疫病もまた除去し癒《い》やすであろう。願いも心のままであるし、いつも歓びが生じるであろう

聖武天皇は、この四天王の約束にもとづいて、諸国に国分寺を建立し、金光明最勝王経と妙法蓮華経を書写させて七重塔一基に安置し、僧尼に毎月八日、金光明最勝王経の転読を命じるのである。

詔のこの後半部分は、思想的に、詔の前半部分とどのようにつながるのだろうか。前半部分の背景には、藤原四卿の死による国家の戦争からの救済という、天平九年三月三日の詔の握みなおしがあったが、それとの関連でいえば、この後半部分においても、これまで見てきた天平九年九月防人停止以後の兵制解体政策が背後にあったにちがいな

い。四天王の救済の約束に対する信頼、それゆえの国分寺建立構想が、この兵制解体政策と結びついていた。軍事力・武力によって内外の敵から国土を守るのではなく、そうしたものは可能なかぎり縮小し、その代わりに仏教への帰依を深めて四天王の護国の約束をしっかりと現実のものとして受けとめるのである。これが国分寺建立の根本的な理念だったのであり、それゆえ、すでに神亀五年に金光明経の諸国への配布が行われているが、その時の場合とは異なる立場に立っているのである。すなわち、神亀五年の時点においては、軍事力・武力の拡充と結びつく護国経典への信頼であるが、今の場合には軍事力・武力への依存を捨てる方向での四天王の約束に対する信頼だからである。そして藤原四卿の政治意識を受けつぐ広嗣が、こうした四天王の約束に対する信頼を、非現実的・ユートピア的で、政治的に無責任な国家政策として弾劾し、ついに反乱をおこしたのである。けれども聖武天皇・諸兄政権は、広嗣の反乱鎮圧後も、軍事力・武力の拡充ではなく、むしろその縮小によって、かつ同時に、仏教による律令国家の平和的秩序化によって、内外の危機を克服するという道を最大限に推し進めてゆく。それが大仏造立の構想となって現れてくるのである。

七　大仏発願の詔

広嗣の乱がなお結着してはいない天平十二年（七四〇年）十月二十六日、聖武天皇は東人《あづまびと》ら反乱征討軍の将軍に勅を下して三関の東への行幸《みゆき》を告げ、平城京を後にした。いわゆる聖武天皇の放浪の五か年の始まりであり、山背国《やましろ》相楽《さがら》郡恭仁《くに》郷に直接におもむき新都恭仁京を造営して遷都し、その後さらに近江国甲賀郡の紫香楽《しがらき》村に行幸し、その地に紫香楽宮を築き寺地を開いた。その目的は新しい帝都に大仏を造営し、これまで準備してきた国家構想を現実化してゆくためだった。反乱の終息を見ない時点での平城京脱出は、大仏および新都建設による新国家構想がすでにずっと以前から計画されていたことを物語るものであり、広嗣の反乱の衝撃で突発的に藤原氏との結びつきの強い平城京を脱出した、というのではないだろう。

天平十五年（七四三年）十月十五日、聖武天皇は紫香楽宮において大仏造営発願の詔を下した。そして間もなく、近江国の国分寺であったと思われる紫香楽の甲賀寺で大仏の造営に着手した。(40) ところがこの造営は完遂できず、後に奈良東大寺で完成されることになるのだが、そうした現実のジグザグとした過程をたどることではなくて、新しい国家構想と結びついた大仏造立の意図について考えてみたい。鋳造技術の面でも財政面でも、あるいは政治的にも、大仏造立には大きな困難や反発が予想されたはずだが、一体何のために、聖武天皇は大仏造立を発願したのだろうか。

さしあたり問題となるのは、これまで見てきた国分寺建立政策との関連である。

甲賀寺が近江国の国分寺であるならば、そこに造立される大仏は国分寺の体系と直接的な関係をもっていたはずで、そのことは甲賀寺から東大寺に移っても同じである。東大寺は金光明四天王護国之寺つまり国分寺だからである。

さらに、国分寺建立の詔と大仏造立の詔との日付の近さがある。前者は天平十三年（七四一年）、後者は天平十五年であるが、その由来にさかのぼってみると、両者はもっと近接する。すなわち、すでに見たように、国分寺建立の詔の本文じたいは、「天平十年以後十二年以前」に発布されているのであるが、大仏造立の発願も天平十二年二月、難波宮に行幸した際の河内国の智識寺の盧舎那《るしゃな》仏の礼拝を契機としている。そして、このとき智識寺を参詣するのは、すでに大仏ないし盧舎那仏への想いがあるからで、いずれにしても国分寺建立と大仏（盧舎那仏）造立とはほぼ同じ時期に構想されているのである。そして逆に、大仏の鋳造が開始された年、天平十九年（七四七年）十一月七日、聖武天皇は国司に、国分寺造営に関し「これから三年以内を限度として、塔・金堂・僧坊をすべて造りおえさせよ」と命じているのであるが、明らかにそれは大仏開眼供養に間にあわせるためだったであろうし、両者の緊密な関連を前提とするものだっただろう。

最後にもう一点。東大寺の大仏の台座は蓮弁で飾られているが、その蓮弁一葉一葉には釈迦を中心とする世界が描かれている。盧舎那仏はこれらの釈迦（分身）を中心とする幾多の世界の総括者（法身）なのだが、この関係は、盧舎那仏を本尊とする東大寺と、釈迦像を安置する諸国国分寺との相互関係を統一的に表現するものであったように思われる。

したがって問題は、これまで検討した国分寺建立の意図との関連において、大仏造立の意図を探るということになる。しかしこのテーマの優れた研究者である田村圓澄氏はそうした探究の方向性を拒絶して、国分寺と大仏はともに聖武天皇を発願者とし発願の時期も近いのだが、両者の建立意図はまったく別のものであるとする。国分寺建立の意図についての所説はすでにふれたので、大仏造立の意図についての田村氏の所説を紹介しておきたい。

田村氏の分析視角の特徴は、聖武天皇の大仏造立の意図を日本と新羅との関係のなかで見ようとするところにある。田村氏によれば、新羅国王が日本の天皇に仕え従属すべきことは、神功皇后の新羅征討にもとづく歴史的な所与の慣行である、と聖武天皇はみなしていた。それにもかかわらず、とりわけ天平六年（七三四年）以後、従属国であるはずの新羅は日本の宗主権を認めず、独立化し、両国の緊張関係は深まった。田村説によると、こうした状況を打開し、以前のごとく「宗主国＝日本と付庸国＝新羅の宗族関係」を再構築するために、聖武天皇は華厳経の世界を背景とする盧舎那仏の造立を決意した。もし、日本の天皇が発願・主導して「法界」（華厳経にもとづくほとけの世界）が作られ、新羅国王以下の人びとがこの法界の中心にある盧舎那仏に礼拝しほとけの世界に入るならば、それは宗主国日本の天皇の権威と力と、あるいは恩恵によるものであり、そのことによって、「日本と新羅の宗主国―付庸国の統属関係を再構築」できると考えた。「新しく造立される盧舎那仏の造立作業に参加・協力し、また盧舎那仏を礼拝することは、新羅の国王、および新羅の人びとにとって、聖武天皇の命を承ることであり、対新羅関係の行き詰りに苦慮・焦燥している日本側として、宗主国―付庸国の宗属関係の復興・固定化に展望をひらくと考えられたのではないか」[42]。

こうした田村氏の所説には、

新羅の国王・人民も、日本の天皇が発願建立する盧舎那仏を、恭敬・礼拝することを拒むことはできないであろう[43]

というふうな、根拠の定かではない前提があり、また後にみるように歴史上の事実解釈においても疑問があるので、結論自体には同意はできない。ただ、しかしこれまで、あの巨大な大仏の造立意図が、天皇ないし支配層の権力・権威の誇示であるとか、あるいは他のアジアの辺境地域の仏教国と同様の劣等感の所産で、「劣等感から抜け出そうという潜在的な欲求が、中央にも存在しない巨大な仏像や、壮麗につらなる無数の仏像を造るという行為の背後にひそんでいる[44]」といった非歴史的・印象論的所説が流通するなかで、貴重な視点を新たに提供したことは疑いがない。大仏の巨大さ自体が、なぜ巨大でなければならなかったのかという一つの問題を提出しているのだが、田村説に立てば、日本と新羅とをつつみこみ、かつ日本主導の「法界」の構築だったので、当然に大仏は巨大であることが期待されたと考えることもでき、ここでも田村氏の視点の有効性を否定することはできない。

田村説に関しては再び関連箇所でふれることにして、大仏造立の詔にいたるまでの歴史過程に話をもどすことにしたい。

国分寺建立の詔本文が出されて間もなくの天平十二年（七四〇年）二月、聖武天皇は智識寺の盧舎那仏を礼拝して、大仏造立の発願をしたのであったが、ちょうどその年、東大寺の前身である金鐘《きんしょうじ》寺の僧良弁によって、華厳経の教理的な研究会が組織化され、大安寺の僧審詳《しんしょう》を講師として教理の究明と研究が開始された。堀池春峰氏は『東大寺要録』の「東大寺華厳別供縁起」にもとづいて、「日本華厳教学の研究は、審詳大徳を金鐘寺に招請して講師とし、後年興福寺初代の別当になった慈訓・鏡忍・円證を複師とし、十六人の学僧を聴衆として、天平十二年に旧訳華厳経をテキストとして行なわれ……三か年かかって講義は完結した」とされ、「良弁による金鐘寺での華厳経研究の開設の動機は、この〔天平十二年の〕智識寺行幸と天皇・皇后の盧舎那仏への関心に起因することは疑う余地がない」とされている[45]。実際、講義開始から三年後、講義の完結した年、天平十五年十月、盧舎那大仏造営の詔が出ている。そして盧舎那仏は華厳経の教主である。

これまで、聖武天皇の時代において、われわれは何度か華厳経にかかわる事柄に出会っている。天平三年、聖武天皇の監獄囚徒解放の思想的な背景としての華厳経「善伏太子の話」、天平四年戒師招請の際に若くして重要な役割を果たし、ずっと後に大仏開眼供養会において華厳経の講説を聖武天皇に依頼される隆尊のこと、戒師招請により来日した道璿《どうせん》の華厳僧としての性格、なお道璿とともに来日したインド僧菩提僊那も、常に華厳経を「諷誦し、以って必要と為す」としていたらしい[46]。こうした経過からするならば、盧舎那仏を造立して華厳世界を構築しようとする試みには、監獄を空にし、警察的・軍事的な律令国家を仏教的方向へ転換させ浄化するという意図がこめられていたように思われる。盧舎那仏は、華厳経の教主であるばかりではなく梵網経の教主であり戒律の制定者であるから、その戒律（菩薩戒）を受戒して僧のみならずすべての人びとがほとけの世界に入り、監獄国家から脱出することがめざされたのではあるまいか。むろん大仏造立の意図はそれだけではなく、対外関係とくに新羅問題がかかわっていることも確かであろう。というのは、天平十二年から十五年まで、すなわち大仏造立の詔を準備する過程での華厳の理論研究は、隆尊や道璿ではなく、また他の学僧ではなく審詳《しんしょう》を講師にして行われているからであり、審詳は新羅留学僧であって新羅の華厳学に精通していたからである。

華厳学は唐の法蔵によって大成されたが、その法蔵と師を同じくする留学僧義湘《ぎしょう》によって新羅華厳学の基礎が築かれ、またその少し前には法蔵の教学に大きな影響を与えた元暁《げんぎょう》も現れており、新羅華厳学は水準も高く勢いもあった。新羅留学僧審詳を講師とする金鐘寺での華厳研究はこうした華厳学を中心とする新羅の仏教界を念頭におき、それとの交流を考えてのことだったのではなかろうか。この点に関して、田村圓澄氏の審詳の取り扱いには疑点が残る。田村氏は、大仏造立の目的が新羅に対して日本の宗主国としての優位を確立することにあったとし、そのため新羅の華厳学に従属するのではなく、それを断ちきって独立する方向に進んだと考えるので、大仏造立の理論的準備としての華厳研究の講師になぜ審詳が選ばれたかを説明できずに、天平六年以降、対新羅関係が緊迫化するなかで、「新羅に学び、新羅から華厳教を日本に伝えた審詳の比重も、軽くみられるのみならず、ついに『新羅学生』としての審詳が、無視されることになる」という、事実に反する評価が行われている(47)。

聖武天皇による大仏造立の意図は、宗主国と従属国という関係の問題よりも、もっと原理的に、大仏の前で、ほとけの世界のなかで、対立しあう国々が平和的に共存することをめざすものだったのではあるまいか。華厳教学は、深遠なる宗教哲学ではあるが、それが本来意図するところは、すべてのもろもろの存在が、自と他、あれとこれとを分かつ壁を突き抜けてトランスペアレントになり、一切の対立や争いを越えるものとして現象する、そういう世界把握だったからである。が、推測はここまでにして、実際に、天平十五年十月十五日の大仏造立の詔を読んで見ることにしたい。アルファベットは便宜上のものである。

A　朕《われ》薄徳を以て恭《うやうや》しく大位を承《う》け、志兼済《れんさい》に存して勤《つと》めて人物を撫《な》づ。

B　率土《そっと》の浜已《すで》に仁恕に霑《うるほ》ふと雖も、普天の下法恩あまねくあらず。誠に三宝の威霊に頼りて乾坤《けんこん》相ひ泰《ゆた》かにし、万代の福業を脩《おさ》めて動植ことごとく栄えむとす。

C　天平十五年歳《ほし》癸未の十月十五日を以て菩薩の大願を発して、盧舎那仏の金銅像一体を造り奉る。国の銅を尽して像を鋳造し、大山を削りて堂を構《かま》へ、広く法界に及ぼして朕《わ》が智識〔協力者〕とす。遂に同じく利益を被りて共に菩提に致《いた》さしめむ。

D　夫れ、天下の富を有《たも》つは朕《われ》なり。天下の勢を有つは朕なり。この富と勢とを以てこの尊き像を造らむ。事成り易《やす》く心至り難し。但《ただ》恐るらくは、徒《ただ》に人を労すことのみ有りて能《よ》く聖に感じること無く、或は誹謗《ひぼう》を生じて反《かえ》りて罪辜《ざいこ》に堕《おと》さむことを。

C´　是の故に智識に預《あづ》かるものは懇《ねむごろ》に至れる誠《まこと》を発し、各《おのおの》介《おほき》なる福を招きて、日毎に三たび盧舎那仏を拝むべし。自ら念《おもひ》を存して各《おのおの》盧舎那仏を造るべし。

B´　如《も》し更に人有りて一枝の草《くさ》一把の土を持ちて像を助け造らむと情《こころ》に願はば、ほしいままに聴《ゆる》せ。国郡等の司《つかさ》、この事に因《よ》りて百姓を侵し擾《みだ》し、強ひて収め斂《あつ》めしめること莫《なか》れ。

A´　遠近に布《ふ》れ告げて朕《わ》が意を知らしめよ。

詔文の形式的性格から考えてみよう。まず、全体の流れは起承転結のパターンに従っている。

起　朕《われ》はすべての人の救いを志してきたがまだ、まだほとけの法恩が十分ではなく、三宝の力によって栄えをもたらすために福業を行ないたい（AとB）。

承　そこで盧舎那仏造立の大願を発し、ほとけの世界を広げて、（人びとを）朕が智識［協力者］として共に悟りにいたらせたい（C）。

転　けれども朕の富と力で強《し》いて造立しようとすれば本来の趣旨からはずれるだろうから、造立に参加する者は自分の心のなかにほとけを造るつもりで参加すべきだし、司たちは自発的な心で参加しようとする者を貧しくても許可し、また反対に、造立へ百姓を強制してはならない（DとC´とB´）

結　この朕が意志を遠近に告げよ（A´）。

起承転結は、時間および筋の流れを整理したものであるが、右の詔文は、空間的な構成という形式ももっている。すなわち、詔の全体をいくつかのメッセージの組み立てとしてみると、それぞれが空間的に編成されているのであって、それをわれわれはインクルージオ（囲い込み）と呼ぶ。

A　聖武天皇の意志
B　「法恩」があまねく広がってはいないので、「福業」を起こす
C　聖武天皇の盧舎那仏造立の発願、「法界」を広げて「智識」を菩提に至らしめる
D　聖武天皇の富と勢とを以ってすれば、事業は容易だが、それでは人は労し、誹謗と罪が生れるばかりである
C′　「智識」による盧舎那仏造立の発願
B′　貧しき者の造立（「福業」）参加許可
A′　聖武天皇の意志

右の構成はDを中軸として、CとC′、次にBとB′、最後にAとA′へと、左右対称に広がってゆく形となっている。したがって詔全体のアクセントもDにおかれ、聖武天皇は強制的に上から大仏を造立する意志はなく、むしろ自発的な「智識」（人びとの協力）によって大仏を造立することを強調するのである。またその「智識」は貧しき者をも加え、広く「法恩」をゆきわたらせるべきであり、それが聖武天皇の意志である、というメッセージを表現している。

次に、以上の詔文の形式的性格を念頭において、具体的内容の吟味に入りたい。

（一）詔の書き出し（A）は、「朕薄徳を以て恭しく大位を承け」となっているが、これは国分寺建立の詔の「朕、薄徳を以て忝《かたじけな》くも重き任を承けたまはる」とほぼ同じである。また国分寺建立が、「政化弘まらず」、ゆえに打ち出された仏教推進策であるのに対応して、大仏発願の詔も「法恩あまねくあらず」、ゆえに打ち出された仏教推進策であり、二つの詔を貫く精神は同一である。この点は大仏発願の「詔」解釈に際して、一つの示唆を与えるだろう。

（二）大仏造立の理由は、地の果てまで「仁恕」はうるおっているが、「法恩あまねくあらず」だからである（B）。直木孝次郎氏たちの訳文では、「この国土の果てまで、すでにあわれみ深さと思いやりの恩恵を受けているけれども、

いまだ天下の果てまで仏の法恩はゆきわたってはいない」となっている。新日本古典文学大系の訳注も同様である。訳文は正しいけれども、「仁恕」を「あわれみ、思いやりの恩」と訳しただけでは真意が判然としない。「仁恕」は儒教の徳である。仁が最高の徳であるが、恕も

子貢問うて曰わく、一言にして以て終身これを行なうべき者ありや。子の曰く、其れ恕か（衛霊公二四）
曾子の曰く、夫子の道は忠恕のみ（里仁一五）

などと論語にある。

すなわち、詔の趣旨は、儒教的徳治主義の立場からの「仁恕」――たとえば大赦や「義倉《ぎそう》」による飢饉時の食料の放出、不作の年の税免除、流行病に対する薬の施与など――は、十分に行われて、人びとはその恩恵を受けてきたが、しかしほとけの恩恵を受けてはこなかったので、大仏造立を発願して、人びとをほとけの世界に招きたい、というのである。「一枝の草一把の土」をもって大仏造立に参加しようとする者も「ほしいままに聴《ゆる》せ」（B）という文も、これまで永く、民衆が仏教に接近することを拒絶されてきたことを前提としている。大仏造立の目的は、これまでの儒教的徳治主義の枠を破って、民衆をほとけの世界に招くことにある。

（三）　聖武天皇は、「盧舎那仏の金銅像一体」の造立を発願するのであるが、その規模は、「国の銅を尽して像を鋳造し、大山を削りて堂を構へ」というほどのものである。なぜそれほど大規模な金銅像を造ろうとするのか。それにはさまざまな理由があるのだろうが、前の点との関係でいえば、可能なかぎり多くの人びとの自発的な参加によって大仏を造り、いわば全国民的規模でのほとけの国の建設をめざすからである。が、それが金銅像であることにはもう一つの別の理由がある。その理由について詔発布から半年後の、天平十六年四月二十一日の続紀の短い記事が雄弁に物語っている。

造兵司と鍛冶司を廃止した

造兵司は兵器を造ることを職掌とする兵部省の被管（直属官庁）である。兵器を造ることをやめて大仏を造る。それゆえ大仏は金銅像でなければならなかったのである。国分寺建立が兵制の解体ないし縮小政策と対応して、護国を四天王の救済の約束への信頼に置くためであったのと同様に、聖武天皇による大仏造立の発願は、軍備縮小路線の宣言であり、戦争政策の放棄、ほとけによる、ほとけのもとでの、平和実現のためのものであった。大仏は、いわば天平時代の憲法九条として構想されたのである。したがって、詔の末尾の「遠近に告げて朕が意を知らしめよ」という結句には注意が必要である。「朕が意」は詔文の構成でみたように、書き出し（A）と対応しており、国郡司等が百姓を侵すなという直前の文だけではなく、詔全体を貫く聖武天皇の意志を意味しており、したがって戦争放棄の意志をも意味している。それゆえに、「遠近に告げて」という場合、これまでふつうに解釈されてきたように、「遠近にかかわらず全国に」とか、あるいは「国内のあらゆる地域に」とか、日本国内の遠近という意味だけなのかどうか、問題が残る。原文にはそういう限定がない。渤海国や新羅などにも、兵器ではなく大仏を造る聖武天皇の意志を告げよ、という含みもあったのかもしれないのである。もっとも、渤海国にしろ新羅にしろ、日本において「国の銅を尽して」大仏の造立が始まれば、それだけで聖武天皇の意志は理解できただろう。

（四）「智識」（CとC′）について。智識という言葉は、ナレッジという意味ではなく、人を仏道に導く人や、仏事のために財物や労力を自発的に寄進する人を意味する。詔の大きな特徴は大仏造立を、上からの強制として推進するのではなくて、むしろそうした仕方がほとけの道に逆行し、牢獄を空にするどころか牢獄を満たす罪人を生み出すだろうという自覚のもとで、「智識」によって推進することを強調する点である。聖武天皇の大仏発願の大きな契機となった寺が、智識寺という名前であり、その本尊が「智識」によって造られた盧舎那仏であったことはすでに見た。

「智識」による大仏造立は、人びとが自発的に寄与し参加することによって、ほとけの世界に入ってゆくことができるという思想であり、これまでの政治権力や豪族による造寺造仏のあり方とは根本的に異なっていて、思想史上きわめて意味深いものであるが、その点を象徴的に示すものが、これまでも研究史上指摘されてきたように、大仏発願の詔の四日後の続紀の記事である。

天皇は紫香楽宮に出御した。盧舎那仏を造り奉るために寺の地を開いた。ここに行基法師は弟子たちを率いて、多くの民衆を勧め誘った

かつて律令国家に迫害された「小僧」行基とその弟子たちは、監獄国家・軍事国家をほとけの国へと転回させようとする聖武天皇の呼びかけに応えたのであるが、逆に、聖武天皇の方も行基の呼びかけに応えて、「智識」による大仏造立を決意したのかもしれない。間もなく、行基は大僧正となり、聖武天皇は「三宝の奴《やっこ》」となる。この行基グループの運命の転換は、日本思想史上、もっとも大きな出来事の一つであり、大仏造立の意味を象徴的にさし示すものである。

八　神とほとけ

大仏造立の詔が出て間もなく、恭仁《くに》京の造営は中止され近江国紫香楽宮の造営が本格化し、大仏造立のための準備体制が整えられていった。実際の造立過程をたどることはできないので、思想史上、注意すべき点のみ指摘を加えておきたい。

詔の一年後、天平十六年（七四四年）十一月十三日、早くも次のような記事が現れる。

甲賀寺に始めて盧舎那仏像の骨組の柱を建てた。天皇は親しく臨み、自らの手でその縄を引いた

聖武天皇は、大仏の発願者であったが、同時にみずからの手で縄を引くという象徴的行為によって、天皇自身が他の人びと、他の「智識」と同じ一人の「智識」であることを示したのだった。この出来事は、深刻な思想史上の問題をはらんでいる。というのは、天皇は神なのであり、その神が大仏造立の「智識」として労力を提供するのであれば、当然に、神がほとけに仕えるという意味を帯びるからである。これまで大仏造立を儒教と仏教との緊張関係（共存・対立）としてみてきたが、聖武天皇のこの象徴的な行動は、それに加えて仏教と日本の神信仰との関係に関して大胆な問題を提起するものだった。

日本の神々や、その神々を祀る神社は、こうした聖武天皇の象徴的な行動に衝撃を受けなかったであろうか。

甲賀寺で大仏の骨組は建てられたが、結局、紫香楽宮は捨てられ、聖武天皇は五年ぶりに平城京にもどり、ここで大仏の鋳造が行われることになる。この遷都は、あの象徴行動の翌年である。そしてその間一つの事件がおきている。

天平十七年正月二十一日、「招して、行基法師を大僧正とした」

同年五月十四日「この日、（平城宮）の宮門に大楯を樹《た》てた（平城京を都としたことを示す）」

同年十一月二日「玄昉法師を派遣して筑紫の観世音寺の造営に当らせた」

同年同月十七日「僧玄昉に与えられていた封戸《ふこ》と財物を没収した」

平城京遷都と、それに前後する行基と玄昉の交替劇の意味は何なのだろうか。

行基が大僧正になった背景には、明らかに聖武天皇・諸兄政権による玄昉に対する拒否がある。玄昉は僧正であ

る。そして僧正は僧綱のトップである。大僧正というタイトルはこれまでなかったし、それがこの時点で現れるのは、玄昉を否定し、行基を立てるためである。

玄昉は僧綱のトップとして、全国の僧尼を監督する総責任者であるが、しかし僧尼だけではなく民衆と仏教との関係を規制する監督者でもあった。おそらく彼は、元正時代以来の僧綱の立場、つまり民衆の仏教化を規制するという立場を色濃くひきづっていたのではないかと思われる。したがって、行基を大僧正に立てて玄昉の権威を抑圧し、大仏造立の体制を僧綱体制の面で整え、ついに玄昉を追放したと考えられる。この僧綱体制の刷新と平城京遷都とは、おそらく緊密に結びついていたのであろう。

かつて聖武天皇が国分寺建立および大仏造営の構想を抱いて平城京を捨てたとき、それにはいくつかの理由があったはずであるが、最大の理由は、平城京には大安寺、薬師寺、元興寺、興福寺などの旧来からの大寺院があり、旧来からの僧綱体制が根づいていたからだと思われる。元正時代から見てきたように、僧綱体制は行基のような民衆仏教を取締まる立場をとってきた。それゆえ、今、このような古い僧綱体制を打ち破り行基を大僧正に立てるだけの政治的準備ができたとき、はじめて平城京遷都が実現できたと思われる。そして大仏は甲賀寺ではなく東大寺において造営されることになり、諸大寺はそれを受け入れたのである。

それにもかかわらず、翌年、天平十八年（七四六年）、再び深刻な問題が生じる。

まず、三月五日、七道の鎮撫使が任命されており、平城京遷都および行基を大僧正とする大仏政策をめぐって社会的な広がりをみせる不安状況に、武力的に対処せざるをえなくなっている。その年の十二月十日には、鎮撫使は停止されたが、代わりに、「京・畿内および諸国の兵士をもとの制度によってしらべて徴発した」。

もちろん聖武天皇・諸兄政権が、詔を反故《ほご》にしたわけではなく、大仏造立の理念を放棄したわけでもなかったが、理念がそのまま現実なのではなかったし、理念を実現するためには、その理念に反する武力を用意せざるをえなかったのである。

　こうしたジグザグとした歩みをたどりながらも、国の銅を尽して、造兵司と鍛冶司を廃止したまま、大仏の鋳造は推進されていった。やがて鋳造が終わる頃、問題が一つ迫ってきた。盧舎那仏は、バイロチャナの漢訳で、その意味は知の光ですべてを照らすというものであり、したがって黄金によって鍍《と》金する必要があった。けれども、これまで日本で金は産出しないと考えられていた。一体どうすればよいのか。ところが、ある日突然、陸奥の国で黄金が発見されたのだった。この時の衝撃ないし感動は、天平二十一年（七四九年）四月一日、天皇、皇后、皇太子、群臣、一般人民が東大寺大仏の前にいならぶなか、天皇の命により左大臣諸兄が大仏に述べた宣命文のなかに表現されている。聖武天皇はみずからを「三宝の奴《やっこ》として仕え奉る天皇」と呼び、ほとけの下僕として位置づけたうえで、黄金が盧舎那仏のめぐみであり、祝福であるとして深く感謝する。そして聖武天皇は「現《あき》つ神として天下を統治する倭《やまと》根子《ねこ》天皇」でもあるのだから、甲賀寺で縄を引いた場合と同じように、ここでもこの宣命は神の上にほとけを置くことを意味した。

第三節　孝謙天皇

一　八幡大神

黄金の発見された天平二十一年は天平感宝元年として年号が変えられた。この年の七月、聖武天皇は譲位して、皇太子（阿倍内親王）が孝謙天皇として即位した。ふたたび年号が天平勝宝元年に変わった。同年十月には東大寺大仏本体の鋳造が終わる。すると翌月、驚くべき出来事が生じた。

すなわち十一月十九日「八幡《はちまん》大神は託宣して京に向かった」。

豊前国（大分県）宇佐の八幡大神が託宣して平城京をめざしたというのであるが、一体何が起きたのか。少々その後の経過をたどってみる。

同月二十四日、朝廷は「迎神使」を任命した。「路次の諸国は兵士百人以上を徴発して、前後を固めて妨害を排除させた」。

十二月十八日　八幡大神入京し、平城京の南の新殿に入る。

同月二十七日「八幡大神の禰宜尼《ねぎに》・大神朝臣杜女《おおみわのあそんもりめ》〈分注。その輿《こし》は紫色であって天皇の乗物とすべて同じである〉が東大寺に参拝した。天皇（孝謙）・太上天皇（聖武）・皇太后（光明子）も同じく行幸した」。

その際、左大臣諸兄が大神に感謝の意を表明する天皇（聖武）の宣明文を読んだ。それによれば、天平十二年（七四〇年）、聖武天皇が「河内国大県郡の智識寺に坐す盧舎那仏を拝み奉りて、即ち朕《われ》も造り奉らむと思へども、之為さざりし間に」、八幡大神は次のように託宣した。

神であるわれは、天神《あまつかみ》と地祇《とちつかみ》を率い誘って（仏の造立を）必ず成就させよう。（それは）格別なことがあるのではなく、銅の湯を水と成し、我が身を草木に交えて（どんな苦労をしても）無事に（大仏造立を）成就させよう

今、そのように成就したので感謝をささげる、というのが宣明文の主旨である。

したがって、事柄は天平十二年の聖武天皇の智識寺参詣までさかのぼることになるが、その際、問題は二つある。一つは、智識寺での礼拝を契機として盧舎那仏造立を決意したにもかかわらず、なぜ聖武天皇はその決意を実行できなかったのか、ただしその後、八幡大神の託宣があり、その約束に励まされて造立に踏みきることができたというのであるが、こうした障害と克服の過程をどのように理解するか、という問題である。

もう一つは、八幡大神が聖武天皇の大仏造立に参与し、その成就を約束し、間もなく東大寺の鎮守の手向山《たむけやま》八幡宮

に勧請《かんじょう》されたことの思想的な意味である。日本思想史上、この出来事は神とほとけの関係をめぐる根本的な出来事であり後代への影響もはかり知れない。まずこの点から考えてみよう。

八幡神のルーツや性格などに関しては、現在も研究が進行中であり確定的なことはいえないのであるが、聖武天皇時代においては、何よりもまず軍神としての性格が強かったことは疑いないと思われる。

聖武天皇がまだ皇太子であった養老四年（七二〇年）、九州では大規模な隼人《はやと》の乱が起きているが、八幡神はまずはこうした隼人を鎮圧するための戦争神であったと思われる。天平十二年に九州で藤原広嗣の反乱が起きたとき、聖武天皇は「大将軍の東人らに詔を下して、八幡の神に（戦勝を）祈請させた」とあるが、このことは東人の報告「広嗣は自ら隼人軍を率いて、先鋒となり……」とおそらく関係しているだろう（十月九日）。

八幡神は隼人に対抗する軍神だっただろうが、それだけではなく、その地理的な位置からして、朝鮮半島に対する国家守護の軍神としての性格を持っていたと思われる。天平九年（七三七年）にあの遣新羅使が帰朝報告をして、新羅との関係がいっきょに緊迫化した時、

　使者を伊勢神宮、大神《おおみわ》神社、筑紫《つくし》の住吉神社、八幡神社の二社、および香椎《かしい》宮に遣わして幣帛《みてぐら》を奉り、新羅国が無礼であるさまを報告した（四月一日）

とあり、八幡神が正史に初めて現れてくる。当時は藤原四卿中心の軍事路線のもとで、八幡神は国家鎮護の軍神とみなされていた。香椎の祭神は神功皇后であり、伊勢と住吉の祭神も、神功皇后が新羅におし渡ろうとしたとき託宣をくだしてこれを助けた神である[48]。

したがって八幡神は、新羅との関係が緊迫化をつづける中で、戦争体制を構築する側の軍神であったはずなのであるが、天平十二年以後、戦争政策を放棄して国分寺建立と大仏造立による平和政策を進める聖武天皇の側についたの

である。このことによって、八幡神は聖武天皇の仏教推進政策を、神の立場から、肯定するばかりではなく、みずからも新羅に対する戦争神としての性格を脱ぎ捨てて、金光明経の四天王のごとくに、ほとけの世界を守る神、転輪聖王の擁護者としての性格を身につけ、日本の神々のあり方に大きな影響を及ぼしてゆくことになる。聖武天皇にとっては仏教による平和政策に神からの協力をえられたことになる。が、すべての日本の神が八幡神のような態度をとったわけではない。いや、むしろ反対である。最初の問題に移ろう。

聖武天皇が智識寺で盧舎那仏造立を決意したにもかかわらず、それを実行できなかった理由は、一つの大きな障害があったからである。その障害とは、八幡神の動向から推測すれば、伊勢神宮とそれに結びつく勢力だったと思われる。というのは、もし伊勢神宮が大仏造立に賛成し協力する立場をとっていたならば、これまで見てきたような八幡神の動向はありえなかったはずだからである。むろん伊勢神宮は皇祖たる天照大神を祀り、天皇の正当性と権威とを宗教的に支えており、そのこと自体は変わらないのであるが、しかし聖武天皇の仏教推進策には距離をもち、おそらく大仏造立策には反対したのである。それには、血縁系譜・血統を信仰の中心におく伊勢神宮の天照大神と、血縁の枠を突き破るほとけとの思想的対立が絡んでいたと思われるが、現実的な面では、伊勢神宮中心の神祇制度を勢力基盤とする藤原氏およびその同族たる中臣氏たちが、聖武天皇の大仏造立政策に反対していたからだと思われる。

熊谷保孝氏によれば、「天平初頭の藤原四卿政権の時代は奈良時代前期において、最も神祇制度が充実・整備された時代であった」という[49]。四卿死後、また広嗣の乱以後も、仏教ではなくて神祇を重んじるこうした動向が持続していたと思われる。そして天皇制そのものがこうした神祇制度や天照信仰に支えられているので、聖武天皇にとって伊勢神宮に抗して大仏造立を強行するのは不可能だったのであろう。が、そうした状況のなかで、神祇制度全体のあり方から抜け出して、八幡大神は託宣によって聖武天皇の大仏造立政策への全面的な協力を宣言したのであった。その結果が、神々の体系の一時的な崩壊であり、聖武天皇と結びついた八幡大神の伊勢大神に対する政治的な勝利だった。こうして、聖武天皇ももはや神々の体系全体を敵にまわすことなく大仏造立へと踏みきることができたのだった。

それゆえに聖武天皇が、天平十六年甲賀寺で大仏の骨組を建てる際、「自らの手で綱を引いた」という象徴行為を行ったり、あるいは天平二十一年黄金の発見にともなって、大仏の前で「三宝の奴《やっこ》として仕え奉る天皇」という宣命文を読ませたりしたことの背後には、伊勢神宮を中心とする反仏教的な神信仰の立場を否定し、仏教中心の立場を公に宣言するいう意味があったのである。

八幡神の行動が、みずから大仏に帰依するという思想的なモチーフによって貫かれていたばかりでなく、激しい政治権力的な闘争でもあったことは、八幡神の禰宜《ねぎ》・杜女《もりめ》と主神・多麻呂のその後の運命を見ることによって明らかとなる。

八幡神入京の年、天平勝宝元年、両者は「大神朝臣《おおみわのあそん》の氏姓を賜わった」。また翌年、八幡神に封戸八百戸等が与えられた。しかし後のことではあるが天平勝宝六年（七五四年）十一月、突然、両者は氏姓をはぎとられ、最も重い流刑に処せられた。当時、聖武太上天皇は重い病状のなかにあり、それゆえ伊勢神宮勢力からの八幡神に対する反撃が始まったのである。この頃から、続紀には「幣帛《みてぐら》を伊勢大神宮に奉った」という記事が頻出する。

二　大仏開眼供養会

東大寺の大仏完成式典たる開眼供養は、おそらく仏教伝来二百年の年に前もって定められ、その期日に間にあうように準備が進められたのではないかと思う。開眼供養は天平勝宝四年（七五二年）四月である。天平で数えれば天平二十四年である。

天平十九年（七四七年）九月二十九日に大仏鋳造が開始される。

同年十一月七日、再度、国分寺造営の詔が発布され、その中で、「これから三年以内を限度として、塔・金堂・僧坊をすべて造りおえさせよ。もし、よく勅をまもることができ、そのとおりに修造したならば、その子孫を絶えることなく郡領の官職に任じよう」、とある。三年以内という期限は開眼供養のことを念頭においてのことであろうし、また、国分寺建立を地方の裕福な豪族である郡司層を中心にして民衆の力を動員し、完成しようとした。(50) いずれの面においても国分寺建立が大仏造立と緊密に連関していたことを示している。

天平勝宝二年（七五〇年）九月二十四日、開眼供養の一年半前、遣唐使が任命された。翌年十一月、吉備真備が副使として変則的に追加任命され、出港したのは開眼供養の一か月前である。何かが起きているのだが、その事情は、ずっと後になって、振り返ることができるにすぎない。ただ一点、今の時点で注目すべきことは、吉備真備と同じ副使が大伴胡麻呂《こまろ》だったことであり、胡麻呂の方が最初に副使として任命されていたことである。

胡麻呂は、天平五年、戒師招請を任務とする栄叡および普照とともに入唐し、天平八年に、唐僧道璿《どうせん》、インド僧菩《ぼ》提《だい》、ベトナム僧仏徹《ぶってつ》などともに帰国した。そして今、遣唐使副使として再び任命されたのは、唐にのこって戒師招請の使命を続行する栄叡と普照および彼らの見いだしたカリスマ的戒師を帰朝させ、できることならば大仏開眼供養に間に合わせるためだったであろう。もしそうであれば、ここには大仏造立の根本的な目的の一つが示されている。それは、『梵網経』に依拠して、カリスマ的戒師を中心にする授戒の体制を構築し、僧侶となるための具足戒ばかりではなく、俗人をも念頭に置いた菩薩戒によって一人ひとり、盧舎那仏を中心とする「法界」へ、できることならすべての人を招き、律令国家を牢獄を必要としない国家（仏国土）へと転化しよう、という目的である。

胡麻呂は、五度の渡海の失敗と十二年間にわたって来日の準備をつづけた鑑真の一団を、ついに来日せしめた。それは胡麻呂の功績である。というのは、遣唐大使清河は、鑑真の一団を帰国船に分乗させたものの突然に態度が変わり、唐の郡当局の取締まりなどを恐れて、彼らを下船させてしまったのだった。が、その後、副使胡麻呂はひそかに彼らを招き、独断で彼の船に乗船させて、大使の知らぬままに帰国したのである。すでに、栄叡は客死しており、普照は吉備の副使船で帰国した[51]。

この時の大使清河は、あの藤原四卿の一人、房前《ふささき》の第四子である。

なお鑑真は、法進、曇静、思託、義静、法載、法成、恵雲、仁幹など十四名の弟子とともに来日し、尼僧や優婆《うば》塞《そく》などをも加えると総勢二十四名であった。このことは、鑑真が個人として、私的に伝法の志を抱いたのではなく、律令国家をほとけの世界に転化させようとする聖武天皇の構想に、組織的に参画するために来日したことを意味している。彼らの来日は天平勝宝六年（七五四年）一月であり供養会には間にあわなかった。天平勝宝四年四月九日、東大寺盧舎那仏開眼供養会が行われた。『東大寺要録』は、この供養会に際し、開眼師など中心的な役割をはたす四僧への聖武太上天皇の「敬請」の勅書を掲載している[52]。研究史上周知であるが、重要な資料なので引用しておきたい。

開眼供養会

皇帝敬請

菩提僧正

四月八日を以て、東大寺に設斎し、盧舎那仏を供養し、敬して無辺の眼を開かんと欲す。朕が身は疲弱し、起居に便《たより》あらず。其れ、朕に代わりて筆を執るべき者は和上一人のみ。仍って、開眼師に請ず。乞ふ辞する勿れ。摂受敬白。

皇帝敬請

隆尊律師

四月八日を以て、東大寺に設斎し、花厳経を講ずるを欲す。其の理甚深にして彼の旨究め難し。大徳の博聞多識に非ざれば誰が能く方広の妙門を開示せんや。乞ふ辞する勿れ。摂受敬白。

呪願《じゅがん》　大安寺道璿律師（請書右の如し）

都講　景静禅師（請書右の如し……）

天平勝宝四年三月二十一日　勅書

開眼供養会の骨格・基本的性格は右の四僧の役割配置によって決定されている。

第一に気づくのは、菩提《ぼだい》、隆尊《りゅうそん》、道璿《どうせん》の三名がいずれもずっと以前の、天平四年（七三二年）の戒師招請に深くかかわる僧だったことである。このことは、少なくとも聖武太上天皇の立場からすると、大仏造立・開眼供養が、戒師招請に際して抱いていた構想の具体化であったこと、両者が関連するものであったことを意味している。そして、もう一人の都講《とこう》をつとめる景静禅師は、周知のように二年前に示寂した行基の直弟子であるから、戒師招請と行基集団の公認・評価との思想的な関連性をも物語っている。

第二に、この供養会の性格にとって決定的な点は、四名の僧のうち二名が外国人であるということである。インド僧の菩提、唐僧の道璿。開眼師は、発願者の聖武太上天皇のはずであったが、「疲弱」ゆえに菩提に依頼されている。しかしなぜインド僧の菩提なのか。しかも彼はこの役割を前もって予定されていたと思われる。というのはちょうど一年前に彼は僧正に任じられているからである。僧正は僧綱のトップである。

いずれにしても、日本古代史上最も重要な国家的祭典において、意識的に国際的性格が打ち出されているのであるが、その理由は仏教がインドに起源するからというだけなのだろうか。

田村圓澄氏は、開眼供養会の目的の一つが、仏教伝来の経路に関して「これまでの新羅—百済—日本のルート」のイメージを払拭して「天竺—唐—日本のルート」のイメージを構想し、これを内外に示すために菩提や道璿が選ばれたという。つまり日本仏教が新羅仏教の下位に立つことを拒否するために、「新羅僧・新羅学問僧は除外されて」開眼供養会が構成されたのだという。(53)

しかし、もしそうであるならば、なぜ新羅の国王や群臣が供養会に招かれたのだろうか。

聖武太上天皇はあえて開眼師をインド僧に依頼し、また唐僧を咒願《じゅがん》師として、供養会における新羅と日本との対等な共存、大仏の前での新羅国王と日本天皇との仏弟子としての対等性を示そうとしたのではなかったか。

天平勝宝四年正月、新羅国王を供養会に招くために遣新羅使が派遣された。同年三月二十二日、大宰府からの奏上は、(一)新羅王子、(二)貢調使大使、(三)送王子使の三グループからなる七百余人が、七艘に乗って来泊した、と告げる。

新羅王子金泰廉《たいれん》は、景徳王の代理として、供養会に招かれた客として来日したのであり、それゆえ王子とは別に貢調使も来日した。ところが彼らは、四月九日の供養会には参列していない。彼らは大宰府にとどめおかれていたのである。ようやく六月十四日「新羅の王子金泰廉らが朝廷を拝し、あわせて調を献上した」。六月二十二日「泰廉らは、大安寺と東大寺に赴き、仏を礼拝した」。

新羅王子金泰廉は、七百余名という大規模な使節団をひきいて来日した。たとえば天平十年正月の新羅使節団は一四七名だったし、天平十三年二月の使節団は一八七名だった。この点からしても、今回の使節団が今までとは違って、招待されたのでやってきた、という性格のものだったことを示している。実際、聖武太上天皇は、あえていえば、新羅国王およびその群臣を招待するために大仏を造ったのである。戦争政策をお互いに放棄して、大仏のもとで、平和を築くためである。けれども、使節団は供養会に参加できず、二か月以上を経て、大仏を礼拝することができたにすぎなかった。何かが起きたのである。そのことと間接的にかかわるので、ここでも田村圓澄氏の説を参照してみたい。

田村氏によれば、「新羅王子金泰廉は貢調使ではない」。「金泰廉にとって、東大寺盧舎那仏の参拝こそ、景徳王〔新羅王〕から付託された使命であり、そして七百余人の新羅人を率いて来日した最大の眼目であった[54]」。ところが、「左大臣橘諸兄《たちばなもろえ》らの孝謙政府は、新羅王子金泰廉らの来日の目的を『朝貢』と理解した。そして『朝貢』である限り、天平六年(七三四)以降の日本と新羅との対立・抗争について、新羅側が対日強硬路線を転換し、宗主国―付庸国の『蕃国』の秩序に復帰した、と判断した。聖武太上天皇をはじめとする政府首脳は、安堵と喜悦につつまれた[55]」。

この田村氏の解釈には一つの論理的な矛盾がある。それは簡単なことで、孝謙政府が新羅国王（したがってその代理としての王子）を大仏供養会に招き、それゆえ彼らがやってきたのであるならば、彼らの来日の主目的を「朝貢」とみなすことはなかったはずだ、ということである。それゆえ、田村氏自身も

『続日本紀』は、新羅の景徳王に代り、孝謙天皇への『拝朝』と『貢調』のために来日した、としているが、しかし新羅王子金泰廉が、東大寺盧舎那仏の開眼供養会に参加するため、景徳王によって派遣されたことはあきらかであり、孝謙政府も、このように理解していたと思われる(56)

とし、先ほどの自説に矛盾する指摘を行っている。

金泰廉は供養会に招待されてやってきた。しかし、供養会に参列できずに、二か月後、大仏を参拝して帰国した。この事実を、田村氏の矛盾を避けて説明しようとするならば、次のようになる。

聖武太上天皇は、新羅国王を貢調使としてではなく、対等の客人、対等の仏弟子として大仏供養会に招いた。だから王子は大規模なメンバーでやってきた。

しかし、この新羅使節団を貢調使とみなそうとする人びとがあり、彼らは聖武太上天皇の意志に反する方向に孝謙天皇を動かす力をもっていた。当時、聖武太上天皇の国政上の意志を保留させることができる者は、孝謙天皇のみであり、その孝謙天皇を動かす力をもっていたのは、仲麻呂しかいない。大仏開眼供養会の四月九日の続紀は、次の短い記事で終わる。「この（日の）夕は、天皇は大納言の藤原朝臣仲麻呂の田村の邸に帰り、御在所にした」。

国の壁を越えて新羅と日本の平和で対等な関係をつくろうとして、聖武天皇は大仏造立を志した。ところがその大仏ができて開眼供養の時をむかえた時、聖武天皇の理念を否定し、新羅を属国とみなそうとする政治勢力の反撃が始まった。その中心に立つ者が仲麻呂だった。

三　藤原仲麻呂

藤原四卿のひとり宇合《うまかい》の子広嗣が九州で反乱を起こした時、武智麻呂の子仲麻呂は、はっきりと反乱を拒否する姿勢を示して、聖武天皇の信頼をえた。天皇が平城京を放棄して以後、仲麻呂は天皇に随従して、都城の建設などにも努力を尽した。その後の官位の上昇や勢力の拡大などをここでたどることはできないが、ここで仲麻呂を取り扱う理由は、彼の実権掌握後の歩みが、彼の立場とは異なる聖武・諸兄政権の大仏造立の理念を照射することになるからである。すなわち仲麻呂はこれまでの大仏造立の理念、およびその理念にもとづく政策を一つ、また一つと切り捨ててゆき、みずからの道を進んでゆくのであるが、そのことが大仏造立の本来の理念が何であったかを逆に照らし出すのである。

天平勝宝四年、大仏供養会があったが、すでに聖武太上天皇は病気であり、それから四年後、天平勝宝八年五月二日、道祖王《ふなど》を遺言によって皇太子に任命し、崩御した。

しかし翌年、年号がかわり天平宝字元年、三月二十九日、道祖王は皇太子の地位を廃せられ、四月四日、仲麻呂の私宅で後見を受けている大炊王《おおい》が皇太子となった。表に立っているのは孝謙天皇だが、裏で動かしているのは仲麻呂である。その日の詔には

> いったい孝行できない子は、慈しみ深い父でさえ哀れまず、礼儀のない臣下は聖人の君主でも見捨てるというから、(道祖王は)天意に従って廃し退け、もとの身分に還《かえ》すべきである

とあり、さらにまた

昔から、民を治め国を安定させるには、必ず孝を以て治めた。百行の本、これに優先するものはない。そこで、天下の家ごとに『孝経』一巻を所蔵させ、暗誦・学習によく努めさせ、ますます教えを垂れるべきである

とある。

聖武太上天皇の遺勅は、「孝」の原理の立場、つまり儒教の立場から否定されているのである。儒教的徳治主義の理念は元正時代から藤原武智麻呂が追求してきたものであり、仲麻呂はその子供である。

同年五月二十日、仲麻呂は紫微《しび》内相に任命され「都の衛府と諸国の軍団の軍事権を管掌」することになり、同時に養老律令の施行が命じられた。「今より後は、新令に依拠するようにせよ。去る養老年中に、朕の外祖父・故太政大臣（藤原不比等）が、勅命をうけて編集した律令である。所司に布告して、早く施行せよ」。

仲麻呂のめざす国政上の方向は明確である。儒教による民衆統治、軍事力の掌握、養老律令の施行、加えて以前ふれたように八幡神宮の抑圧と伊勢神宮の優遇、すなわち聖武天皇の推進してきた政策体系を否定して、歴史の歯車をそれ以前にもどすことであった。この急激な政策上の逆行は、その年の七月、橘奈良麻呂の乱をよびおこした。乱は未然に発覚して、多くの者が獄死した。これには、聖武太上天皇が皇太子に遺勅した道祖王や、藤原四卿が自害させた長屋王の子黄文王、あるいは遣唐大使藤原清河の優柔不断な態度に対して断固として鑑真一団を擁護・来日させた大伴胡麻呂なども含まれる。

奈良麻呂の乱をめぐる権力・利害状況は複雑で、反仲麻呂という否定面で共通性を濃くしていたのかもしれない。いずれにしてもその詳細に立ち入ることはできないが、本書のテーマと直接にかかわる一点のみは検討を加えておきたい。それは乱発覚後、勅使（藤原永手《ながて》たち）による奈良麻呂の尋問である。なぜ彼は乱を企てたのか。

「謀反の計画をなぜ起こしたのか」
「内相（仲麻呂）の政治は、はなはだ非道のことが多いからだ。……」
「政治に非道が多いとは、どういう事をさすのか」
「東大寺を造営したことである。このために人民は苦労し、また朝廷に仕える氏々の人らもこれを困ったこととした。……」
「氏々というのは、どの氏のことか。また、（東大）寺を造ることは、お前の父（橘諸兄）の時から始まっている。いま（お前は）人民が苦労していると言うが、（子であるお前の）言葉としては不適当ではないか」

続紀はこのあと「奈良麻呂は言葉に窮し、屈服した」と加えている。

今でも時折みられるが、研究史上、奈良麻呂は聖武天皇の大仏造立が人民に辛苦をもたらしたので乱を起こした、という解釈がある。けれども彼は仲麻呂に対して乱を起こしたのであり、聖武・諸兄政権による大仏造立政策に反対したのではなかった。

仲麻呂は、聖武太上天皇晩年の頃、東大寺造営に尽力し、それゆえに孝謙天皇や皇太后（光明子）の信頼も厚く、聖武天皇の志を誠実に実行する者と思われていたのだが、しかし、彼の東大寺造営の方式は、聖武天皇の場合とはまったく逆の性格をもっていた。すなわち聖武天皇は、民衆の下からの自発的な参加、「智識」による大仏造立をめざした。それが財源不足を補うためだったとする解釈もあるが[57]、決してそうではなく、人びとがほとけの世界に積極的にかかわり、ほとけの世界に入るためだった。これに対して仲麻呂は儒教による民衆統治を考えていたのであるから、東大寺造営は上からの官僚制的方式によって遂行し、力によって民衆を動員しようとしたのである。奈良麻呂はこの造営方式の転換のなかに、聖武・諸兄政権の理念への仲麻呂の裏切り、それと同時にこの造営方式ゆえの人民の辛苦の発生を見たのである。

『東大寺要録』の「造寺材木智識記」には次のような資料が掲載されている。

材木智識　五万一五九〇人
役夫　一六六万五〇七一人
金智識　三七万二〇七五人
役夫　五一万四九〇二人

若井敏明氏によれば、役夫・智識いずれも延人数で、役夫は「律令国家の負担体系」、智識は「智識結《ゆい》の方法」を意味しており、金つまり大仏造立に関しては約四二パーセントが智識による労力提供であり、材木つまり寺院造営ではわずか三パーセントが智識によるにすぎない。このことは、大仏造立以後、東大寺の伽藍《がらん》建立において、智識の参加は急速に消え、強制的な人民酷使が行われたことを意味する。奈良麻呂の乱はこうした仲麻呂政権のあり方へのプロテストだったのである。(58)

以上のことと密接に関係するのは、この年、天平宝字元年、東大寺造営に主導的な役割をはたしてきた造東大寺司長官佐伯今毛人《さえきいまえみし》の解任である。鑑真の弟子の思託はずっと後に高僧伝『延暦僧録』を書いているが、そのなかで今毛人について、「太上天皇（聖武）、東大寺を造る。差《さ》して別当造寺官となすに、常に斎戒を持す。天皇名づけて東大居士となす。毎年天皇の御命を受け、豪も差《たが》はず」と述べ賞賛している。(59)この今毛人に代えて、仲麻呂が造東大寺司長官に置いたのが、坂上犬養《いぬかい》である。彼は左衛士督と左右馬監をも兼ねる「武才を以って称せられ」た人であり、武人が造東大寺司の長官の地位についた。(60)

今毛人から坂上犬養への交替は、仲麻呂がみずからの勢力を単に造東大寺司に及ぼしたというだけではない。それはむしろ東大寺および大仏のシンボル機能の転換を意図するものだったにちがいない。聖武天皇にとって鋳造された巨大な大仏は、戦争を放棄し、「法界」において東アジアが共存することの象徴だったのだが、仲麻呂は反対に、国威と軍事力の象徴へと切りかえようとした。

奈良麻呂の乱を乗り切ってしまうと、仲麻呂はもはや何事も躊躇せずに明確な目標を立て、まっすぐにその方向へむかってゆく。その目標とは、宗主国日本から独立した新羅の軍事的征討である。ただし彼は単なる熱狂主義者ではなく合理的な思考能力をもっているので――そうでなければ広嗣の乱以後、まったく価値志向の異なる聖武・諸兄政権のもとで一歩一歩権力的地位を築くことはできなかった――、唐における天平勝宝七年（七五五年）以来の安史の乱や、それとも関連する渤海や新羅の動向など、東アジアの状勢を視野に入れ情報を収集しつつ、目標の設定、修正、再設定等を行ってゆくことになる。

が、さしあたり仲麻呂は、奈良麻呂の乱の翌年、天平宝字二年八月一日、孝謙天皇に彼の後見する皇太子大炊王に譲位させた。天皇は、「位を退いて暇ある身となり、母上へ子としての当然のお仕えをしたいと思い、日嗣と定めた皇太子に（皇位を）授ける」、と譲位の理由を詔した。つまり、仲麻呂の儒教主義の「孝」を、譲位理由にした。そうせざるをえなかったからである。孝謙天皇の譲位と同時に、これまで大僧正の地位にあった鑑真は「僧綱の任」を解かれた。そのことの意味は、鑑真とその一団が、いわば国家改造の公的使命を帯びた存在であることを否定せられて、唐招提寺において私的な、戒律の教授者にさせられたということである。鑑真とその弟子たちは、監獄国家・律令国家をほとけの国へ転換させるためにやってきたのだったが、仲麻呂は彼らに対して、そのようなことはしなくてよいと言ったのである。

翌年、天平宝字三年以後、周知のように仲麻呂の戦争政策が本格化する。年表を簡単にたどってみよう。

三年六月十八日「大宰府に『行軍式』を作らせた。新羅を伐とうとするためである」。

同年八月六日、「船親王を香椎廟に遣わして、新羅を伐つ事情を奏上させた」。

同年八月十九日「船を五百艘造《そう》ることとなった。北陸道の諸国に八十九艘、山陰道の諸国に百四十五艘、南海道の諸国に百五艘で、いずれも農閑期をえらんで営造し、三年以内に仕事を完成させるようにさせた。新羅を征討するためである」。

同年十一月十六日、近江国に新都保良宮《ほらぐう》の造営を開始。保良宮は対新羅出兵計画の拠点として構想され、また藤原氏の勢力基盤である近江国を全国の中心に据えるためだった。

四年六月七日、光明皇太后崩御。仲麻呂の戦争政策とは関係ないが、一点、寄り道しておきたい。周知のように続紀に、

太后、仁慈にして、志、物を救ふに在り。東大寺と天下の国分寺とを創建するは、本《もと》、太后の勧めし所なり

という記事があり、今日でも、聖武天皇の政策は光明皇后の意向に従ったにすぎないという意見がある。しかし、東大寺・国分寺の創建は、これまで見てきたように壮大な国家構想にもとづくものであり、光明皇后がイニシアチブをとったものではない。右の記事は、藤原氏一族が聖武天皇の国分寺建立・大仏造立政策に対立していたにもかかわらず、藤原不比等の娘光明子は、皇后として聖武天皇の側について政策の推進を勧めた、という意味であるだろう。話をもとに戻そう。

五年正月九日「美濃・武蔵の二国の少年それぞれ二十人づつに新羅語を習わせた。新羅を征討するためである」。

同年十月二十二日、遣唐大使および遣渤海使が任命された。

同年十一月十七日、節度使が任命された。東海道節度使は、仲麻呂の子朝狩で、十二か国を所管、船百五十二隻、兵士一万五千七百人、子弟七十八人、水手七千五百二十人を検閲・用意する。南海道節度使は、百済王敬福で、十二か国を所管、船百二十一隻、兵士一万二千五百人、子弟六十二人、水手四千九百二十人を検閲・用意する。西海道節度使は、吉備真備で、船百二十一隻、兵士一万二千五百人、子弟六十二人、水手四千九百二十人を検閲・用意する。「(兵士らは) みな三年間田租を免じてことごとく弓馬をさせ、五行による陣《じん》を調練して習わせる。残った兵士は兵器

の製造に使役する」。

六年正月二十八日、大宰府において軍服・冑《かぶと》それぞれ二万二百五十具づつ唐国の新様式で造らせた。

同年二月六日、甲《よろい》・冑一千領を造り府庫に貯えた。

同年二月十二日、健児《こんでい》制度を復活した。

同年四月二十二日「始めて大宰府に弩師《どし》を置いた」。

同年五月二十三日、戦争体制が本格化するなかで、注目すべき事態が発生する。孝謙上皇は退位した後も仲麻呂に従っていたのだが、この日、仲麻呂の傀儡《かいらい》である淳仁天皇と関係を悪化させ、保良宮を出て平城宮に還った。

同年六月三日、孝謙上皇は、詔によって、「恒例の祭祀など小さな事」は淳仁天皇が行い、「国家の大事と賞罰との二つの大もと」は、みずから行うと宣言した。上からのクーデターである。が、仲麻呂は戦争推進政策を続行する。

同年十一月十六日「幣帛《みてぐら》を香椎廟に奉らせた。新羅を征討する目的で、軍隊を調習するためである」。

同年十一月二十六日「幣帛と弓矢を全国の神祇（神社）に奉った」。

同年十一月二十八日「使者を遣わして、幣帛を全国の群神（神社）に奉らせた」。

仲麻呂および藤原氏主流にとって、伊勢神宮を中心とする神祇体系は、戦争勝利・国土防衛のための精神的支えだったわけである。

天平宝字七年　この年は戦争準備に関する特別の記事はない。それは当然である。天平宝字三年の五百艘建造計画および天平宝字五年の節度使任命による兵士・軍船準備計画、いずれも三年計画ですでに設定されており、その他においてもすべて手が打たれているので、天平宝字七年は、その計画の熟成を待つべき年だったからである。

翌年、天平宝字八年九月二日「大師（太政大臣）・正一位の藤原恵美朝臣押勝（仲麻呂）を、都督四畿内・三関・近江・丹波・播磨等の国の兵事使に任じた」。

とうとう仲麻呂は軍事の前面に現れてきた。予定の時が迫ってきたからである。同年九月十一日「大師の藤原恵美朝臣押勝が謀反を起こそうとしていることが、よほど漏れてきた」。「大師・正一位の藤原恵美朝臣押勝と子や孫が、兵を起こして反逆した」。「この夜、押勝は近江に逃走し、宮軍は追討した」。

上からのクーデターは成功した。仲麻呂とその妻子、従者は斬殺された。孝謙上皇はふたたび天皇に即位して称徳天皇となった。聖武天皇の理念に逆行する仲麻呂に対して、孝謙上皇は最後のぎりぎりのところで「孝」を貫いた。

注

(1) 本章に引用する諸史実は、断わらぬ限り、『続日本紀』(続記)による。引用にあたっては、直木孝次郎氏ほかの訳文を利用させていただいたが、部分的に原文を復活させたり、変更を加えたりしたところがある。直木孝次郎氏、他、訳注『続日本紀』東洋文庫、平凡社、一九八六－九〇年。原文および読み下し文は次のものを参照した。

『続日本紀』新日本古典文学大系、岩波書店、一九八九－九二年

(2) 『武智麻呂伝』、『古代政治社会思想』日本思想体系、岩波書店、一九七九年、三一－三二頁

(3) 同上、二八頁

(4) 同上、三二頁

(5) 二葉憲香『古代仏教思想史研究』永田文昌堂、一九六二年、五二六－九頁

(6) 石田瑞磨『日本仏教における戒律の研究』在家仏教協会、一九六三年、五一頁

(7) 吉田靖雄『行基と律令国家』吉川弘文館、一九八六年、二八八－九三、二九六頁

(8) 千田稔『天平の僧　行基』中公新書、一九九四年、一六一頁

(9) 寺崎保広『長屋王』吉川弘文館、一九九九年、二一〇－一頁

(10) 上田雄、孫栄建『日本渤海交渉使』彩流社、一九九四年、二一二－三頁

(11) 壬生台舜『金光明経』〈仏典講座十三〉厚徳社、一九八七年、一一五頁

(12)吉田靖夫、前掲書、一九一、二一七－八頁
(13)田村圓澄『古代日本の国家と仏教―東大寺創建の研究―』吉川弘文館、一九九九年、三五八－九頁
(14)大正大蔵経第九巻『六十華厳』七四八頁上－七四九頁上、江部鴨村訳『口語全訳華厳経』復刻版、図書刊行会、一九九六年、九八八－九二頁
(15)梶山雄一・瓜生津隆真訳『大乗仏典十四　龍樹論集』中央公論社、一九七四年、二八九－九〇頁
(16)『続日本紀』二、岩波書店（前掲書）、補注、五五〇頁
(17)同上、五五四頁
(18)水松茂美編『東征伝絵巻』中央公論社、一九七八年、一〇五頁
(19)安藤更生『鑑真大和上伝之研究』平凡社、一九六〇年、六九頁
(20)たとえば、瀧波貞子『帝王聖武』講談社、二〇〇〇年、二五六頁
(21)佐久間竜『日本古代僧伝の研究』吉川弘文館、一九八三年、二四三、二四八頁
(22)筒井英俊編『東大寺要録』全国書房、一九九四年、七頁
(23)佐久間、前掲書、二四八－九頁
(24)『東大寺要録』前掲書、四六－七頁
(25)大正大蔵経第二四巻『禁網経』一〇〇六頁下
(26)石田瑞麿『禁網経』〈仏典講座十四〉大蔵出版株式会社、一九七一年、二三頁
(27)佐久間、前掲書、二四七頁
(28)安藤、前掲書、八四頁
(29)井上薫『奈良朝仏教史の研究』吉川弘文館、一九六六年、五九頁
(30)寺崎保広『長屋王』前掲書、一〇四－五頁
(31)『懐風藻』岩波書店、日本古典文学大系、一四六頁
(32)『続日本紀』二、岩波書店、前掲書、三二八頁、注四
(33)『続日本紀』二、岩波書店、前掲書、五八八頁、補注

(34) 同上
(35) 岸俊男『日本古代政治史研究』塙書房、一九六六年、二七九頁
(36) 宮田俊彦『吉備真備』吉川弘文館、一九六一年、五三－四頁
(37) 『続日本紀』二、岩波書店、前掲書、六〇二頁、補注
(38) 田村圓澄「国分寺創建考」『南都仏教』四六、一九八一年
(39) 田村圓澄『古代日本の国家と仏教』前掲書、一二四－五頁
(40) 『聖武天皇の夢と謎』栄原永遠男「基調報告Ⅱ」新人物往来社、二〇〇五年、五四－五頁
(41) 『続日本紀』二、岩波書店、前掲書、六一〇頁、補注
(42) 田村、前掲書、六、一五一－二頁
(43) 同上
(44) 角田文衛編『新修・国分寺の研究　第一巻東大寺と法華寺』井上薫「第五　東大寺大仏の造営」吉川弘文館、一九八六年、一六七頁
(45) 堀池春峰『南都仏教史の研究　上　東大寺篇』法蔵館、一九七〇年、三八六－九二頁
(46) 山本幸男「『華厳経』講説を支えた学僧たち」『南都仏教』八七、二〇〇六年、六三頁、注八二
(47) 田村、前掲書、二〇七頁
(48) 西郷信綱「八幡神の発生」中野幡能編『八幡信仰』雄山閣、一九八三年、一七頁
(49) 熊谷保孝『律令国家と神祇』第一書房、一九八二年、一二四－五頁
(50) 角田文衛『平城時代史論考』吉川弘文館、二〇〇七年、二三〇－一頁
(51) 安藤更生、前掲書、二八〇－一頁。蔵中進『唐大和上東征伝の研究』桜楓社、一九七六年、四四一頁以下
(52) 『東大寺要録』前掲書、四六－七頁
(53) 田村、前掲書、四〇二－三頁
(54) 同上、四三五頁
(55) 同上、四二三頁
(56) 同上、四四九頁

(57)　根本誠二『奈良時代の僧侶と社会』雄山閣、一九九九年、六五頁

(58)　速水侑編『民衆の指導者行基』岩井敏明「五　行基と知識結」吉川弘文館、二〇〇四年、一二六、一三五－六頁

(59)　栄原永遠男編『古代の人物三、平城の落日』清文堂、二〇〇五年、四〇六－七頁

(60)　岸俊男、前掲書、三八九頁

第二章　鎌倉時代の東大寺再興

はじめに

治承四年（一一八〇年）十二月二十八日、平重衡《しげひら》の率いる平氏軍が南都（奈良）を攻撃し、そのため東大寺および興福寺の主要な堂舎はことごとく焼滅、大仏も壊滅的な焼損をこうむった。

この平氏軍による南都焼き討ちは、ほぼ半年前の以仁王《もちひと》の乱を直接的な原因としていた。以仁王は、後白河上皇の皇子として政権を担う意志を強く抱いていたが、平清盛の外孫、安徳天皇の即位によって、政権から隔離された立場に置かれたとき、園城寺、興福寺、延暦寺などの寺院勢力を背景としつつ、諸国の源氏など反平氏勢力に平氏打倒を呼びかけたのだった。この呼びかけ、すなわち以仁王の令旨《りょうじ》は、『吾妻鏡』および『延慶本平家物語』に収録されているが、そのなかで以仁王は、平氏の擁立した安徳天皇の正当性を否定し、「皇院」（後白河院）の「幽閉」をはじめとする五か月前の平家クーデターの罪状を指摘しつつ、天武天皇および上宮太子（聖徳太子）の跡にしたがって、皇位の簒奪者、仏法を破滅せしむる者を討ち、「諸寺の仏法」・「諸社の神事」を興隆して、「正法を以って国を治め、万民を誇らしめ、一天を鎮めん」、と理念をかかげ、みずからを護国経典にちなんで「最勝親王」と称したのだった。(1)

以仁王の乱は失敗し、以仁王も敗死した。しかし、彼のこの呼びかけ、令旨に応える形で、伊豆の源頼朝や北陸道の木曾義仲あるいは甲斐《かい》源氏の武田信義などが次々と蜂起を開始した。つまりこの令旨（激文）は諸蜂起の正当性を示す旗印となったのであり、それゆえ源平の争闘とそれ以後の源氏の寺社政策に大きな影響をおよぼすこととなった。さらに最初に見たように、以仁王の乱の半年後、平氏による南都焼き討ちがあり、東大寺および興福寺は焼滅してしまった。それはまさに、平氏を「仏法破滅の類」とよんだ以仁王の令旨の正しさを証《あか》しするかのような出来事だった。それゆえ以仁王は死んでしまったけれども、その令旨はますますアピールする力を増してゆき、平氏滅亡後の源氏および朝廷の寺社復興政策に大きく影響あたえることになった。

第一節　後白河法皇

一　東大寺再建の詔

平氏による南都焼き討ちは治承四年十二月の出来事だったが、それから半年後、治承五年六月、早くも東大寺再建の造仏造寺長官として藤原行隆が任命され、その八月には東大寺造営の智識詔書が下されている。後白河院は東大寺再建を急いでいた。けれども諸状況は、決して大規模な再建事業をゆるすようなものではなかった。

何よりも政治・軍事状況は緊迫の度合いを深めていた。行隆が造仏造寺長官に任命されたこの年の六月、北陸道の横田河原の合戦で平氏が敗北し、京都の朝廷および平氏政権は大きな衝撃を受けた。七月十四日に改元、また、頼朝や義仲の反乱を抑圧するために、藤原秀衡《ひでひら》を陸奥守《むつのかみ》に、城助職を越後守に補任し、在地の武力的な豪族領主に、事実上、一国を分給するという非常手段をとらざるをえない状況だった。(2)

加えて、前年の夏の西日本での干害、つづく大凶作、その結果としてのあの「養和の飢饉」がすでに四月から始まっており、しだいに深刻さを増していた。その悲惨な状況が鴨長明の『方丈記』に詳しく描写されていることは周知のとおりである。

こうした状況だったので、当時の右大臣藤原兼実《かねざね》は、この時期尚早の東大寺再建に強いためらいを示している。六月に造仏造寺長官に任命された行隆が、七月十三日、つまり改元の前日、「院の御使」として兼実邸を訪れ、「近日の衆災」すなわち「炎旱《えんかん》、飢饉、関東以下諸国の謀反《むほん》、天変、怪異」にたいしていかにすべきか、「公宜しく所思を奏すべし」と院宣を伝えると、兼実は、

抑《そもそも》先ず民を以て国の先となす。而《しか》るに去今両年、炎旱旬に渉る上、両寺の造営と謂《い》ひ、追討の兵と謂ひ、民庶の費を計るに、殆《ほとん》ど巨万に過ぐるか。豊年猶《なほ》所済に泥《なず》むべし。況や餓死の百姓に及ぶをや。国民を失ひ滅ぶれば、賊首を誅《ちゅう》すと雖《いえど》も、何の益あらんや。然れば則ち先ず衆庶の怨みを省《はぶ》き、暫《しばら》く人望に従ふべきか。この外の徳化、時議に応ずべからず[3]

と、「報奏」している。

東大寺・興福寺の焼滅の報に接したとき、兼実の悲嘆がいかに深いものであったか、研究史上すでに周知のことであるが、その兼実にとってさえも、現状は東大寺復興をゆるすものではなかった。それにもかかわらず、なぜ後白河院は復興を急ぐのか。兼実の「報奏」の一か月後、『造東大寺智識詔書』が出されている。

行隆の伝える院宣は、「近日衆災競ひ起る」と述べている。このこと自体が後白河院にとって、東大寺復興なかんずく大仏復興を急ぐ理由だったのではあるまいか。炎旱、飢饉、謀反、こうした事柄は、院という地位にある者の「徳」についての疑惑を生じかねない、つまり後白河院は次々と「競ひ起る」衆災にたいして、みずからのカリスマの喪失という危機感をいだき、大仏再興によって、この危機を克服しようとしたのではなかろうか。さらにまた、院

宣のなかには、「天変（客星を大事となす）、怪異（大神宮已下、毎社希代の怪異あり。又院中頻《しき》りにこれを示す。又法勝寺一茎二花の蓮あり。先例皆快からず）」という言葉もみえる。こうした天変・怪異への不安は、後白河院および院庁における濃厚な呪術的意識の存在を示すものであろうが、この呪術的意識のゆえに、「衆災」を大仏復興によって取り除き、院のカリスマを再確立しようと、急いだのではあるまいか。

むろん院とその側近たちは、一方で呪術的思考に導かれながらも、他方ではその国政上の立場から、彼らに取っての「合理的な」政治判断にもとづき、兼実などの貴族とは異なって大仏再興を急いだはずである。その点について『造東大寺智識詔書』を素材にして検討してみたい(4)。

この『詔書』は、八月十日に起草、太政官から安徳天皇に覆奏され、裁可をえて施行された。したがって、形式的には安徳天皇の名において出され、内容の構成の面においても、安徳天皇が後白河院の東大寺大仏復旧の「叡願《えいがん》」を深く喜び、それを実現するために智識の勧進（ほとけに結縁するための自発的な寄与・寄進）を呼びかける、というふうになっている。当時、安徳天皇はわずか三歳であり、『詔書』はこのような国法上の形式をとりながらも、実質はむろん後白河院の意志を盛りこんだものである。

ところでこの『詔書』は聖武天皇の『盧舎那《るしゃな》大仏造営の詔』を下敷にして作成されており、同一の表現が多く使用され、内容に共通する面もあるが、しかし反対に違いもある。この違いに着目することによって、後白河院の『詔書』の思想的特徴をおさえることができるかもしれない。違いは三点ある。

第一に、最初の書き出しの部分が違っている。

聖武天皇は『詔』の書き出しの部分において、「朕、薄徳を以て、恭《かたじけな》く大位を承《う》く」と述べているが、安徳天皇は『詔書』において、「朕、幼齢を以て、恭く聖緒を纉《つ》ぐ」と述べている。聖武天皇の『詔』を下敷にして、そのうえで、「薄徳」を「幼齢」に置きかえている。安徳天皇は、このとき三歳なのであるから確かに「幼齢」であり、事実にあっているけれども、しかし、三歳の天皇がこのように語るということは事実ではなく、むろんフィクションである。後白河院は、みずからの院と天皇の体制を、かつての聖武上皇・孝謙天皇の体制の再来として表現したかったのであろうが、「薄徳を以て」という言葉は切り捨てた。院および天皇の「徳」に触れることを回避したかったのである。なぜならば、後白河院は東大寺大仏の再興によって、その「徳」（天地・国家のさいわいを担保するカリスマ）を証ししようとしていたからである。つまり東大寺再建は院・天皇のカリスマ的権威の再生をめざすものだったのである。

第二に、聖武天皇の『詔』と比べた場合、後白河院の『詔書』は、智識・勧進の理由づけの表現において、大きな違いが現れる。

聖武天皇の『詔』は次のように述べる。

> 夫れ、天下の富を有《たも》つ者は朕なり。天下の勢を有つ者も朕なり。この富勢を以て、この尊像を造る、事成《な》り易く、心至《いた》り難き。但《ただ》恐るらくは、徒《いたず》らに人を労することありて、能《よ》く聖に感ずることなく、或《あるい》は誹謗《ひぼう》を生じて、反って罪辜《ざいこ》に堕《おと》さんことを。この故に智識に預かる者は、懇に至れる誠を発して、各介なる福を招きて、宜しく日毎盧舎那仏を三拝すべし

これに対して『詔書』は、

> 夫れ、天下の富を有つ者は朕なり。天下の勢を有つ者も朕なり。この富勢を以て、将に禅念を助けんとす。亦本願聖霊の嚢《のう》志に答え、宜しく大善智識の勧進を唱ふべし

とある。

聖武天皇の場合、智識による大仏造立という方策は、かつて見たように、上からの強制ではなく、「人」が主体的

に大仏と結縁するためであったし、強制による造仏が「人」の「誹謗」を生み、それゆえ「罪辜」への転落という本来の目的からの逆転をうむという自覚があったからで、「人」が中心に据えられていた。

これに対して『詔書』は、安徳天皇が後白河院の「禅念」を助け、その「本願」に答えるべく智識の勧進を唱道するというもので、中心には院とその意志に従う天皇が置かれている。そしてその上で、『詔書』は、善智識の勧進に関して、「共に興隆の思ひを励まし、同じく菩提の因を結ばん」としつつも、

> 今、この時に在りて已《すで》にこの善を興《おこ》す、幸に朕の勧進に遇《あ》う者は、豈《あに》民の良縁に非ずや。然れば則ち率土《そつど》の浜〔国土の果てまで〕、法雨に霑《うるお》ふ、以て華胥《かしょ》を倖《ゆる》す。普天の下、恵風に染む、以て栗陸に同ず

という。

院・天皇の勧進は、「民」にとって幸いなる「良縁」であり、これによって、「法雨」と「恵風」すなわちほとけのめぐみと王権のめぐみが豊かに「民」に及ぶというのである。

田中文英氏は、こうした『詔書』の理念を、「主体は、あくまで願主・勧進主体としての後白河法皇・安徳天皇であり、貴賎衆庶はその『御願』（王法の政治意志）のもとに結集し奉加することによって、はじめて現世安穏・後世善処の願望を実現できると主張する勧進体制の理念」、と、指摘している。確かにその通りであるが、しかし問題は、あの兼実の「報奏」にあったように、「餓死の百姓」・「衆庶の怨み」という状況の中で、なぜこのような理念をかかげ、東大寺再建を院・天皇を中心に実行しようと急いだのか、ということである。これまでの推測が正しければ、後白河院は、「徳」（カリスマ）の危機――院・天皇の正当性の危機――に直面し、「衆庶の怨み」・「衆庶の怨気」を大仏再興によって王権の体制の中で解消し、「衆庶」を王権の社会的基盤としてつつみこもうとしたのではないかと思われる。もしそうであれば、院と側近の視線は「貴賎衆庶」のすべてというよりも、「衆災」によって苦難をこうむ

る「国民」「衆庶」へと強く向けられていたにちがいない。

したがって『詔書』は「衆庶」の大仏復興への参加を強く訴える。

一粒半銭と雖《いえど》も、寸鉄尺木と雖も、施興者は生々世々、在々所々、必ず妙力に依り長く景徳を保つ。彼の泰山、撮壌《さいじょう》を嫌うことなく、故に起雲の峯を疊《たた》む。巨海、細流を厭《いと》はず、故に浮天之浪を激す

泰山あるいは巨海は王権を、撮壌や細流は下層民をふくむ民衆をイメージしているのであろう。

以上、後白河院による性急とも思われる東大寺再建の決断を、民衆における王権のカリスマ（威信）の立て直しという観点から見てきた。こうした見方は、後白河院の権力政策の一般的な特徴とも合致するように思われる。後白河院政は、世襲の大貴族、強大な寺院勢力、あるいは平氏や源氏などの武家勢力という権力配置状況のなかで、官職や家柄は二流であっても院にのみ忠誠を尽くす実務的に有能な蔵人《くろうど》、弁官、諸国の国司などを院側近に登用し、たとえば荘園整理をめぐって貴族の権力や利益を抑圧しようとしたり、あるいは延暦寺衆徒と対立したり、また平氏に対する鹿《しし》ヶ谷の陰謀事件をひき起こしたりした。そして、こうした院側近の登用は、王権の社会的基盤として「民衆」「衆庶」「国民」を重視する権力政策と深く結びついている。たとえば、寿永二年の木曾義仲のクーデターに際して、反義仲連合の武力集団として、後白河院の法住寺殿の守りについた者たちの中に「京近辺の衆徒・堂衆・神人集団」および「雑人・下人などの都市下層住民」がいて、大きな役割を果たしたといわれている。(5)あるいは、文治四年、後白河院は大規模な如法経供養を行っているが、その際、身分・僧位という点においてはみるべきものがないが、しかし戒律を遵守する卓越した清僧、法然を導師に請じている。この驚くべき抜てきは、これまで法然門流のフィクションではないかとして真偽が問題とされてきたが、最近の研究はこのことの事実性を肯定的に考えている。(6)後白河院が若い時から今様を好み、「京の男女、所々の端者《はしたもの》、雑人、江口神崎の遊女、国々の傀儡《くぐつ》」などと交流をもったことは

よく知られている。[7] これは単に趣味だけの問題ではなくて、後白河院独自な権力志向の特徴を象徴的に示しているのである。

後白河院とその側近が、権力政策的な観点から大仏再興を決意し、「民衆」への接近を求めたとすれば、次には「民衆」における大仏イメージが探求対象とならざるをえないであろうし、王権と民衆とが大仏を媒介にしてどのように結ばれるのか否か、この三者の関連が問題となる。したがって当時の「民衆」の王権および大仏イメージに入りこまねばならないが、むろん公文書や貴族の日記などはこうしたことを語らない。けれども唯一、例外的に貴重な資料が残されている。それは『信貴山縁起』である。この絵巻は、おそらく後白河院政期の作品で、王権の側から見た大仏と「民衆」について語っている。他に資料がないので、この絵巻をやや詳しく眺めてみたい。

二　『信貴山縁起』

この絵巻は「飛倉《とびくら》の巻」、「縁起加持《えんぎかじ》の巻」および「尼公《あまぎみ》の巻」の三巻からなっている。『日本絵巻大成』所収のものをテキストとして利用し、佐和隆研氏の図版解説を参考にしながら、絵巻の進行を追ってゆくことにしたい。[8]

(一)「飛倉の巻」

最初から場面は衝撃的である。長者の家の廂《ひさし》の間《ま》では、大きな鼻の、醜い顔の老僧が立ち騒ぎ、その弟子らしき若い僧が衣をたくしあげ叫び声をあげている。と、その縁先に、棒切れをもった下郎が二人走りこんでくる。彼らの視線の方向に眼を移してゆくと、母屋《おもや》で驚愕する主《あるじ》の長者、その後《うしろ》で恐怖にあおざめる妻、逃げようとして身を大きく傾ける長者の娘らしき若い女。その縁側の下の地面では、驚きと怖れにとらえられ、片足をあげたり手をふりかざしたり髪をみだしたりする三人の下女。あらゆる者たちの叫び声わめき声どよめきで一切が混乱に満ちているが、人物の配置は右から左へ、そして下方へと、音楽のように流れてゆく。その下方、つまり下女たちの足もとの地面の上に、大きく堅固な倉の扉から金色の鉢がころがり出てきていて、千石の米俵が収まるというその倉がゆらゆらと揺れ、屋根から瓦がひとつ、またひとつと落下しはじめている。

絵巻は右から左へと進行する。

倉の背後に木製の油しぼりの装置が描かれている。長者の富の源は油づくりとその販売なのだ。が、今はそれにこだわっている場合ではない。さきほどの老僧と弟子らしき若い僧、そして下郎、召使い、下女、赤子を背負う女、老婆、水干《すいかん》・直垂《ひたたれ》の郎党たち、すべてが叫び走り、網代戸《あじろと》を飛び出してゆく。すでにその先頭には、黒毛の馬に乗る長者と赤い手綱をとる従者が空を見上げている。その左側には戸を飛び出したあの若い僧も数珠をからめた手をふりかざして走り、空を見上げる。空に飛びあがろうとでもするかのような衣服の乱れた女。両手をかざして真上を見上げる別の従者。今、ゆたかに波立つ大河のはるか上空を、黄金色の鉢と巨大な倉が飛んでゆくところなのである。

河沿いの道をゆく旅人も怖れ顔を空に向けている。

巨大な倉と黄金の鉢はすでにかなりの距離を飛行してきたのだろう。広がる霞のなかに樹木の幹がみえかくれし、時折、紅葉が浮び出る。やがて、馬に乗る長者、三名の従者、その中に先ほどの若い僧。佐和隆研氏は、「疑心にかられる僧の顔つきがひときわ印象的である」という。一行の前方、空の上、鉢と倉とは険しくなりはじめた山を見おろしながら飛行をつづける。

大きくうねる山、木立ち、霞に消える深い谷。

画面はすでに山中深くの住房である。板敷の廂《ひさし》の間《ま》、住房の主である僧形の命蓮《みょうれん》と長者とが話しあっており、そちらに向かって、階下では従者たちと若い僧がこれまでの異様な事態を報告すべく後の方向を指さしながらわめき声を立てている。次の画面。「正面、大きくえぐりとられた絶壁の描写は、乱暴なほど力強い」（佐和氏）。険しい山中で、ひとり行ずる僧命蓮の日々の生活の厳しさを想わせる。

すでに長者との話は済んでいる。命蓮にとって千石の米俵を返還することに異論はない。けれどもそれをどのように運べばよいのか。

命蓮は従者の一人に指示を与える。その指示に従って、従者が一俵《いっぴょう》の米俵を黄金色の鉢の上に乗せる。すると、今度は倉の扉から大きな米俵が一俵、また一俵と、次々と飛び出してきて、ふわふわと舞いあがり、ゆるやかな列をつくり、山上を超えて飛んでゆく。岩盤の上の鹿の一頭が、首をのばして見上げている。しばらく、霞の広がる風景がつづく。

ふたたび長者の屋敷。

長者の一行からひとり先に引き返した従者が、廂の間で童女に読み書きを教える老僧に、何事かを報告している。この巻の最初の場面と対応する最終場面で、長者の護持僧らしきこの老僧が再び現れることに注意を留めておこう。となりの母屋の奥の間には、きれいな衣服と流れるような髪の長者の妻、隣の台所で忙しく働く下女、と、しかし、画面前景の縁側では、両手を挙げる女、髪をふり乱す女、思わず逃げようとする女の驚がくの顔。絵巻の進行方向とは逆方向から、つまり信貴山の方向から、網代戸《あじろと》の上を越えて、いくつもいくつも米俵が飛んできては彼女たちの前に落下している。こうして絵巻は最初の状景と対応する形で幕を閉じるのである。

（二）「延喜加持の巻」

前巻には詞書《ことばがき》がなかった。本来はあったが、後の時代に失われたという説がある。しかし、詞書がない方が画面の意外性や唐突性が豊かで、魅力的な気がする。いずれにせよ、絵巻は全体として一つの筋で結ばれ、徐々にその本来のメッセージをあらわしてゆく。第二巻「延喜加持の巻」は最初に詞書を置き、雁《かり》のように、あるいは村雀《むらすずめ》のように、米俵が「主の家」に落ちて来た、と前巻を受けたあと、「延喜の帝《みかど》」の病気、しかし「御祈り」・「御修法《みずほう》」・「御読経《みどきょう》」の効果がないこと、それゆえに、

大和に信貴といふ所に行ひて里へ出づることもなき聖《ひじり》候なり。それこそいみじく貴く験《しるし》ありて、鉢を飛ばせて居ながら、よろづの有り難きことどもをし候なれ。それを召して祈らせさせ給はば、怠らせ［いやされ］給ひなむものを

という「ある人」の言葉によって、この巻のテーマを示すのである。

さて、正装した蔵人《くろうど》が、三名の従者と童子をしたがえて立派な丹《に》塗《ぬ》りの大門を出てゆこうとするところである。反対側から、やはり従者をしたがえた高僧がこの大門を通過して内裏《だいり》に向かおうとしている。佐和氏は、この高僧を、「五条の袈裟に浅靴《あさくつ》の天台の高僧」として確認している。

この大門の向こうの方の壇上では、三人の男がくるま座になって話に興じている。「しきりに話を交わす三人の男。いかなるうわさをしているのであろうか」（佐和氏）。

すでに使者の一団は門外にいる。内裏に行った主人を待つ黒塗りの牛車、その手前のこちら側では、勅使の蔵人はすでに馬上にあり、随身（従者のなかで身分が上の者）も供に助けられて馬に乗ろうとしている。すると、そちらの方向を指さしながら、鼻の大きな老婆と市女笠《いちめがさ》の女に物知り顔に話す男がいる。「道のこちら側では人びとが集まり、大きな身振りで情報交換。萎烏帽子《なえからすぼうし》の男のわけ知り顔の描写の巧みさ」（佐和氏）。

帝の病気をなおすのは高僧なのか、それとも今都《いま》でうわさになっている信貴山の聖《ひじり》かなのか、あの黄金色の鉢を飛ばすという……。

勅使の行く道のりは遠い。

しだいに山は険しく深くなる。馬上の勅使の姿、やはり馬上の、しかし上半身だけの随身の姿、従者たちは黒い帽

子しか見えない。やがて、かつて見た信貴山の美しい風景が現れる。

勅使と命蓮が、山上の住房、その廂の間で対面している。以前に長者たちの一団がやってきた場所である。長者の従者やあの若い僧とは違って、勅使の従者たちは静かに緊張した面持ちで地面に座り両者の話し合いに耳を澄ましている。童子は沓《くつ》をぬいで前にそろえている。

「かうかう宣旨《せんじ》にて召すなり」
「何事に召すぞ」
「かうかう御悩大事におはします。祈り参らせ給ふべき」
「それは、ただ、参らずとも、ここながら祈り参らせ候はむ」
「さては、もし怠らせ〔回復し〕給ひたりとも、いかでかこの聖の験《しるし》知るべき」
「もし祈り〔御悩を〕止めまいらせたらば、剣の御法という護法〔童子〕を参らせん。自ら夢にも幻にも急度《きっと》御覧ぜば、然らば知らせ給へ。剣を編み続けて、衣に着たる護法〔童子〕なり。……さて京へはさらに出でじ」

勅使は命蓮をつれて帰洛することはできなかった。京と地方、高僧と聖《ひじり》、ここには一つの緊張関係がある。霞のなかに内裏の清涼殿が浮かび出る。

勅使は階下にひざまずき、大廂の間の公卿二人に言上する。その左側にはさらに身分の高い公卿が、深くおろされた御簾《みす》にむかって着座している。帝の病気は重い。この場面において、清涼殿の描写はきわめて正確で、「このことから筆者を貴族に近いグループのなかに求めるべきとの説もある」(佐和氏)。

それから三日が経過した日の昼下がり。

束帯の公卿が一人、着座して御簾《みす》の向こうの帝を見守っているだけで、人の気配もない。突然、護法童子が雲に乗ってこの大廂の間に出現する。右手に宝剣を握り、幾本もの剣を衣のようにしてまとい、両足で輪宝を踏んでいる。その足もとの流動する雲は、帯となって、左方の黒い屋根の上をかすめ、それに続く場面では、輪宝を回転させ、剣の衣をひるがえし、宝剣を握って、清涼殿をめざして天上を疾走する護法童子の姿がある。したがって、ここでは絵巻の進行と時間の進行とが矛盾をひき起こしている。この矛盾は、護法童子が、かつての長者の家にもどってきた米俵と同じように、命蓮のいる信貴山からやってきたことを示すとともに、また彼の到来が帝の夢ないし幻影のなかの出来事だったことを示すのだろう。

ところで、先ほどの清涼殿における護法童子出現場面に関して、五味文彦氏は興味深い指摘を行っている。すなわち、護法童子の描かれている場所は、それ以前の、勅使言上場面では、一人の公卿が座っていた場所であり、彼は他の二人が正式な束帯姿なのに対して直衣《のうし》のような通常服を着ており、そのことは彼が「特別な人」つまり「摂関」だったからで、その場所にいまや護法童子が描かれているのは、「日常の補佐をする摂関に代わって、非常時には童子が守護した、という意味がそこにはこめられているのだと思う」という。(9) 貴重な指摘である。ただ問題は、二つの清涼殿場面は、いずれも帝の重病という非常時であり、以前は「摂関」の姿があったが、今は護法童子によってその場所が奪われていることの意味解釈である。「摂関」による補佐は日常のみならず非常時にはさらに必要なのではないのだろうか。

勅使が出発する最初の場面で、大門の基壇の上で、三人の男がうわさ話をしていたが、五味氏は、「老人や女性とはうわさの質が違うのだと思う。男が門の近くに描かれていることが大事だと思う。…門の近くの京童の噂は……天下のこと、つまり政治や社会の出来事や事件なんだろう」という。(10) この点も貴重な指摘であるが、もしそうであるならば、剣を身に帯びる護法童子は、高僧に対してのみならず、帝の重病によって生じた王権に対する摂関家の優越化という事態を、王権の側に立って克服したこと、王権の守護者としての役割を果したことを示しているのではなかろうか。もしそうであれば、高僧と摂関という世襲門閥貴族に対して、命蓮という山の聖が王権の守護者なのである。

さて、天空の、護法童子の疾走した跡の雲の帯は、美しく広がる野や里をはるか下に見おろしながら、まもなく大和絵特有の美しい信貴山の風景につづいてゆき、やがてすべてをつつむ霞のなかに消えてゆく。この絵巻の描く自然の風景は美しい。芸術作品として当然であるかもしれないが、おそらくは、王土思想のようなものがあって、王権に守られる日本の自然の美しさを描こうとしたもので、王権への賛美でもあるのだろう。

最終場面。勅使の一行が、命蓮に回復した帝からの恩賞を告げるためにかつて歩んだ道を進んでゆく。彼らの表情は明るく、信貴山の紅葉は美しい。「絵師は山道を行く勅使一行を描かない。勅使一行も、画面の外側から紅葉を心ゆくまでながめながら登っているのである」(佐和氏)。

命蓮の住房にて。

僧都、僧正にやなるべき。また、その寺に荘などをも寄せむ

しかし、きっぱり断る命蓮、彼を指さしながら感服の面持の従者たち、その背後に俗世間を分かち隔つような懸崖、そして霞。なぜか、正治四年、後白河院の大如法経供養に際して、身分は低いが清僧法然が導師として選ばれたことが想いおこされる。

(三)「尼公の巻」

この巻も詞書から始まり、これまでの物語をより深く理解するカギを与えるとともに、これからの絵巻展開の筋を前もって示す。その詞書によれば、信濃には命蓮の姉が一人いたが、二十年ほど前東大寺に受戒しに行ったままもどってはこなかった命蓮をたずねて、東大寺の方向へ旅立った。この姉が本巻の主人公の尼公《あまぎみ》である。

画面は険しい山道を下る旅装の尼公と従者の姿である。山道のわきを激しい音を立て、渦をつくりながら水流が

ゆく。岸壁の荒々しい風景は、京から見て信濃という国がいかに隔絶した地にあるかを示すとともに、それにもかかわらず東大寺に向かったかつての命蓮の決意と、そして今、東大寺に向かう尼公の決意を、無言で示すのでもあろうか。

水流はやがてしずまり、豊かな水量をたたえる河となり、かすみの中に消えてゆく。

風景は一転して、旅装を解く尼公と従者。

「尼公の今夜の宿は、名もない山寺でもあろうか。沓《くつ》を脱ぎ、縁側に座ってほっとした風情の尼公。建物は持仏堂だろうか。内部には須弥《しゅみ》壇がみえ、火桶がおいてある。縁には従者の肩にあった米俵など」（佐和氏）。

隣の母屋では尼公主従をもてなすため堂守の老夫婦が果物を盛りつけているが、すでに燈油皿をもつ若い女が持仏堂に向かっている。

旅宿をかねる名もなき山寺は、地域を結ぶネットワークの拠点であり、かつ旅する尼公を媒介にして東大寺に結ばれている。

翌日、二人は山里を下ってゆき、やがて、民家のならぶ町に入る。町といっても、実際は、農民が大半の居住共同体であろう。この町に入る直前の所に、人の背丈ほどの高さの、黒塗りの屋根をもつ祠《ほこら》があり、その前の切り株には丸い岩が置かれて、白紙を木串にはさんだ幣が五本立てられている。この祠にはいかなる神がまつられているのであろうか。

尼公と従者は、近くの家で命蓮のことをたずねる。その家からは、杖で体を支える老人、その後《うしろ》の乳のみ子を抱く若い母、少しわきに老婆が出てきており、旅人の話を聞いている。間口には、食事中だったのか、椀と箸をもつ童子がこちらを見ている。明らかに、この町の人間以外のよそ者は、きわめてめずらしいのだ。

絵巻が進むと、この家の、土壁に窓のある側面、一二本の樹木、竹の垣根、花のある数本の桃の木が見え、そのこちら側手前には井戸で水を汲む女、隣に上半身はだけているにも気をとめず必死に足踏みする洗たく女、さらに竹垣に沿って、向こうに若菜を摘む女、その娘らしき少女は竹垣から身をのり出して、隣の家の入り口で糸をつむぐ女と話す尼公の姿を見ている。この家の奥には背の低い大きな卓台があり、そこにうずくまる猫も尼公を見ているし、隣の部屋の子を背負った女主人らしき者も小さな娘といっしょに尼公を見ている。その脇では窓から身をのり出した主人らしき男が棒切れで吠える犬を追い払っている。佐和氏はこの家について、

長押《なげし》には、のれんのような垂れ布。商家でもあろうか。

と言っているが、確かにそうに違いなく、先ほどの家には働き手の男は出払っていたが、ここには主人らしき男がいるし、商家であれば人びとが出入りして情報が集まるはずなので、尼公は足をとめて座りこんだに違いない。けれども命蓮の消息はわからなかった。どうしてなのだろう、「二十余年」も昔のことだからであろうか。詞書はそう言っている。しかし、朝廷は黄金色の鉢を飛ばす聖の存在を知っていたし、帝《みかど》の病気をなおしたのだから、京ではその噂でもちきりだったであろう。詞書ではなく画家の意見では、この町ないし村落は、井戸や商家などに人びとが集まり相互に交流はしているが、それは仲間だけの身内集団であり、尼公が宿泊したあの山寺が外に対して開かれ東大寺にもつながってゆくのに対して、ここでは「祠《ほこら》」（局地神）によって外部からみずからを守ろうとする閉ざされた世界だから、命蓮のことを知らないのである。

尼公と従者は、この閉ざされた社会から離れてかすみのなかに姿を消し、やがて鹿の遊ぶ山道を登り出している。が、その山も再びかすみにおおわれる。

突然、かすみをはらって巨大な大仏殿が姿をあらわす。頑丈そうな大扉が開かれていて、光背をもつ大仏が正面に描かれる。黄金色の大仏は灯明の光をあつめて浮かび上がるように輝き、そのため大仏殿の前景までもがやわらかく

明らんでいるように見える。大仏の前で尼公は合掌して祈り、しばらく仮寝につき、ふたたび祈り、明け方になって去って行く。その尼公の動作する姿は、彩色がなく、きわめて簡素なタッチの線描であり、したがって身体は基壇や床と同じ色で、いわば透明となって存在の重みを失っている。大仏が実体であり、存在のリアリティーをもつのに対して、尼公は小さな仮象的存在である。大仏の巨大さの意味を、画家は存在論的にとらえようとしているのである。

この大仏の前で、尼公が

命蓮が在り所《か》、夢にも教へさせ給へ

と祈ると、夜、一つの声があって

この尋ぬる僧の所は、これより西の方に、南に寄りて、ひつじさるの方に山あり、その山に紫雲たなびきたる所を行きて尋ねよ

と告げる。

大仏は、みずからの前で戒を受けて信濃に帰らず新たな生き方を選んだ命蓮を知っている。薄い線描の尼公は、告げられた方向に進んでゆく。もはや従者もいない。大仏が導き手であり、彼女をささえているのだから、従者は必要ないのだ。

美しい山脈《やまなみ》があらわれ、詞書きがつづき、そして命蓮との感動的な再会、その後の同じ住房での読経や修行の日々、再び信貴山の起伏の激しい山々が画面に美しく描かれたかと思うと、かすみのなかに大きな倉の屋根が浮かび出て、最初の巻を想起させながら絵巻は終る。

『信貴山縁起』は、最終場面にたどりついた時点で、再び最初の場面にもどるように促しているので、王権と民衆と大仏、その三者の関係という観点から、もう一度各巻を簡単に振り返ってみることにしよう。

最初の「飛倉の巻」では、突然、大騒ぎする老僧とその弟子の若い僧が現れ、絵巻の始点を作っていることが注意される。絵巻のテーマが政治と宗教とにかかわるものであれば、この二人の僧は他の多くの登場人物とは違う意味を担っているだろう。特に老僧は、鼻の大きな、醜いともいえるような顔つきで描かれているが、その理由として、かつて、この絵巻が貴族の立場から描かれたもので、庶民を見る際の「あなどり」「いじわるさ」「にくしみ」を表すものである、と指摘されたこともあった(11)。しかし、庶民の表情や姿はさまざまに描き分けられているので、老僧の顔つきをそのような一般論で解すべきではないだろう。

長者の館には、多くの郎従、召使い、下女などがいる。絵巻はそのことを強調している。長者は新興の商工業勢力であり、多くの人びとが彼の意思に従う。しかしその長者自身は、二人の護持僧とくに老僧を精神活動の指導者としている。絵巻はそのことに疑わしい眼ざしを向けているのだ。金持ちに寄生するだけの僧ではなくて、東大寺で受戒し、山中で修行をつづけ、帝の病気をいやす力と志をもつ命蓮のごとき聖こそが、この新興勢力の指導者たるべきであって、それゆえに命蓮の神通力を軽視した長老の倉は飛び、あらためてその験《しるし》の大きさに衝撃を受けねばならなかったし、若い僧は長老の一行に加わり命蓮の住房におもむき、おそらくあの大きな鼻の老僧ではなく今や命蓮に師事するようになるのである。

次の「延喜加持の巻」では、やはり護法童子に注意がひかれる。彼は仏法を守る者であるが、右手に宝剣を握り、全身が剣の衣でおおわれている。明らかに彼は王権を守る者であり、政治軍事的性格をも帯びている。帝が重病という事態において「摂関」を中心に政治的動きが広がるなかで、命蓮のような僧たちが、朝廷をささえる社会層として、政治的にも重要性を増すことを絵巻は語っているのだろう。

さきほど、内裏にむかって大門を通過しようとする僧綱襟《そうごうえり》を立てた五条袈裟の高僧の描写があった。その高僧には、一人の僧侶が従っているが、この従僧は大門で噂話をする三名の男たちに対して、彼らの視線を避けるように、うつむきかげんに、わるびれた表情で大門をくぐろうとしていた。おそらくその意味は、彼の主人である高僧が一方で帝の病をなおすための祈りや修法を行いながら、他方では「摂関」その他の公卿とともに帝の意向に反するような政治的な活動をしている、ということであろう。政権中枢部のこうした複雑で微妙な動きに対して、命蓮の護法童子は病気からだけではなく政治的にも帝を守る存在である。

最後に「尼公の巻」についていても一点指摘を加えておきたい。

この絵巻がいつ頃作成されたのか、確かなことは分からないが、「一一六〇〜七〇年代」つまり後白河院政時代とする説がある。また小松茂美氏によれば、後白河院時代には院の支援によって多くの絵巻が作成され、『信貴山縁起』も「後白河院芸術サロンに咲いた繚乱の花」の一つであったという。もしそうであったとすると、「尼公の巻」のなかで、山寺と対比された民衆の居住地域の風景にもう一度注意しておく必要があるかと思う。というのは、後白河院政は、平家の軍事門閥や摂関中心の世襲門閥貴族、あるいは大寺院勢力などに対して、さまざまな対抗的な権力政策をとったが、そのうちで一つの特徴的なことは、地域の「民衆」や都市下層民にまで王権の権力基盤を下降してゆこうとするところにあった。ところが、「尼公の巻」の町ないし居住共同体の「民衆」は、外部に対して精神的に閉ざされた閉鎖性のなかに生きており、王権や王土あるいは全国的視野での仏教などとは関連性を欠いていた。つまり王権は権力基盤を下降・拡大する過程で在地の「民衆」の閉鎖性という壁につきあたったのである。したがってこうした院政期の経験を背景とする絵巻は、「信濃」という地に閉じこもることをやめた東大寺受戒僧命蓮とその姉を主人公に立て、全国性をもつ東大寺を基軸にし、かつ東大寺を媒介にして、王権の政治的および宗教的基盤を在地民衆のなかに広げてゆくことを根本的なテーマとしてかかげているのである。尼公の旅宿をかねたあの山寺は、民衆の全国的なネットワークの一こまであり、もし東大寺大仏再興が後白河院によって実現されるならば、その威信はこうしたネットワークを通じて全国にしみこんでゆくだろう。

三　大仏開眼供養

養和元年（一一八一年）八月『造東大寺智識詔書』が出された。まもなく重源が東大寺再建の大勧進職に任じられ、大仏鋳造の動きが本格化した。それから四年後、文治元年（一一八五年）八月、大仏開眼供養が行われることになった。右大臣藤原兼実は、東大寺再建の詔の場合と同じように、性急な開眼供養の決定に疑問を抱いている。

件《くだん》の大仏・僅《わづか》かに御体を鋳奉ると雖《いえど》も、未だ治営（治堂）に及ばず。又滅金を押さずと言う云々。加之、開眼の儀、頗《すこぶ》る大事たるか。而《しか》るに強《あなが》ちに開眼を急がるる条、未だその意を得ざるものか(14)

後白河院は、滅金《めっき》も済んでいない大仏の開眼を急いだばかりでなく、実際に強行し、さらに驚いたことに、院みずから開眼師の役割を果たしたという。

二十八日、この日、東大寺金銅盧舎那仏開眼供養なり。…かくの如き半作の供養、中間の開眼、大仏の照見、本願の叡念《えいねん》に叶《かな》はざるか

二十九日、……法皇自ら筆を取り仏眼を入れ、定遍僧正（本寺の別当）神呪《じゅ》を満つと云々。天平勝宝の例の如くば、波羅門僧正自ら御眼を入れ奉る。又真言を誦す。今度佐府造る所の式に云はく、仏師御眼を入ると云々。然らば則ち法皇仏師たるか

問題は二点ある。第一点は、後白河院がなお滅金の済まぬ大仏の開眼供養を急いだこと、第二点は、院みずから開眼師として振舞ったこと、いずれの場合も院自身の強い意志によるものだったが、この意志を生み出したものはなんだったのか。

五味文彦氏は、この時の大仏の開眼供養の意味について、直前に大地震があったこと、そして『平家物語』によればこの地震が「平家の怨霊」によるものだという噂が当時あったので、この開眼供養は「その怨霊を鎮める意味」が

あった、と解釈している。(17)日付を整理すると次のようになる。

元暦二年三月　壇ノ浦の戦い、平氏滅亡

同年七月九日　京都大地震

同年八月二十八日　大仏開眼供養

京都の大地震については、鴨長明の『方丈記』および平家物語のなかに、詳しい報告の記事がある。ここでは長明の文を引いておきたい。

> 又同じころかとよ、おびたゝしく大地震《おほなゐ》振《ふ》ること侍りき。そのさま、世の常ならず。山は崩《くづ》れて河を埋《うず》み、海は傾《かたぶ》きて陸地《ろくぢ》をひたせり。土さけて水わきいで、巌《いはほ》われて谷にまろびいる。渚《なぎさ》漕《こ》ぐ船は波にたゞよひ、道ゆく馬は足の立ちどをまどはす。都のほとりには、在ゝ所ゝ、堂舎塔廟《だうじゃたふめう》、ひとつとして全《また》からず。或《あるい》は崩れ、或は倒《たふ》れぬ。塵灰《ちりはひ》立ち上《のぼ》りて、盛りなる煙《けぶり》の如し。地《ぢ》の動き、家の破るゝ音《おと》、雷《いかづち》にことならず。家の内にをれば、忽《たちま》ちにひしげなんとす。走り出づれば、地われさく。羽なければ、空をも飛ぶべからず。竜《りょう》ならばや、雲にも乗らむ。恐れのなかに恐るべかりけるは、只地震《なゐ》なりけりとこそ覚え侍りしか。かくおびたゞしく振る事は、しばしにてやみにしかども、そのなごりしばしは絶えず。世の常驚くほどの地震、二三十度振らぬ日はなし。十日廿日《はつか》過ぎにしかば、やうゝゝ間遠《まどほ》になりて、或は四五度、二三度、若《も》しは一日《ひとひ》まぜ、二三日に一度など、おほかたそのなごり、三月《みつき》ばかりや侍りけむ。四大種《しだいしゅ》のなかに水火風《すいくわふう》は常に害をなせど、大地《だいち》にいたりてはことなる変をなさず。昔斉衡《さいかう》のころとか、大地震《おほなゐ》振《ふ》りて、東大寺の仏の御頭《みくし》落ちなど、いみじき事ども侍《はべ》りけれど、なほこの度《たび》にはしかずとぞ。(18)

長明は大地震のすさまじさを生き生きと伝えている。大仏開眼供養は、この大地震のなお余震のおさまらない時期に強行されている。したがって、両者の間に何らかの因果関係があったのかもしれないが、五味氏の言うように「平家の怨霊を鎮撫する」ためだったかどうかは定かではない。右大臣兼実は性急な開眼供養には反対しているし、また後白河院が「平氏の怨霊」を怖れる理由がよくわからない。むしろ後白河院は壇ノ浦に沈んだ安徳天皇を弔う気持ちで開眼供養を急いだのかもしれない。大仏造営は、院の『叡願』ではあるが、それを「随喜」する安徳天皇の名において詔は出されていた。その安徳天皇はむりやりに平氏に連れさられて、九歳で壇ノ浦に沈んだ。なぜ後白河院が平氏の怨霊を怖れる必要があったのだろうか。実際、平氏の怨霊は、院や朝廷に向かっているのではなく、源氏に向かっていた。平氏追討軍の大将、義経および行家、将軍頼家、つづく実朝、それからかつての有力御家人たち、いずれも悲惨な運命をたどることになる。

それでは、大地震と開眼供養との関係をどう考えるべきなのか。

後白河院は、以前、養和の大干魃と飢饉のさなかで東大寺大仏の再興を決断した。事情は今回も同様だったのではないのか。

後白河院は、天皇在位の時から、

九州〔日本〕の地一人の有也。王命の外、何ぞ私威を施さん（『保元新制七箇条』の第一条冒頭）

という王土思想を抱いており、その思想は治承二年や建久二年の新制においても一貫してつづいている。

こうした王土思想は、単に王権の権利主張につきるのではなくて、その裏面においては、国土の災害を王の「徳」と結びつける思考を呼びおこす。その結果、大地震のごときものが起きれば王権のカリスマが危機に陥るだろう。後白河院はこの危機を回避すべく開眼供養を急いだのだろう。京都において「堂舎塔廟」はことごとく被害を受けたけれども、鋳造されたばかりの大仏は、斎衡の時代とは違って奇跡的に損傷を免れた。後白河院は、開眼供養を急ぎ、この大仏によって再度の大地震あるいは他の災害を回避しようとしたし、また仏法再興の主体としてみずからの「徳」を再確立しようとした。

しかし院は供養を急いだばかりでなく、開眼師としてもふるまった。

本来、開眼師には後白河院ではなく、東大寺別当定遍が予定されていた。それにもかかわらず、院は行事官の決定を無視して開眼師となった。そのためなのだろうか、式の当日、『東大寺造立供養記』によれば「開眼師僧正定遍遅参殊に甚し」とある。この定遍の異常な行動を、後白河院の強引な振舞に対する「無言の抵抗」と解釈することもできるが、おそらく定遍は院の意向を重んじてあえて遅参したのだろう。いずれにしても後白河院は式典の時、開眼師として舞台の中心に立ったのであるが、その舞台に関して、当日出席できなかった兼実は、ある公卿から次のように聞くところがあった。すなわち、諸僧や公卿や行事官などのためにそれぞれ仮屋を立ちならべ、その中央に仮屋楽屋があって舞台がある。式の当日は「男女数員、雑人恒砂の如し」という状況で、舞台でのありさまが次のように伝えられている。

「善の綱とて、糸数丈候ひき。諸人念珠を結び付け、若しは神鬘《しんまん》等を懸け」、彼らの熱狂ゆえに「凡そ事の儀式公事にあらず、又無縁の事にあらず、上下の作法、只菓子を交ふ如くに候ふか」というありさまだった(22)。

つまり後白河院は、仏法の擁護者たる自己の存在を、高僧・貴族よりもむしろ「雑人」にむかってアピールしたのであった。

五味文彦氏は、『大仏再建—中世民衆の熱狂—』というタイトルの著作において、「庶民信仰の対象としての大仏」とか、「庶民信仰とともに大仏はあり」とか、あるいは「大仏は少なくとも十二世紀には広く庶民の信仰を集めていた」とか、庶民と大仏との強い結びつきを語っているが、後白河院の大仏再建や開眼供養をみるかぎり、「庶民信仰」ないし「中世民衆の熱狂」が大仏再建をめざしたというよりも、むしろ当時の権力状況のなかで、「雑人」をみずからの権力基盤に取り入れようとする王権が、この熱狂そのものを意識的に作り出そうとしたように思えるし、後白河院による開眼師としての演出はそのことを象徴的に示しているように思われる。

第二節　重　源

後白河院の決断によって東大寺再建の詔が出されたが、実際に再建活動の中心に立ったのは重源で、六一歳の時に勧進職について以来二十年にわたる不屈の活動によってこの大事業は完成に近づいた。その活動はほぼ三期に分けられる。

養和元年（一一八一年）八月（六一歳）、東大寺勧進職
元暦二年八月（六五歳）、大仏開眼供養
建久六年三月（七五歳）、大仏殿落慶供養
建仁三年十一月（八三歳）、東大寺総供養
建永元年六月（八六歳）、示寂

大仏鋳造も大きな課題だったが、その後の大仏殿建立は、その巨大な規模のために、完成まで十年の歳月を要している。その後も他の堂舎の建立が行われ、また慶派の仏師による造仏活動を経て総供養（東大寺全体の落慶式）にいたっている。

重源がこうした課題に立ちむかったのは、「夢想」ないし「霊夢」という宗教的な体験があったからである。『東大寺造立供養記』はこの点について内容の異なる二つの記事を載せている。一つは、高野山において「吾、他方に去るべし」という大仏の言葉を夢に聞き、驚いて重源は大仏殿に行き、理直という名の已講（僧の身分の一つ）に会ってその夢想について語ったのだが、それから間もなく東大寺の焼失があった、というものである。これはいわゆる事後予言という性格が強く、後代の創作である可能性が濃い。もう一つの記事はその事実性を疑う必要がないもので、それによれば、

養和元年四月九日、重源上人、行隆亭に行向して云はく、東大寺の事、再々、霊夢を感ず。仍《よ》って二月下旬、彼《か》の寺を参詣し、焼失の跡を拝見す。烏瑟《うひつ》の首、落ちて後に在り。定恵《じょうえ》の手、折れて前に横たはる。灰燼《かいじん》積もりて山の如し。余煙《よえん》揚がりて黒雲に似る。目暗み心消す。愁涙抑え難し

と、ある。

重源は、東大寺炎上を知って以後、たびたび「霊夢」を感じ、それに促されるようにしてその地にゆき、灰燼のなか、首と手の落ちて焼けただれた大仏の前に立った。この時、六十一歳の重源は、大仏および東大寺の復興を何者かに誓った。その何者かとは「霊夢」の源に存在する阿弥陀仏《あみだぶつ》であったと思われるが、むろん今は結論を留保しておかなければならない。

重源は、今風にいえば総合的合理的な経営者、マネージャーであり、技術的知性、芸術的感性、経済的計算能力、関連する諸人物との交渉能力など、東大寺再建に必要とされる一切の合理的な経営能力の持ち主であったが、それでいて右に見たように「霊夢」によって突き動かされる宗教的人格であった。このような重源という人物を、東大寺再建との関連のなかで深く知るにはどうしたらよいのだろうか。さまざまなアプローチがあるだろうが、ここでは東大寺総供養の行われた建仁三年、重源の作成した『南無阿弥陀仏作善集《なむあみだぶつさぜんしゅう》』を素材として検討することにしたい。これは一八八行ほどからなる重源自筆の事蹟目録であって、晩年にみずからの「作善」（宗教的社会的奉仕活動）をふりかえる意識の表出もあり、重源研究の最も重要な資料である。

一　重源の宗教的原体験

まず『作善集』の概略を簡単に紹介しておきたい。

最初の部分（全十一行）は、「造立・修復し奉る大仏ならびに丈六仏像員数」という表題を立て、これまで各地域、

各寺院で造立・修復した仏像を、後段の記述から抜粋し一括して、それらを五十三体としてかかげる。重源の意識においては、すべての作善活動のなかで仏像を造り修復することがもっとも中心的な価値ある行為だった。仏像は、単なる物体ではなく、またおそらく単なる象徴でもなく、ほとけの命をやどす生きた存在であったのだろう。

次には、「東大寺」の項目が立てられ、全二十四行にわたって堂舎、仏像などに関する「作善」が列挙されている。今八十三歳の重源は、六十一歳の時から始めた東大寺再建活動を、彼の生涯における最大の仕事であった、というふうに回想しているように思われる。生後六十年間、それはすべて東大寺再建のための準備期間だったのであり、それから二十年間、それが彼の使命を果たす時であり、何者かに導かれて東大寺総供養まで行き着いたのだった。年齢を考える。すると彼が奇跡の人であったことがわかる。

次は「上醍醐寺」という項目。

重源は十三歳で出家し、醍醐寺に入った。それゆえこの寺で成長してきたのであり、作善活動も行った（全十行）。

その次は「別所」と呼ばれる宗教および勧進活動の拠点、そこにおける造仏、造堂などがつづく。「別所」には阿弥陀仏像を安置する浄土堂があって、浄土教（念仏）の礼拝活動や布教が行われるが、それと同時に必ず「湯屋一宇」があり、勧進活動の拠点でもあったことを示している。こうした「別所」として、東大寺別所、高野新別所、渡辺別所、播磨《はりま》別所、備中別所、周防《すおう》別所、伊賀別所がかかげられているが、これらは有機的に結びついていて東大寺再建に大きく寄与した（全五十三行）。

以上は、『作善集』の前半部分であり、よく整理されている。それに対して後半部分は、さまざまな項目が多少の差はあるが数行のブロックにまとめられて配列されているのだが、その配列の基準は明確ではなく、内容的にも造寺造仏とは性格の違うものもある。後半部分を記す重源にとって大切だったことは、録すべき作善の記事が重複したり抜け落ちたりしないということであったから、彼自身からすれば記憶の連想のような仕方で配列の展開に必然性があったのかもしれないが、第三者からするとこの後半部分は時間的順序だとか価値的序列とか、なんらかの客観的基準が配列や編成の原理として立てられているようには見えない。

さて、『作善集』の簡単な概略は以上のようであるが、このなかで、作善活動とのかかわりにおいて、ただ一箇所、重源がみずからの精神史および宗教的体験を語る記載がある。重源を理解する上で重要な文章である。

> 生年十七歳の時、四国の辺《ふち》を修行す。
> 生年十九にして初めて大峯を修行す。已上五ヶ度、三度は深山に御紙衣《こうぞ》を取りて料紙を調《ととの》えて如法経（法華経）を書写し奉る。
> 二度は持経者十人を以て、峯の内にして千部の経（大日経）を転読せしむ。熊野にしてこれを始め奉り、御嶽《おんたけ》にして作礼して去るの文を誦《じゅ》す。又千部の法華経読誦し奉る、葛木《かつらぎ》で二度。
> 信濃《しなの》国、善光寺に参詣して、一度は十三日の間に百萬遍を満つ。
> 一度は、七日七夜、不断念仏を勤修す。初度の夢想に云はく、金色の御舎利《おんしゃり》、これを賜《たま》はる、即ち呑《の》むべしと仰せらる、仍《よ》って呑みおはんぬ。
> 次度《じたび》は、阿弥陀如来をまのあたりに拝見奉る。
> 竪《じゅ》の丈六像四体を造立奉る。此度《このたび》は加賀の馬場より白山立山に参詣す

この文の前半では、若い重源の、一人深山での読経や写経という修行が、やがて、料紙をととのえ他の持経者や修行者をも写経に招いたり、経典の転読、読誦に招いたりする作善活動に発展するプロセスがうかがえる。

この文の後半では、如法経書写や読誦のようなレベルでの作善から、造仏という作善への展開が、信濃国善光寺での阿弥陀仏体験とかかわりがあったことが示されているように思われる。おそらく、八三歳の重源は、信濃国善光寺

で阿弥陀如来と出会った二度の体験が、その後の勧進聖としての彼の生涯を決定する出来事であった、と、回想しながらこの文を記述しているのだろう。そうでなければ、直接的には作善という行為にかかわらないこの内面的出来事を『作善集』に書きこんだりはしなかっただろう。

したがって、善光寺における阿弥陀如来との出会いという体験が彼の内面史にどのような意味をもったのか、すくなくとも重源自身はどのように受けとめたのか、この点についてさらに探求する必要があるだろう。研究史の立場は、この宗教体験を「重源自身が生身の仏として自分を意味づけた、神秘的な自己認識」であるとか[25]、「重源が善光寺の『生身如来』の分身になる」体験であったとか[26]、あるいはまた、「重源は阿弥陀仏から霊性を与えられ、自身を阿弥陀仏の化身であり、生身仏であると観念するようになった。後に『南無阿弥陀仏』と自称するようになったのは、このような実体験によるものである」とも言われている[27]。

このような研究史の立場は、実は、重源がみずから「南無阿弥陀仏」と名のり、かつ仲間や弟子に同じような阿弥陀仏名を与えたことと、それに対する慈円の批判とに強く影響されたものである。

『作善集』には、

阿弥陀仏の名を日本国の貴賤上下に付くる事、建仁二年、これを始めて二十年になる

とあるが、こうした名の付与に対して慈円は、

大方東大寺の俊乗房［重源］は阿弥陀の仮身ト云コト出キテ、ワガ身ノ名ヲバ南無阿弥陀仏ト名ノリテ、萬ノ人ニ上ニ一字ヲキテ、空アミダ仏、法アミダ仏ナド云名ヲ付ケルヲ、誠ニヤガテ我名ニシタル尼法師ヲ、カリ、……誠ニモ仏法ノ滅相ウタガイナシ

と述べている[28]。

慈円のこの文章を念頭において、重源の信濃善光寺における阿弥陀仏体験をながめると、それはみずからを「阿弥陀仏の仮身」として自己認識する体験だった、という解釈が生れてくることになる。

しかし、こうした解釈はきわめて単純な事実を見失《の》っている。第一に、なるほど重源はみずからの名前を「南無阿弥陀仏」としたが、その名前の意味は、自分が阿弥陀仏だとか、その仮身、その分身だとか主張しているのではなくて、自分が阿弥陀仏に帰依する者だ、その帰依をどこまでも貫く者だ、と言っているのである。「南無」とは帰依し奉る、という意味である。

第二に、善光寺での二度目の体験は、「阿弥陀如来をまのあたりに拝見奉る」というものであって、ここでは重源は如来と一体化しているわけではなく、如来の現実存在を強烈に、視覚に映像を結ぶほど強く、感知しているのであって、自分が如来の仮身だというふうな自己認識をもったわけではない。

第三に、善光寺の最初の体験つまり金色の仏舎利を呑《の》んだという体験にしても、その重点は「呑むべしと仰らる」という阿弥陀仏の声に、無条件に従った、という点にあるのであって、阿弥陀仏と自己との一体化体験だったわけではない。そして、この時の重源の体験は、宗教史的に見た場合、古代イスラエルの使命預言者の体験に近いように思われる。たとえばエゼキエルは、神の預言者となる際、次のような宗教体験をもった。

> 彼（神）はわたしに言われた。『人の子よ、あなたに与えられたものを食べなさい。この巻物を食べ、行ってイスラエルの家に語りなさい』。そこでわたしが口を開くと、彼はわたしにその巻物を食べさせた(29)

エゼキエルがこうした体験を経て、神に絶対的な忠誠をつくす預言者となったように、重源もまた善光寺での体験を経て阿弥陀仏に絶対的に帰依する勧進聖となったのである。彼の行動の究極を貫くものは、阿弥陀仏によって与えられた使命という意識だった。

ところで、なお、一つの問題が残されている。阿弥陀仏との出会いの意味が以上のようであったとしても、なぜ善光寺か、という問題である。なぜ重源は善光寺へ行ったのか、そこに存在する善光寺如来とは何者なのか。

善光寺は念仏信仰の一大中心地である。そえゆえ重源は参詣したのだろうか。事実は、反対である。重源が善光寺で行った「百萬遍」や「不断念仏」は、それ以後の善光寺「本堂百万遍の風の淵源」であり、「鎌倉時代の不断念仏や念仏堂の前駆をなしている」といわれている。(30) つまり重源の念仏活動が先ずあって、それ以後、善光寺は念仏の一大中心地へと発展した。それではなぜ彼は善光寺へ行ったのか。

重源がやがて東大寺上人と呼ばれ、また行基の再来とも言われるようになると、かつて重源が善光寺に参詣した出来事が、寺家側から縁起のひとこまとして説明されるようになる。その説明は創作された物語ではあるが、興味深い事実も含んでいると思われるので参照してみたい

> 東大寺大仏上人俊乗房、高麗国に渡る。同じく五、六人渡る。ここに彼の国の人十余人来集し、五体を地に投げ日本僧に礼すること数返。俊乗房、その故を問ふ。落涙し答えて云はく、生身如来、一国〔日本〕に在り、定めて常に参詣給ふらん云々。時に俊乗房言はく、我未だ善光寺に詣でづ云々。日本僧徒中、末座の僧云はく、我、彼の寺に詣づ云々。この旨を聞き、又更に礼して言はく、仁〔あなた〕は、定めて今度生《しょう》死《じ》を離るべき人なり。如来引接を蒙《こうむ》るべき故に我ら深く仁者の来縁を結ぶ云々。その後俊乗房帰朝して急ぎ善光寺に詣づ云々(31)

重源は高麗国ではなく、宋に行ったのであるからこの物語はフィクションなのだが、しかし、おそらく宋から帰国後、まもなく、善光寺に参詣したこと自体は事実である。それではなぜ重源の渡海先きが宋ではなく高麗国に切り換えられたのか。その理由は、善光寺如来が高麗国からの渡来仏だったからである。平安前期の作と推定される『善光寺縁起』によれば、欽明天皇十三年十月十三日、「百済国より阿弥陀三尊、浪に浮きて来たり、日本国摂津国難波津

に着く」[32]とあり、また『源平盛衰記』や平家物語諸本もこうした事を知っている。

重源は、宋から帰朝後、善光寺に参詣したが、その理由は、善光寺如来が著名な渡来仏だったからであろう。そして、七日七夜の不断念仏のなかで、如来の声を聞き、またその姿を見た。高麗国から来た阿弥陀仏が、まさに「生身如来」として、重源の前に現れた。かくして重源は阿弥陀仏の使徒となったのであるが、その阿弥陀仏は重源の意識のなかで、国を超えた存在としての性格を強く帯びることになった。たとえば、先ほど見た阿弥陀名の付与の回想においても、「阿弥陀仏の名を日本国の貴賤上下に付くる事」という言い方をしているが、それは彼が帰依する阿弥陀仏が、深く高麗国とのかかわりをもち、また世界性をもっているという意識ゆえに表れる表現である。『作善集』のなかで、善光寺での体験記事につづく項目は、次のようになっている。

大唐明州阿育王山
周防国の御材木を渡して舎利殿を起立し奉る。修理の為に又、柱四本虹梁《こうりょう》一支を渡し奉る。南無阿弥陀仏の影木像と画像二体を阿育王山舎利殿に安置して香華等を供す

驚くべきことに重源は、海を越えて唐の阿育王山に材木を送り、舎利殿の起立や修理に寄与したのである。彼の勧進活動の奥底にある精神は、国家を超えた世界性をもっている。そのことと善光寺での宗教体験とは無関係ではないだろう。重源が出会った善光寺如来は朝鮮半島からの渡来仏だった。このことはしっかり記憶にとどめておきたい。

重源は材木とともに自分の木像と画像をも送っている。『東大寺造立供養記』は、こうした重源の行為をいわば自己の顕彰のごとく受けとめ、重源にふさわしくないと考えて、「大唐、上人の像を造り先徳の列座に安んじ、和尚の影を図して後代の證験となす」と、手元の資料を書きかえているが、しかし重源が自分の木像と画像を送ったのは自己を顕彰するためではなかった。仏像にはほとけの命が宿るように、彼の木像には彼のいのち彼の心が宿り、分身と

なって、阿育王山で宋の人といっしょにほとけを礼拝するのである。このように重源の勧進活動をささえる精神は世界性をもっているが、東大寺大仏は日本仏教の世界性をさし示すものとして、彼にとって特別に重要な存在だった。

二　東大寺大仏の世界性と日本の神々

重源は東大寺の再建過程において、日本と宋との共同による再建という性格を意識的に追求している。

第一に大仏の鋳造は、日宋工人の共同によって行われた。『東大寺続要録』によれば、次のようなメンバーである。

> 宋朝工七人、大工陳和卿　舎弟陳佛壽　従五人　日本鋳物師工十四人　大工散位草部是助　長二人　草部是弘　同助延　小工十一人　是末　助吉　爲直　助友　貞永　延行　助時　助友　助包　是則　宗直[34]

宋工の登用はその技術水準の高さによるといわれるが、それだけではなかったと思う。『玉葉』によれば、「宋朝鋳師のほか、聖人［重源］沙汰として河内国鋳師を加ふ。宋人、不快の色あると雖も、今に於いては和顔しおはんぬ云々」（重源が兼実に語った言葉）とある。重源は日宋の技術者の共同製作それ自体に意味を見ていた。

第二に、重源は宋人に宋の石を用いて「石像脇士（四天）、中門石師士」（『作善集』）を作らせている。『東大寺造立供養記』によれば、

> 建久七年、中門石師子、堂内石脇士、同四天像、宋人字《あざな》六郎等四人これを造る。若《すなは》ち、日本国の石造り難し。価値を大唐に遣《や》りて買い来たす所なり。運賃雑用等およそ三千余石なり。惣年来の大事、人畜力を尽し、水陸功を積む。十有余年の功労、未曾有の次第なり

とある。

重源は日本の慶派の仏師集団に脇士や四天王などの巨大な仏像を作らせたのであるが、同時に宋人にもそれに劣らない巨大な石像を、あえて宋から石を取り寄せ、作らせたのである。

第三に、巨大な大仏殿の建築様式をも想起しておきたい。建築様式史の専門家である田中淡氏は、大仏殿についての研究論文において、「『大仏様建築』はその出現当初からすでにして宋人工匠と日本人工匠の合作」であり、「重源の造営にかかる鎌倉再建大仏殿は、良くも悪しくも、まさに、日中合作の初期象徴でもあった」と結論している。(35)最後に、『作善集』に「鯖の木の跡に菩提樹を植え奉る」とあることも、想起しておきたい。この菩提樹は、在宋中の栄西が商船に託して日本に送り、筑前に植えられたものをさらに東大寺に移植したものである。

仏教は本来、国や民族の枠を超えた世界性を持っているのだから、重源が東大寺大仏の国際性を強調したからといって、特別なことではないのかもしれない。しかし、右に見たような東大寺の再建方式は、その世界性・国際性が単なる観念的なものではなく、現実化すべき本質的なものとして常に重源に迫っていたことを物語っている。『信貴山絵巻』が、大仏の巨大性の意味を、人間の仮象性・非実体性に対する大仏の本質的な存在性というふうにとらえたのに対して、重源は大仏の巨大性の一つの意味を、大仏の世界性の表現としてとらえたように思われる。が、もしそうであれば、ここに一つの思想的な問題が現れる。それは大仏再興に全力を捧げる重源にとって、日本とは何であったかという問題であり、日本人や日本の国土を守護する日本の神々が大仏といかなる関係をもったのかという問題である。こうした問題に対する重源の考え方は、彼が宣旨によって大勧進に任じられた際の「重源敬白文」にあらわれる。彼は大仏造営に関して聖武天皇の「叡願」と行基菩薩の「智識」に触れたあと、

これに加え、天照大神、両国の黄金を出し、これを採りて尊像を塗り奉る

と述べている。(36)

黄金は日本の国土から出たのであるが、その国土を主宰し守護するのは天照大神であるから、この神が黄金を出して尊像の造営に寄与したのである、と重源は考える。

同じ考え方は、重源の大仏殿造営の際にも見られる。『作善集』によれば、彼は周防国において、

一宮《いちのみや》御宝殿ならびに拝殿、三面回廊、桜門、遠石宮八幡宮、小松原宮八幡三所、末武宮御宝八幡三所、天神宮御宝殿ならびに拝殿、三面回廊、桜門

を造立している。この数多くの社殿の造営は周防国においてのみなされている。

建久六年九月二十八日付の「一宮造替神殿宝物等目録」（『資料集成』）によれば、大仏殿の完成が「ひとえにこれ玉祖大明神の加被の力」によるものなので、報恩のため「社壇を造り替え、神宝を調達し、……御遷宮を遂げ奉る所なり」とある。大仏殿建立に必要な多くの巨木は周防国でとられた。それらはこの地の神々が守り育んだものであり、その神々の「加被の力」よって大仏殿は完成したからだ。

けれども、大仏殿の完成には、材木だけで足りたわけではない。瓦を焼くための良質の粘土、材木や瓦を運ぶ際の河の流れ、海の風、さまざまに日本の風土を育くみ、守護する日本の神々の加護がなければ、東大寺再建は不可能である。だから重源は、大仏開眼供養が済み、次に大仏殿の建立という課題に立ち向かう際、伊勢神宮に参詣した。祈願のためである。その時夢想があり、重源は天照大神と出会ったのであった。「俊乗房重源伊勢太神宮参詣記」は次のように伝える。

太神宮に参詣し、瑞垣《みずがき》の辺に通夜の間、同［二月］二十三日夜、大神、示現して云はく、吾、近年、身疲れ力衰へ、大事成し難し。若し此の願を遂げんと欲すば、汝、早く我身を肥えしむべし云々(37)

重源は東大寺にもどり、衆徒と「相議」した上で、新しく書写した大般若経をたづさえて、六十名の東大寺僧とともに供養（読誦、奉納）のため再び伊勢神宮に参詣した。その際、東大寺上層部にはこの参詣に反対する者もあったらしく、「已上〔参詣の〕僧名かくの如し、自余の僧綱《そうごう》、已講《いこう》、多く故障を以て今度これに参ぜざる人、遺恨来世に及ぶか」という一文がある。(38)また、重源たちの一団は神宮の禰宜《ねぎ》荒木田氏の好意ある接待を得たが、しかし神宮全体としては、「僧徒の群参、その憚《はばか》りあるに依りて」という言葉の示すような雰囲気もあった。こうした状況のなかで、重源は大仏と天照大神および地方の神々とを結び合わせたのである。『作善集』にはこの時の供養が記録されている。

天王寺御塔、之《これ》を修復奉る。……略……
春日社にして大般《はんにゃ》若経一部、之を安置奉る。……
当寺〔東大寺〕の八幡宮の御宝前にして大般若三部を供養し奉りて之を安置す。
伊勢大神宮に大般若経六部（内宮三部、外宮三部）を書写供養し奉る。……略……
天王寺の御舎利供養二度

この記事は「天王寺」に囲まれる形でひとまとまりを作っている。天王寺は日本仏教興隆の祖聖徳太子のゆかりの寺であり、それに囲まれて、春日社、東大寺八幡宮、伊勢神宮の神それぞれへの大般若経供養が記録されている。重源の精神世界において天照大神以下、日本の神々は東大寺再建へと積極的に参加してゆくのであり、そのことによって局地神、民族神としての閉鎖性を越えてゆく。実際、重源は「周防国の御材木」を中国に送ったのであり、その材木の上に「御」の字が付してあるのは、それが日本の神の育んだ樹木だったからである。

三　東大寺再建と民衆の救済

重源におけるほとけと神々という精神世界から、今度は重源における王権や民衆という問題へと下降してゆきたい。『作善集』の後半部分には、造寺造仏以外の、民衆生活に対する作善活動のまとまった記事があるが、その直前には、それまでを締めくくるような次の一文がある。

行年六十一にして東大寺造営の勅定を蒙《こうむ》る。当年八十三に至り二十三年なり。しかるに六年に大仏造立し奉りて御開眼を遂ぐるの日、後白河院臨行あり。又、御棟上《むねあげ》に同じく臨行。又、五、六年の間に御堂を造畢《ぞうひつ》して御供養を申し行なう、当院〔後鳥羽院〕御位の時臨行あり

この文の表現に注意したい。「奉る」という敬語と同様に、「御開眼」「御棟上」「御堂」「御供養」という用語の「御」の字はすべて大仏に対する重源の敬意を示しているのだが、それに対して院ないし天皇の「臨行」は三度語られているが、いずれも「御」の字は付せられてはいない。当然のことながら重源にとって院および天皇は大仏の下に立ち、大仏に仕える者としての王である。

院による三度の臨行に次の記事がつづく。

当寺〔東大寺〕に六ヶ所の庄園を申し寄せて、仏性燈油人供会式等の用途を宛て置く。決定して頸《くび》を切らるべき人申免すること十人。

放生少々、施行少々

渡辺の橋ならびに長羅等これに結縁す

大仏殿の棟上や落慶供養のあと、そこでの日常的な経費や法会のための庄園寄進の記事がつづくことは、きわめて

自然であるが、なぜ刑死すべき人の赦免行為や、橋建設の記事などが突然に現れてくるのだろうか。おそらく重源の意識において、東大寺大仏のもとで王権の存在と民の救済とが結びつくべきものとして、つまり王法とほとけの慈悲たる仏法とが、東大寺大仏を媒介にして一体化しうるもの、ないしすべきものとして想い描かれていたからではあるまいか。

ただし、重源はこれまで見てきたように、阿弥陀仏の使徒として生きる宗教的人間であったから、決して、王権を動かして仏法を実践させよう、というふうな政治的な意志や意欲を抱いていたわけではなかった。むしろ彼は、行基の跡に従って、王権の果すべき公共的事業を信仰仲間とともにみずからの手で行おうとした。その事業の主だったものは二つある。一つは瀬戸内海の大規模な港湾整備であり、もう一つは狭山《さやま》池の修復事業である。

(一) 港湾整備事業

『作善集』には次の記載がある。

魚住泊《なすみのとまり》、彼の島は昔行基菩薩《ぼさつ》人を助けんがためにこの泊《とまり》を築く。しかるに星霜ようよう積もりて波浪侵損す。然る間、上下の船風波に遇《あ》ひて漂死する輩幾千を知らず。仍《よ》って菩薩の聖跡を遂《お》うて旧儀に複せんと欲《おも》ふ

この記事に直接関連する資料として、重源の「魚住泊」修築申請を許可する建久七年六月三日付の「太政官符(案)」があり、すでにこれについての紹介および研究もなされている(40)。したがって詳細を略し、要点のみを記しておきたい。

建久六年、東大寺大仏殿落慶供養がすむと「魚住泊」近辺の住民や僧侶は行基の再来とみなした重源に、行基ゆかりの港湾の復興を願った。「太政官符」によれば、重源はなお建立すべき堂舎が多く残っているとして再三辞退し

たが、なお強く請《こ》われて、「あわれみ」を以って承諾した。つまり仏教の慈悲を優先したというのである。ところが、重源におけるこの翻意には、経営的合理性と宗教的慈悲とを対立するものとしてではなく、むしろ両者を結びつける仕方についての、重源の思想的なひらめきがあったからだったと思われる。

これまでの研究によれば、重源の計画は、「魚住泊」（明石市）だけではなく「大輪田泊」（神戸市）や「一州泊」（尼崎市）などの港湾施設の修復によって瀬戸内海交通の大規模な再構築を意図するものだった。もしこれが実現すれば、明石海峡沿岸地帯の住民の生活基盤が整うだけでなく、周防国（山口県）の材木や、備前国（岡山県）で大量に生産される重量のある瓦の輸送に役立つことはいうまでもない[41]。

さらに重源はこの事業を具体化するために、一方では、年貢米の輸送を必要とする庄園貴族に強制的な負担を課して庶民の生活基盤整備に寄与せしめようとした。他方では、関連地域住民に、有償の条件で労働力の提供を要求した。ところがこの要求は、彼らの生活基盤整備のためだったから当然であったばかりではなく、この海の道が東大寺再建のための材料を運ぶルートだったので、彼らと大仏とを「結縁」するという宗教的意味をも担ったのである。こうして彼は、宗教的救済と経済的合理性との相互関連性を追及した。さらにまた瀬戸内海の海上交通の整備は、大陸への海の道としての展望を開くものであった。『作善集』のなかで重源は、この事業に関して、ただ行基菩薩の聖跡に従ったと述べているが、おそらくこの事業を引き受け推進するなかで行基の宗教的構想力の独自性と深さを再発見したのではないかと思う。

（二）　狭山池修復

東大寺総供養の直前、つまり東大寺再建の全体的な見通しがついた時点で、重源とその仲間はやはり行基の事業の跡を追って狭山《さやま》池の修復を行った。

『作善集』には次の記事がある。

河内国狭山池は行基菩薩の旧跡なり。しかるに堤《つつみ》壊れ崩れて既に山野に同じ。彼を改復せんが為に石の樋《とひ》を臥《ふ》する事六段
云々

この記事に対応する資料として狭山池の改修碑文がある。これは一九八九年以来の大阪府による狭山池改修工事にともなう発掘調査によって、一九九三年十二月に発見されたものである。むろんすでに紹介済みのものだが、興味深い貴重な資料なので、参照しておきたい。

敬白三世十万諸仏菩薩等
狭山池修復事
右、池者昔行基菩薩行年六十四
歳之時、以㆓天平三年歳次辛未㆒、初築㆑
堤伏㆑樋、而年序漸積及毀破、爰依㆓摂津
河内和泉三箇国流末五十余郷人民之
誘引㆒、大和尚南無阿弥陀仏（重源）行年八十二
歳時、自㆓建仁二年歳次壬戌春㆒企㆓修復㆒、
即以㆓二月七日㆒始堀（掘）㆑土、以㆓四月八日㆒始伏㆓石
樋㆒、同廿四日終功、其間道俗男女沙弥少
児乞丐非人迄、自㆑手引㆑石築者也、是
不㆓名利㆒偏為㆓饒益㆒也、願以此結縁□□
一仏長平等利益法界衆生　敬白
（キヤカラバア）

大勧進造□（東）大寺大和尚
　南無阿弥陀仏（重源）
少勧進阿闍梨鑁阿弥陀仏
（オンアボキヤペイロシヤ）　浄阿弥陀□（仏）
（ナウマカーボダラマ）　順阿弥陀仏
（ニハンドマジンバラハラ）
（バリタヤウーン）
阿□
番匠廿人之内
造東大寺大工伊勢□
同物部為里
造唐人三人之内　大工守保

碑文によれば、狭山池は六十四歳の行基が天平三年初めて堤《つつみ》を築き、樋《とひ》を伏したのだが永い年月を経て破損、摂津、河内、和泉三国の池水の流れる地域、五十余郷の人民の誘引により、重源八十二歳の時、建仁二年の春、修復を企て、二月七日に土を掘り始め、四月八日から石樋《いしとひ》を伏せ始めて同二十四日に終巧、その際、道俗男女沙弥小児乞丐《こつがい》非人《ひにん》まで、手で石を引き築いたもので、それは名利のためではなく、饒益のためであって、この結縁をもってほとけによる法界衆生の平等利益を願う、とある。

これまでも注目されてきたところであるが、この作善活動に「乞丐《こつがい》非人《ひにん》」が参加していることに重源の宗教的意識の独自性を見るべきだろう。宗教的に差別され社会の底辺に位置づけられている「乞丐非人」が、布施の対象としての受動的存在としてではなく、「五十余郷の人民」のための作善活動のメンバーとして位置づけなおされているのであって、一つの思想革命、価値転換が生じている。当時、非人救済運動の思想的なリーダーとしては貞慶がいた。彼は、重源が伊勢神宮で大般若経の書写供養を行った際、導師を勤めている（『作善集』）。したがって、非人救済問題においても、貞慶と重源の関連が考えられるが、狭山池の修復工事に非人を参加させるという、仏教的慈悲の受動者から能動者への転換という発想は重源独自のものだったように思われる。もしそうだとすると、そうした発想は、重源の心のいかなる面から生まれてくるのだろうか。

ところで、重源の狭山池修復事業は、「乞丐非人」の主体的参加という問題とならんでもう一つ、思想的に大きな問題を投げかけるものがある。それは工事に使われた「石の樋《とい》」の素材にかかわる。市川秀之氏の調査によれば、「石の樋」は、「古墳の石棺を転用した石を上下二段に重ねたもの」であり、「出土した石棺は、全部で九基で、いずれも家型石棺の身である。注目されるのは、いずれも小口の部分がぬかれていることである。石棺の両側の小口をぬいてU字溝状のものをつくり、これを連結させて石製の樋として再利用したものとみられる[42]」。

さらに佐藤亜聖氏によれば、「狭山池の石棺材は大阪府下全域に存在する刳貫式家型石棺の総数の実に半分以上という数字を占め、近隣の古墳群のみならず広い範囲から集められた可能性が指摘できる」という。つまり問題は、古墳の石棺を大規模に、しかも白昼公然として集め、石樋の素材として利用するという意識のあり方である。佐藤氏は、「古墳から石棺を抜き出し、大勢で曳いてゆくといういわば墓盗人ともいえる行為が、いったいいかなる背景において行なわれたのか」、「十三世紀初頭という時期、古墳は聖人の墓として、祭祀の場として、そして舎利を有する仏塔として認識され、また特定の集団の精神的モニュメントとして存在していた。そこに手をつけるという行為に正当性を与えたものは何であろう」、と、適確に問題を指摘している[43]。

重源におけるこの「様々なタブーを超えた論理」がどのようなものであったのか、確定的なことは何もいえないけれども、先ほど紹介した狭山池修復の石碑が一つの推測を許すかもしれない。石碑の末尾には、大勧進重源および少勧進数名がいずれも阿弥陀仏名で連署している。彼らは阿弥陀仏の使徒として行動している。その彼らにとって、阿弥陀仏の慈悲は一切に優先し、その心に従うためには、タブーや伝統などは、怖れるに足りなかったのではないか。「乞丐非人」を積極的に作善活動の主体の中に位置づけることも、古墳の石棺を素材として活用することも、阿弥陀仏の慈悲と矛盾せず、むしろその心にかなうという確信があったからこそ可能だったのであろう。なお石碑最末尾には、「造東大寺の大工」たちの名もある。彼らは石棺を石樋に加工する際に大事な仕事をなしたのだろう。彼らも、東大寺を再建することと同じ心で狭山池修復の事業を行った。それは阿弥陀仏の使徒としての重源に従い、重源に従うことで阿弥陀仏の心に従ったのだった。

第三節　西　行

一　東大寺勧進の旅、その前後

西行は治承四年（一一八〇年）六十三歳の時、高野山での草庵生活を打ち切って、伊勢国二見（三重県度会《わたらい》郡）に移住し、文治二年の半ばまでの六年間、当地に在住した。

西行はこの時期になぜ伊勢に移住したのだろうか。

研究史はその理由を、戦乱からの回避という点に求めてきた。たとえば目崎徳衛氏は、西行の伊勢在住期間が「以仁王の挙兵から木曾義仲と平家の滅亡を経て義経の逐電《ちくでん》に至る、内乱の全期間とピッタリ符合している」という理由から、「西行の伊勢在住は戦乱からの逃避・疎開であった」と結論する。(44)

在住期間と内乱期間との一致から、ただちにこのような結論を引き出す背景には、「西行はまさに数奇の遁世者の典型」であり、彼が出家したのも、家を出て道を求めたからというよりも「こよなく花を愛し月を愛し、歌枕を訪ねることを愛し山里に閑居することを愛した」からで、そのための「方便としては法体を取らざるを得なかったから」だ、とする「数奇の遁世者」としての西行像がある。[45]

おそらく、こうした西行像は根本的に間違っているだろう。一般的に言っても、第三者から見て現世逃避者にすぎぬ者が、その者の内面においては、現世主義的な価値観や感性との激しい戦いを行っている場合が多い。

一体なぜ西行は伊勢に移住したのか。

彼が庵を結んだ二見《ふたみ》は、伊勢神宮に近い。そして伊勢神宮は、日本の国の運命と緊密にかかわっているのであるから、内乱期にはこれまでにない政治性を帯びて現れてくる。たとえば、大神宮の権禰宜《ごんねぎ》渡会《わたらい》光親や光倫などは源頼朝の御祈祷師とも呼ぶべき関係を作り、その結果、武蔵《むさし》や安房《あわ》の神宮領の「口入神主職《くちいれかんぬし》」（祭儀用の上納分を除く取分をもつ職）を得ている。[46]

伊勢神宮は、古代律令制国家の時代においては、天皇とのみ直接に結びついており、たとえ皇后や皇太子といえども、伊勢神宮への奉幣には天皇の許可が必要であったし、当然、天皇以外の王、臣、民は神宮の祭祀にかかわることもできなかったし参拝もできなかった。これがいわゆる「私幣《しへい》禁断の制」であり、天皇のみが天照大神とつながり加護を受け、それ以外の者を排除した。おそらくその基本的な目的は、皇位の勝手な継承や奪取から天皇を守ることにあった。[47]ところが、平安末期の律令国家解体過程のなかで、伊勢神宮は「厨《みやくり》」（神宮領）を在地領主の寄進によって得るようになり、それとともに「私幣禁断の制」は変質して行き、また機能しなくなっていった。が、しかし天下国家の公事にかかわる威信を伊勢神宮が失ったわけではない。だから伊勢神宮が、頼朝の寄進を受け、頼朝のために祈祷するようなことになれば、頼朝の権力の、日本国に対する正当性を認める意味を帯び、朝廷の存在が疎外されることにもなりかねない。それゆえ朝廷は、寿永元年、東国と結びつく禰宜《ねぎ》たちの処罰を議しており、その翌年には神宮と東国との結びつきを断つために公卿勅使を伊勢に発遣してもいる。西行は、のちに見るように、その勅使一行と五十鈴川《いすず》のほとりで出会い、数首の歌を詠んでいる(48)。

今、伊勢は天照大神を祀る神宮ゆえにますます政治的緊迫度を深めているのであり、西行はその地にあえて移住して来たのだった。

文治二年、すなわち平家の壇の浦での滅亡の翌年、六十九歳の西行は、定家、家隆、隆信、寂蓮、慈円、伊勢の神職者などに百首歌を勧進し、「二見浦《ふたみのうら》百首」を伊勢神宮に奉納したのち、東大寺再建の勧進のため陸奥《みちのく》へと旅立った。「二見浦百首」の勧進と奉納が、どのような意図ないし願いのもとで行われたのか、資料は何も語らないけれども、当時、「神人《じにん》層は東国武士たちにその所領を神宮に寄進するに当っても私を祈るべきではなく天下国家のことを祈るべきだと教えている」という状況だったとすれば(49)、「二見浦百首」も天下国家にかかわる祈りをこめての奉献だったであろう。

西行の陸奥の旅は、以前に見た、重源の伊勢神宮参詣に直接に関連している。

文治二年二月、重源は大仏殿の造営を祈願して参詣、天照大神の示現を体験した。同年四月、重源は六十名の東大寺僧を率いて再び参詣、その際、内宮の禰宜《ねぎ》成長（荒木田氏）の世話を受けた。つまり成長は彼らのために二見の浦に宿を用意していたし、彼らのみならず所従・雑人にも饗応《きょうおう》し、供養の日が大雨になると、一日延ばして、僧たちを二見の浦の遊覧に誘ったりもしたのである(50)。ところが、その二見の浦の真近に西行の庵があったのであり、かつ西行は荒木田氏の人たちと和歌の交流もしていたのである。したがって、この時期、重源と西行が会って、東大寺再建について話し合い、西行の勧進旅行が決まったに違いない。『吾妻鏡』によれば、西行は、

重源上人の約諾を請《う》け、東大寺料に沙金を勧進せんがために奥州に赴く。この便路をもって鶴岡に巡礼すと云々（文治二年八月十六日の条）

とある。ふつうは、重源が西行に依頼したといわれているが、年齢を考えた場合、むしろ西行の方から重源へ申し出た可能性が強いように思う。このとき西行は六十九歳、重源は六十六歳である。重源の方から六十九歳の西行に陸奥までの旅を依頼できたかどうか。

依頼に応じたにせよ自発的に申し出たにせよ、いずれにしても六十九歳の西行は、なぜ鎌倉を経由して遠い奥州へ旅立ったのだろうか。沙金を得るためには西行が行く必要があったのか、あるいはなぜ鎌倉に寄る必要があったのか。

文治二年は、平家滅亡の翌年であり、以前から潜在的な敵対関係にあった平泉と鎌倉は急に緊迫度を深めた時であった。かつて、平泉の藤原氏は平氏の要請を受け容《い》れて関東包囲の軍事戦略に加担したこともあったし、他方鎌倉側においても、たとえば奥州の平定を祈願するための北条時政の願成就院の造営など、頼朝以外にも有力御家人における奥州討伐への動向が常にあった。平氏が滅亡した今、この両者の関係は緊迫化・表面化せざるをえなかったし、さらに義経問題が絡んで状況は深刻化した。西行も義経もほぼ同じ時期に奥州に向かった。義経は平泉の藤原氏とともに頼朝と戦うためだった。反対に西行は、鎌倉および平泉のいずれをも東大寺再建の事業に参加させ、源平の争闘のごときものの繰り返しを回避して、大仏の前での平和を創ろうとしたのではあるまいか。

伊勢を出発し、鎌倉に向かう途中、有名な歌二首が詠まれている。

東の方へ相識りたりける人の許へまかりけるに、佐夜の中山見しことの昔になりたりける、思ひ出られて

年たけてまた越ゆべしと思ひきや命なりけり佐夜の中山

佐夜の中山は静岡県掛川市である。西行は四十年前、この地を通って陸奥へ旅をしたことがあった。それゆえの感

懐ではあるが、しかしこの歌は、反語・詠嘆・名詞止めがぴたりと決まり、男性的な響きと気迫を作り出していて決してセンチメンタルではなく、したがって「命なりけり」も、「まことに命があったからだなあ」といったふうな情緒的な詠嘆ではなくて、ほとけに与えられほとけに仕えるための命、つまり使命という意味あいが濃い。四十年前とは違って、今、年老いた西行は歌枕を訪ねる旅に出ているのではなくて、使命ゆえの旅路にある。

東の方へ修行し侍りけるに、富士の山をよめる

風になびく富士の煙の空に消えて行くへも知らぬわが思ひかな

富士の山は日本の国を象徴するのだから、「わが思ひかな」という西行の思ひは、日本の国にかかわっているのだろう。と同時に、その日本の運命を左右する頼朝や秀衡《ひでひら》に会うための旅のなかで、あれこれを案じる思いや、自らのはからいを取りはらって、西行は鎌倉へ向って歩を進めてゆく。

この歌の独特な流れは、前の三句を受ける「行く」の用法によって作られている。「消えて行く」と「行くへも」とがつながり一つになって、眼に見えるけぶりの映像が文字と音になって表現されている。気負ひやみずからのこだわりから自由となって、たんたんと仏の道をすすんでゆくのである。

西行は鎌倉に立ち寄った。頼朝にもあった。その時の様子は『吾妻鏡』に記されており、これまで何度も紹介されてきた。頼朝から兵法についてたずねられ、「罪業の因たるによりて、その事かつて心底に残し留めず、皆忘却しをはんぬ」、と西行は答えたり、また別れ際頼朝から贈物として与えられた「銀作の猫」を、西行は遊ぶ子供たちに与えてしまったりしている。西行にとって状況は楽観を許すものではなかった。鎌倉で西行は歌を一首も詠まなかった。そのことに関して伊藤宏見氏は、「西行には、書き残された部分よりも、書かれなかった余白の部分に恐ろしさ

がある」と述べている。[51]

鎌倉を発ち、やがて永い旅路のはてに平泉に着く。

　　みちのくにて、年の暮に詠める

つねよりも心ぼそくぞ思ほゆる旅の空にて年の暮れぬる

西行には達成感もなく安堵感もなく、悲しみに満ちた不安ばかりが落ちてくる。

平泉からの帰路の様子はよく分からない。ただはっきりしていることは、これまでの自分の作った秀歌を選び、また新たな歌を加え、伊勢神宮に奉献するために、「御裳濯河歌合《みもすそがわうたあわせ》」および「宮河歌合《みやがわ》」という二つの「自歌合《じかあわせ》」を作ることだけを考えていた、ということである。「自歌合」は、自分の歌を右と左に番《つが》えて、勝ち敗けを決めるものだが、その判定を、「御裳濯河歌合」に関しては俊成に、「宮河歌合」に関しては俊成の息子の定家に依頼した。西行がこの二つの歌合の作成にどれほど深い想ひをこめたのか、伊勢神宮奉献に際してどれほど深い願いをこめたのか、すでに研究史は多くを語っているので、ここでは要点のみを整理しておきたい。

（一）「西行仮名消息」

西行は歌合の判定を俊成と定家に依頼した。が、俊成の判詞ができあがった後、定家の方は大幅に遅れて見通しが立たなかった。そこで西行は定家に催促するように、と、ある人宛に書簡を出した。このある人が誰なのか、定家の父俊成なのか、それとも西行と定家の間を仲介する慈円なのか、意見は分かれて定かではない。この書簡は田村悦子氏が最初に翻刻・紹介されたのであるが、ここでは有吉保氏のコメント入り本文を利用させていただき一読してみたい。[52]

御裳濯の歌合のこと、侍従殿《じじゅう》［定家］によく申しおかれ候ふべし。かく程経候ひぬ。人人待ち入りて候。大神宮定めて待ちおはしますらむ。内心願深く候ふ事に候へば、入道殿［俊成］の御判は、よかれあしかれ、御心に入れ入らざれ、申し候ひにし御言うけ給ひしかば、とかく申すべきに候はず。侍従殿のは、わざと（とくに）励み思《おぼ》しめすべし。おろおろにて候はむは、興なく候ひぬべし。こだれおはしまして（精魂をお傾けになって）、御覧じ分きたるよと、人見候ふばかり判じて給《た》ぶべきに候。御宝前《ほうぜん》にて読み申し候はむにも、神風なびきおはしまさむずることに候（神様がきっと御感応なさることでございましょう）と申しおはしませ。歌のよしあしは沙汰《さた》に及ばず候。ただ御心ざしをかの宝前に運びまゐらせさせおはしまつるべき事に候と、よく申させおはしませ。願深く候。かたがたあなかしこ。円位［西行］上」

「御裳濯の歌合」にこめる西行の心は、「内心願深く候ふ事に候へば」、「願深く候」のくり返しによって強く表されている。さらに彼は、「大神宮定めて待ちおはしますらむ」という確信を持ち、「御宝前にて読み申し候はむにも、神風なびきおはしまさむずることに候」と、大神がこの歌合を喜び、彼の願いを聞きとどけることを信じる。彼の願いは、むろん私的な願いではなく、国家の運命にかかわる願いである。だから彼は、歌壇の中心に立つ俊成と、その後継者たる定家に判定を依頼したのであり、また「人人待ち入りて候」とあるように、この企画はすでに公共的性格を帯びているのである。それゆえにまた、西行は定家に、「こだれおはしまして、御覧じ分きたるよと、人見候ふばかり判じて給ぶべき」と期待する。西行の二つの「自歌合」は、自歌合というもっとも私的な形式をとりながら、歌神でもある伊勢の神に、日本の運命について祈る公共的な祈りなのである。

(二)　西行の和歌起請

西行は、二つの歌合の完成・奉献を祈念して、今後に詠歌を断つ誓いを立てた。そのことを証するものは、研究史上よく知られているように慈円『拾玉集』（巻五）のなかの次の慈円の詞書である。

円位上人宮川歌合、定家侍従判して奥に歌よみたりけるを、上人和歌起請の後なれど、これは伊勢御神の御事思ひ企てしことの一つ名残にあらむを、非レ可《べから》ニ黙《ず》止《ス》一とて、かへししたりければ、その文を伝へ遣はしたり返事に、定家申したりし

八雲《やくも》たつ神代久しく隔たれどなほ我が道は絶えせざりけり　定家

西行は、詠歌を捨てる「起請」(誓い)を立てた。それは「伊勢御神の御事思ひ企てしことの一つ名残」として、つまり神に捧げる歌はこれまでの作品の精髄であり、これからもそれ以上のものはありえぬことの証しとして、和歌起請を立てた。歌僧西行がこのような起請を立てるということは、彼の全生涯の意味をかの歌合にこめるということだったし、彼の願いがいかに深いものだったかを示すことでもあった。けれどもその願いとはもう少し具体的にいってどのようなものだったのだろうか。

右の『拾玉集』の定家の歌から推測すると、起請後にもかかわらず西行が詠んだ歌は、かつて幸福だった「神代」を想い、その時から隔絶した今の世を嘆くような歌だったのかもしれない。そうであれば、西行の深い願いとは「八雲たつ神代」の復権というふうなものだったのかもしれない。

(三)　俊成の起請破り

西行は、和歌起請を立てた。

俊成は、西行の歌合に判詞を書いてみずからの起請を破った。

当時、俊成は、『千載和歌集』の撰進作業を進めており、そのため歌合の判者にはならぬという起請を立てていた。そうでなければ、この撰進作業に客観性・公平性を与えにくくなるからだ。ところが、俊成は、この起請を破って、

西行の歌合に加判して判詞を書いた。その間の消息に関しては、『長秋詠藻』のよく知られた記事がある。

歌合といふことをする人々、勝負定むる事を、こなたかなたより、ふれ遣はすことのみあるを、とかく申しながら、いなび難《がた》きときは、覚えぬ事どもを書き付け侍《はべ》るもよしなくて、近き年よりこの方《かた》ながく誓ひたりとて、せぬ身になりにしを、円位聖人《ひじり》といふは、昔より申し交すものなりしを、わがよみつめたる歌どもを、三十六番に番ひて、伊勢大神宮に奉らんとするなりとて、これを勝負しるしてと、強ひて申ししかば、おろおろ書きつけて遣はしける。歌合のはしに、上人書きつけたりける歌

藤波《ふぢなみ》を御裳濯河に堰《せ》き入れて百枝《ももえ》の松にかけよとぞ思ふ　円位上人

返しに、歌合の奥に書きつけける

藤波も御裳濯河《みもすそがわ》の末なれば下枝《しづえ》もかけよ松の百枝に　釈阿

藤原ももとは大中臣《おおなかとみ》なりし故にや

右の西行の歌は、この歌合の奉納という事業に俊成一族を参加させたいというものであり、俊成（釈阿）の歌もそれに応じたものであるが、いずれも御裳濯河を中心に置き、伊勢大神のもとでの御代の繁栄を願う心をこめる。おそらく俊成が起請を破って西行の依頼に応じたのは、西行の願いがこのような性格のものだったからだろう。『御裳濯河歌合』のなかでも、俊成はみずから起請を破って西行の依頼に応じた理由として、西行との永く深い交友をあげるとともに、「その上に、これは世の歌合の儀にはあらざるよし、しひて示さるる趣きを伝へ承るによりて、例の物覚えぬひがことども記し申すべきなり」と述べている。

研究史上ずっと以前から、西行が俊成に加判を依頼したのは、『千載和歌集』の撰集資料として、それへの採択を

期待してのことだった、という説がある。が、そうした見方は誤っている。西行の動機がそのようなものであったならば、俊成はみずからの起請を破りはしなかっただろう。なぜならば彼の起請は、まさにそのような動機にもとづく加判の依頼を拒否するために立てられたものだったからである。しかしそうであれば、俊成が起請を破ってまでも受け入れた西行の願いとは何であったのか、再び問題とせざるをえない。この点についても研究史上、多くの意見が表れてきた。(54) そのなかで、これまでの西行の足どりから考えると、山田昭全氏の説が適当であるように思われる。山田氏によれば、重源が内宮および外宮にそれぞれ大般若経を書写・転読供養して東大寺再建を願ったように、ちょうどそれと同じように、西行は内宮に「御裳濯河歌合」を、外宮に「宮河歌合」を、法楽として、つまり大般若経と同じように「神に法の楽しみをささげるためのもの」として——なぜならば西行にとって和歌は真言なのだから——、ささげ、「東大寺再建の無事達成を祈念して自歌合《じかあわせ》を編んだ」というのである。(55)

西行は重源と出会い、陸奥《みちのく》まで勧進の旅に立ち、帰るとすぐに自歌合を企てたのだから、山田氏の解釈は無理がなく、説得力がある。ただ一つ気になることは、西行がなぜそれほどまでこの時期に「東大寺再建の無事達成を祈念」したのかということ、彼にとって東大寺再建はどのような意味を担っていたのかということである。以前に推測したように、西行は、この時、東大寺再建という課題の前に鎌倉の源氏と平泉の藤原氏とを立たせることによって、これまでの源平の闘争のごとき内乱の再現を防ぎ、来たるべき奥州合戦を回避することを願っていたのではなかろうか。『吾妻鏡』は「陸奥守秀衡入道は上人の一族なり」と述べている。

西行にとって、東大寺再建の意味は、大仏の前での平和の実現であったろうが、そうした方向に日本が進んでゆくためには、すでに戦乱によってずたずたに引き裂かれた国土と人間とに、再び日本の神々が加護を与え、そのために、神代のときのように再び力強く姿を現してもらう必要があった。重源に現れた大神は疲れ衰へていた。おそらくそれは、神々がおろそかにされ、日本の国が日本の人びとの手によって引き裂かれてきたからであろう。西行にとっても神々は困窮していたのであり法楽を必要としていた。伊勢神宮の神は、重源の大般若経を嘉納し、西行の和歌を嘉納し、日本を仏国土へと転じるために力強く働くであろう。それが西行の願いだった。そしてその願いを俊成も、あるいは慈円など「二見浦《ふたみのうら》百首」に応じた歌人たちも共有していたのである。

二　「御裳濯河歌合」

西行はこれまでの自分の詠草を選び、左右に番《つが》え、三十六番へと編成・配置したのであるから、その組合せ（番え）や編成すべてにわたって彼の想いや心がしみ通っているはずである。したがって本来ならば、一番から三十六番まで、一つ一つたどりながら全体としての理解に努めるべきであるが、しかしここでの課題は伊勢神宮に奉献されたこの歌合の精神史的な特徴を把握することなので、文学史的な一つ一つの歌の知解は断念せざるをえない。それゆえ、まずこの歌合の全体の構成をながめて特徴をつかみたいと思う。

辻勝美氏の整理によれば、「御裳濯河歌合の構成」は次頁のようになっている。(56)

先ず目をひくのは、一番から十番までの歌題が、左が花、右が月で統一されており、花と花、月と月の組合せではないことである。花と月とを組合わせて十番までつづけることのうちに西行の明確な意図がある。

しかし、あとで述べるように、この十番までのうちで、一から四番までと、五番から十番までは、それぞれひとまとまりとなっていて区分できる。したがって、まずは、一から四番までを取りあげてこの歌合の精神ないし心を理解したいと思うが、とりわけ最初の一番に注意を払ってみたい。というのは、まさにそれが一番だからであるが、俊成はこの一番のあとに長い序文をかねた判詞を書いているので、この一番二首は全体から切り離されて、いわば標題的な位置を与えられているからでもあり、さらにこの二首は、この歌合のために作られた西行初出の歌であり、意識的に作られ意識的に置かれ、全体としての歌合の性格を方向づけているからである。つまり天照大神以下、歌合を聞く

御裳濯河歌合の構成

番数	左歌番号	歌題	右歌番号	歌題	
一	一	花	二	月	花月
二	三	花	四	月	
三	五	花	六	月	
四	七	花	八	月	
五	九	花	十	月	
六	一一	花	一二	月	
七	一三	花	一四	月	
八	一五	花	一六	月	
九	一七	花	一八	月	
一〇	一九	花	二〇	月	
一一	二一	立春	二二	立春	春
一二	二三	鶯	二四	梅	
一三	二五	柳	二六	初春	
一四	二七	郭公	二八	郭公	夏
一五	二九	郭公	三〇	郭公	
一六	三一	郭公	三二	郭公	
一七	三三	秋風	三四	七夕	
一八	三五	露	三六	鴫	

番数	左歌番号	歌題	右歌番号	歌題	
一九	三七	蜩	三八	月	秋
二〇	三九	鹿	四〇	月	
二一	四一	蟋蟀	四二	落葉	
二二	四三	霜	四四	水鳥	冬
二三	四五	雪	四六	雪	
二四	四七	恋	四八	恋	恋
二五	四九	恋	五〇	恋	
二六	五一	恋	五二	恋	
二七	五三	恋	五四	恋	
二八	五五	恋	五六	恋	
二九	五七	述懐	五八	述懐	雑
三〇	五九	述懐	六〇	述懐	
三一	六一	述懐	六二	述懐	
三二	六三	釈教	六四	釈教	
三三	六五	釈教	六六	釈教	
三四	六七	祝	六八	祝	祝
三五	六九	祝	七〇	祝	
三六	七一	祝	七二	祝	

（辻勝美「西行法師自歌合考」から引用、本章注 54）

者読む者は一番二首の光のなかで二番以後を見ることになるからである。

一番

左　山家客人

一　岩戸明かしあまつみことのそのかみに　桜をたれかうへはしめけん

右　野径亭主

二　神路山月さやかなるちかひありて　天の下をはてらすなりけり

左歌。「かみ」は初と神とをかけて「うへはじめけん」に呼応する。原初においてだれが「天つ尊《みこと》」に献げるべく桜を植えたのであろうか。俊成は、「春の桜を思ふあまり神代の事までたどり」と述べ、桜に対する西行の思いの深さを受けとめている。当時から西行の桜狂いは有名だったのだろう。しかし今、西行の心は桜を媒介にして、神と神の代に投げ入れられている。そうした原初のときへ回帰する西行の心は、寿永二年、この歌合の成る四年前、朝廷から伊勢神宮に発遣された公卿勅使を見たとき、数種の歌に詠まれている。それらを久保田淳氏の著作から引用してみよう。

公卿勅使に通親《みちちか》の宰相の立たれけるを五十鈴《いすず》のほとりにて見てよみける

一　いかばかり涼しかるらむ仕へ来て御裳濯川を渡る心は

同じ折節の歌に

二　とく行きて神風めぐむ御戸《みと》開け天《あめ》の御影に世を照らしつゝ

三　神風にしきまくしでのなびくかな千木《ちぎ》高知りて取り治むべし

四　宮柱下つ岩根にしき立ててつゆもくもらぬ日の御影かな

五　千木高く神《かむ》ろきの宮ふきてけり杉のもと木を生剥《いけはぎ》にして
六　世の中を天の御影のうちになせ荒潮浴《あ》みて八百合《やほあひ》の神
七　今もされな昔のことを問ひてまし豊葦原の岩根木《こ》の立《たち》

右のうち二歌および六歌は、乱れた闇い世を、神の光、神の支配する平和のなかに置くことを求めたもので、三歌と五歌も神宮の独特の屋根の象徴を通じて神の支配を歌ったもの、四歌はその神への信頼を表現する。その上で最後の七歌は、神代への回帰を願望する。それは久保田淳氏によれば、『祝詞』の言葉を念頭に置いた歌で、「豊葦原の岩や木立がかつてのように物を言ってくれるならば、この国の神代のことを問おうものを」、という意である。(57)

以上を背景に置いて、再び「御裳濯河歌合《みもすそがわうたあわせ》」一番左を読むならば、神代へ回帰する西行の心の背後には、神の光を失った時代の闇を、再びその光のなかに置きたいという願いと、その願いを神そのものに投げかける言いようのない心のあったことがわかる。「岩戸明《あか》し」という闇を克服する枕詞は象徴的であり、暗示的である。そして神と人とをつなぐ桜、その桜を植えた者は、今はいないのであろうか。いずれにしても桜は、神と人をつなぐ宗教的象徴として冒頭に置かれた。それでは月はどうなのだろうか。

一番右歌。神と対比される月はほとけを表す。神路山は伊勢内宮の南にある山である。俊成は、「天の下を照らす月を見て神路山の誓を知れるも……」と解している。自然な解釈である。けれども月がほとけを、神路山が天照大神を象徴すると考えた場合、「月さやかなる誓ひ」があるので、神路山が天の下をてらすのである、というふうにも読める。夜、神路山に月の光がふりそそいでいるという風景のなかに、ほとけと神とが、相互の誓いのなかで結ばれ、夜の光と昼の光とを実現しあっているかのようである。

二番

左

三　神かせに心やすくそまかせつる　さくらの宮の花のさかりを

右

四　さやかなる鷲のたかねの雲井より　影やはらくる月よみの森

左。神代に植え初められた桜は、いま花のさかりである。ただしそれは、神がいますところ、その神にすべてを委ねるさくらの宮、その独自な神聖空間において、花のさかりが実現しているのであって、俗世間においてではない。神代への回帰と同じように、幻視のなかの風景である。

右。「鷲のたかね」（インドの釈迦の説法した所）からふり注ぐほとけの知のひかりが、伊勢の月読みの社（内宮の別宮）におりてきて、やわらいで神とひとつとなってゆく。本地垂跡説《ほんちすいじゃくせつ》を歌にしたというよりも、月と月読の森との、現実と幻影との、神聖な風景が浮かび出てきて、一番右を受けながらほとけと神との結びつきを表白する。二番左右が一番左右を展開していることは明らかである。

三番

左

五　をしなへて花のさかりに成にけり　山のはことにかゝるしら雲

右

六　秋はたゝこよひ一夜の名なりけり　おなし雲井の月はすむとも

左。一番で初めて神代に植えられた桜が、二番では「さくらの宮」で花のさかりを迎えていたが、今、山の端ごとにかかる白雲のように花のさかりは限りなく広がっている。それに対して、右歌は、澄む月を「こよひ一夜」という一点に凝縮して秋を見る。三番は、春の花のはるかなる広がりと、澄んだ秋の月の厳しく美しい一点への凝縮との対比である。西行の視線は幻想的風景から現実の風景へとゆるやかに戻りつつあるようだ。

四番

左

七　なへてならぬ四方《よも》の山への花はみな　よし野よりこそ種はとりけめ

右

八　秋になれは雲井の月のさかゆるは　月の桂《かつら》に枝やさすらん

左。前の歌で桜の花のさかりの広がりを歌ったが、その広がりの原点は、すべて吉野の山に由来することを告げる。桜は一番では時間上の原点におかれたが、ここでは空間上の原点におかれている。そのことの意味は、桜の植えられた国土、日本の、神の前での一体性ということにあるのだろうし、その背後には、戦乱で引き裂かれた現実への意識があるだろう。

西行は四十年ほど前の第一回陸奥の旅の時、平泉の近くで桜を詠んでいる。(58)

陸奥国に平泉に向ひて、束稲《たわしね》と申す山の侍るに、こと木はすくなきやうに、桜の限り見えて、花の咲きたりけるを見て詠める

聞きもせず束稲山の桜花吉野のほかにかかるべしとは

京都から見れば陸奥は隔絶した地である。けれども桜の花が吉野と陸奥とを結びつけている。その体験の時からすでに四十年経過し、今、平泉と鎌倉との関係は亀裂を深めている。けれども彼は、時間的には神代からつづき、空間的には吉野から広がる桜の国の連続性・一体性を深く感じつつ神の共鳴を得ようと努める。神が共鳴し、神が共感するならば、現実はそのようなものになるだろう。右。「雲井の月」はほとけの光をも含意するのだろうが、全体として右歌はメルヘンのような趣であり、前歌を受けとめつつも再び幻想のなかに帰ってゆく。

以上が一番から四番までの八首である。歌合のそれ以後の流れを簡単にフォローしておこう。

五番から十番までは、これまでと同様に左歌は花、右歌は月を歌題とするけれども、内容は転換し、修行僧としての西行の花と月をめぐる個人的な体験や思い、あるいは決意などにかかわるものであり、したがって修行にかかわる仏教的な表現が頻出する。「さとり」（五番左）、「うき身こそいとひながらも」（六番右）、「心のうちにあらはさん……月のひかりを」（七番右）、「すてはて、きと思ふわが身を」（八番左）、「月を待つ高嶺《たかね》の雪」（九番右）、「吉野山やがて出でじと思ふ身を」（十番左）など。これらの体験や思いは、過去の自分（わが身）への回想（六番左右八番左右）、現在の自分すなわち「今日」（五番左）「去年のしおり」（九番左）、「今夜」（十番右）、将来の自分のあり方についての願いと決意（七番左右）というふうに、過去、現在、未来にわたっていて、西行は伊勢大神にこれまでの自分、現在の自分を報告しつつ将来への決意をささげる。

その後、十一番から二十三番までは、春夏秋冬の日本の季節をまるで神の前にくり広げるように深い情感をこめて描き出す。春は、かすみ、梅、柳、雪解《ゆきどけ》の水など、桜以外の美しい情景。夏はすべてほととぎすの六首、「心にあまる声」「忍びねの声」「藍《あい》よりも濃き声の色」「外山のすそに声の落ちくる」「鳴きて過ぐなり」、すべては聴覚に集中する。と、突然、しみじみとした秋が来る。

十七番

左

三三　あはれいかに草葉の露のこほるらん　秋かせたちぬみやきの丶原

右

三四　七夕の今朝のわかれのなみたをは　しほりやかぬるあまのはころも

十八番

左

三五　大かたの露にはなにの成ならん　たもとにをくは涙なりけり

右

三六　心なき身にもあはれはしられけり　しきたつ沢の秋の夕くれ

二つの初秋の『あはれ」の歌に囲まれて、二つの涙の歌がある。十八番左の「なにの成ならん」(na ni no na ru na ra n) はなみだの n 音をつづけて、音もなく流れるなみだを表現する。十七番と十八番の構成は、ひとつひとつを他と分けて理解する仕方を越えた、いわば時間の推移を空間化するような、神の視覚を前提にしているように思われる。

初秋の歌が過ぎて、心深い月のひかりの歌 (二十番)、するともうきりぎりす (こおろぎ) の声が遠ざかり、風すさぶ晩秋 (二十一番)、つづいて霜と雪と孤独の冬がくる (二十二、三番)。

季節の歌のあと、恋の歌 (二十四－八番)、つづいて述懐。

廿九番
左
五七　かきくれし天の川原と聞からに　むかしの浪の袖にか丶れる
右
五八　津の国の難波の春は夢なれや　芦の枯葉に風わたるなり
三十番
左
五九　しけき野をいく一村に分なして　さらにむかしを忍ひかへさん
右
六〇　枝折《しおり》せて猶山ふかく分いらん　うきこときかぬ所ありやと

今の世の中は「憂きこと」で満ちている。在原業平の歌った天の河原や能因法師の歌った難波の春の景色は「むかし」のことである。今においては、断絶し隔絶した世界である。けれども、そのすでに失われた世界が、彼らの歌とともに亡霊のように現在の風景と重なってきて、深い喪失感に襲われる。現世から山ふかく逃避しようと思う西行は、同時に、失われた過去を「忍びかへさん」とする西行であり、こうした心の吐露によって、失われた世界の回復を神に祈るのである。

歌合はそろそろ終りに近づいている。

あかつきの嵐にたぐふ鐘の音を心の底にこたへてぞ聞く

恋の思いも隔絶した「むかし」への回想も、この鐘の音でけじめをつけ、歌合はふたたび神とほとけの世界へと上昇してゆく。

日本の桜の花の風景のなかに、釈迦の昔の出来事や修行の姿を思い浮かべる（三十二番）。「鷲の山」と「おばすて山」との違いはあるものの、心を澄ます観想への思い（三十三番）。つづいて通常の部立てにしたがって、松と鶴、そして「君」への祝歌（三十四、五番）、そしてこの「祝」を受け、全体をしめくくる最終歌。

卅六番

左

七一　深く入て神路の奥をたつぬれは　又うへもなきみねの松風

右

七二　なかれたえぬ浪にや世をはおさむらん　神かせ涼しみもすそのきし

この最終歌二首は、最初の一番と対応して歌合全体を枠づける。左歌の「神路」は一番右の「神路山」に対応し、神の道の深遠な意義と崇高さを歌い、右歌は一番左の「岩戸明けし」「初」の原点に対して、「流れ絶えぬ」永続性を対置し、一番の歌の背後にあった神なき乱れたこの世という暗い意識ないし現実に対して、神風がこの世を治めることへの信頼、祈願で結ばれる。

三　「宮河歌合」

この歌合は、伊勢神宮の外宮に奉納されるべきものとして作られた。したがって第一番の左と右は次の二首である。

一番

左　玉津嶋海人

七三　よろつ代を山田の原のあや杉に　風しきたて丶声よはふ也

右　三輪山老翁

七四　なかれ出て御跡たれますみつかきは　宮河よりやわたらゐのしめ

左右冒頭の「よろつ代」「なかれ出て」は、「御裳濯河歌合」の最終の「流れ絶えぬ」の歌をかすかに反響させているであろうが、この両歌の中の「山田の原」および「宮河」は、伊勢神宮外宮の聖域に属する。この両歌が歌合全体に方向性を与え、つづく歌の受けとめ方に影響を及ぼすことは、「御裳濯河歌合」の場合と同じであろう。けれども、たとえば、この一番の二首と、最後の三十六番の二首とがどのような関係に立つのかは、「御裳濯河歌合」とは違って、決して自明ではない。そもそも関連性があるか否かさえ疑わしい。「宮河歌合」にこめられた西行の心を、構成や配列の検討によって解明しようとすることは、困難で、恣意的な判断に陥る危険が強いように思われる。したがって、ここでは別のアプローチをとり、西行自身が「宮河歌合」について自分の心情を吐露した資料「贈定家卿文」を手がかりにして、歌合をつらぬく西行の心の理解につとめたい。この資料は、「宮河歌合」九番についての定家の判定の言葉に、西行は深く感銘を受け、そのことについて述べたものである。まず九番の歌と判詞を見よう。(59)

九番

左

世の中を思へばなべて散る花の　我が身をさてもいづちかもせむ

右

花さへに世をうき草になりにけり　散るを惜しめば誘ふ山水

右歌、心詞にあらはれて、姿もいとをかしう見え侍れば、山水の花の色、心も誘はれ侍れど、左歌、「世の中を思へばなべて」といへるより、終りの句の末まで、句毎に思ひを入れて、作者の心深く悩ませる所侍れば、いかにも勝ち侍らむ。

定家のこの判詞に関して西行の「贈定家卿文」は次のように述べる。

此《こ》の御判の中にとりて、九番の左の、「我が身をさても」といふ歌の判の御詞に、「作者の心深く悩ませる所侍れば」と書かれ候ふ、返す返す面白く候ふ物かな。「悩ませ」など申す御詞に、万《よろづ》みな籠《こも》りて、めでたく覚え候。これ新しく出《い》で来候ひぬる判の御詞にてこそ候ふらめ。古くはいと覚え候はねば、歌の姿に似て、言ひ下されたる様に覚え候。

定家は、九番左歌に、最初から最後まで句毎に「作者の心深く悩ませる所」を読みとって、「いとおかし」と評した右歌をはるかに越える作品とした。その定家の理解の仕方に西行は深い感銘をうけた。まさにそのように「句毎に思ひ入れて」いたからである。定家と西行というまったく性格の異なる歌人の出会った瞬間だった。

西行は、「心深く悩ませる」という言葉に感激しているのであるから、あるいは九番左歌の一首だけではなく歌合全体の奥にこのような心がひそんでいて、そしてこの「心深く悩ませる」ものゆえに、歌合を外宮に奉献し、何事かを祈念しようとしたのかもしれない。「作者の心深く悩ませる所」の具体的な姿をたずねてゆけば、歌合全体を理解していくことができるかもしれない。

九番左歌の「悩ませる所」の根源は「世の中」であり、それを思う「わが身」のあり方である。「宮河歌合」は、「御裳濯河歌合」とは違って、世の中、世、うき世という用語の使用が多い。気づくままに拾ってみる。

「うき世の人に」（三番右）、「うき世には」（八番右）、「思ひ出づればあらまうき世ぞ」（十番右）、「世の中の憂きも知らで」（十五番左）、「うき世には外なかりけり」（十六番左）、「うき世をいとふ」（同右）、「うき世を知らぬ心ぞ」（二十八番右）、「けふはなき世に」（二十九番左）、「みし世にも似ぬ」（同右）、「世のいとはしき」（三十番右）、「うき世とて」（三十三番左）、「うき世なりけり」（同右）、「ありあけの世」（三十五番右）、「この世は憂しや」（三十六番右）。

以上に対して、「御裳濯河歌合」は、「うき世思ふ」（十四番右）、「世を憂して」（二十六番左）、「塵を目に立てて見る世」（三十五番左）の三例にすぎず、しかもこれらのうき世は全体として、とりわけ最終歌によって、克服されており（「流れ絶えぬ浪にや世をば治むらん」）、「心深く悩ませる所」はなくて代わりに内宮の神への信頼で貫かれている。「宮河歌合」は外宮への奉献を予定しているので、「うき世」とのかかわりが頻度を増して来るのかもしれない。けれども、「うき世」をテーマとするものであっても、「心深く悩ませる」という観点から、それらの内容を類別しておく必要がある。

捨つとならばうき世をいとふしるしあらん　わが身はくもれ秋のよの月（十六番右）
わが宿は山のあなたにあるものを　何とうき世を知らぬ心ぞ（二十八番右）
なにごとにとまる心のありければ　更にしもまた世のいとはしき（三十番右）

これらの歌は、いずれも、修行僧としての西行が自分の胸をたたき、弱き心を克服し、現世の拒否を内面的に貫こうとする姿勢を示すものであって、決して「心深く悩ませる所」をあらわすものではない。あるいはまた、

はかなしやあたにいのちの露きえて　野へにやたれもをくりをかれん（三十一番右）
年月をいかてわか身にをくりけん　昨日の人もけふはなき世に（二十九番左）

このような無常についての歌も、仏教者としては自然で、「心深く悩ませる所」を表現するものではない。無常の知覚は、出離・解脱へのステップなのだから、哀しみのなかにも積極的なものがある。それでは「世の中」とのかか

わりにおいて、「心をふかく悩ませる所」はどこから出てくるのだろうか。
西行は、人のいのちのはかなさ、無常を知り、「うき世」をいとい拒絶して、ほとけの道をまっすぐに進んでゆくのであるが、それにもかかわらず、世の中に対して冷ややかに超然とすることはできない。彼は世の中に執着しているのではなく、世の中を見捨てることができないのであって、そこから「心をふかく悩ませる所」があらわれる。

卅三番
左
一三七　うき世とて月すますなることあらは　いかにかすへき天下人《あめのしたひと》
右
一三八　なからへて誰かはさらにすみとけん　月かくれにしうき世なりけり

世の中はほとけの世界への通路を失っている。その世の中に、ふたたび澄む月を実現するという課題、ほとけの光をともすという課題が「天下人」に与えられている。現世をいといつつも現世を放擲《ほうてき》することは許されないのだ。彼が鎌倉を経て平泉まで旅したのはそのためである。

次の二首も西行の同じ心を語っている。

いづくとてあはれならずはなけれども　あれたるやどぞ月はさびしき（十三番右）
わたの原波にも月はかくれけり　みやこの山を何いといけむ（十四番右）

「あれたる宿」はこの時代の世の中であろうし、また、都のみならず地方のかなたまで「月はかくれけり」という精神の荒廃は広がっている。西行は時折、ほとんど諦念あるいは断念の近くにまで落ちいくけれども、しかしやはり世の中を放擲《ほうてき》することができない。その心は、究極的には、神への祈りとなる。あるいはむしろ、断念してみずからの世界の中に閉じこもろうとする西行の心に、神の方が呼びかけてくる。

よろず代を山田の原のあや杉に　風しき立てて声よばふなり（一番左）

西行は聖域とうき世のはざ間に立っている。伊勢神宮に歌合を奉献する際の「願深く候」という心、あるいは「宮河歌合」の根底にある「心をふかく悩ませる所」という精神、それらはいずれも「月かくれにし」現世の救済を願う心であり、その心に動かされて西行は東大寺勧進の旅に出たのだったし、この二つの歌合の奉献を企てもしたのである。

第四節　源　頼朝

一　東大寺再建と頼朝

頼朝は似仁王《もちひと》の令旨《りょうじ》に応じる形で戦端を開いたので、寺社復興政策はその後の頼朝政権の基本路線となった。また平氏の南都焼討ちがあったので、当然に頼朝は東大寺再建にかかわってゆくことになる。それは頼朝個人の宗教的な心情とは別に、政治の論理のもたらす必然性でもあった。

しかし頼朝の東大寺再建への関与の仕方は、ある時期から急に積極性を増してゆき、そこにはそれまでの外的諸事情の変化と、頼朝自身の東大寺再建にこめた意図とが明確にうかがえるように思う。すなわち、東大寺再建が、平家打倒のためのスローガンや正当化の根拠としてだけではなく、頼朝政権自身にとって積極的な意味をもつ事業として取り組まれるように至ったと思われる。こうした事柄を検討するために、ここでは頼朝の東大寺再建への関わりについて時系列的に追ってゆきたい。

文治元年三月、壇ノ浦で平氏滅亡、七月、京都大地震、八月、後白河院主導の大仏開眼供養。すでに前年（寿永三年）七月二日付の「源頼朝御教書」（中原広元執筆）において、

滅金事
右、今秋、御入洛あるべきなり、これ且つ大仏修復の御智識のためなり。必ず御入洛の時、相具せしむべき候なり。凡《およ》そ率土《そつど》の中、誰か施入の心なきや、さらに緩急およぶべからざる也(60)

とあった。頼朝は上洛しなかったが、この文治元年三月に、重源宛《あて》に米一万石、沙金一千両、上絹一千疋《ぴき》を送った。その際の、「源頼朝書状」において、「世たとひ澆季《ぎょうき》〔末世〕に及ぶといへども、君舜徳を施さしむるにおいては、王法・仏法共にもって繁昌し候はんか」と述べており、似仁王の令旨にしたがう立場からの「智識」の奉加であることを明らかにしている(61)。

文治二年八月十六日、西行が鎌倉を訪問し、頼朝と会談した。

文治三年三月、重源は東大寺造営料国として周防国を治行していたが、その地での「武士のらうぜき〔狼藉〕」を公家に訴え、その解状が関東に届いた。重源の書状には鎌倉から地頭として入国した武士五名の名が記載されている。彼らの「らうぜき」について『吾妻鏡』は「少々武威を耀《かがや》かし、妨げをなす事あるによって……」というふうに表現しているが、重源の書簡に添えられた「在庁の解」の文中では、鎌倉からの御家人のふるまいは、「自由の濫《らん》吹《すい》」「ほしいままに地頭の威を施す」「自由に任せて、ほしいままに」と、特徴づけられている。

頼朝は驚いて、ただちに周防国の地頭に対して教書を出した。「二品〔頼朝〕殊に驚き申さしめたまひ、精勤致すべきの由、今日かの地頭等に仰せ遣はさると云々」[62]。

周防国の地頭の問題をきっかけとして、この時、頼朝は朝廷（院）から東大寺再建への積極的な協力を依頼されたもようである。というのは、年紀を欠いているが文治三年と推定しうる三月十六日付の師《そち》中納言（吉田経房）宛の頼朝書状が現存しているからである[63]。この書状のなかで頼朝は、「関東方ハ頼朝勧進御使として相励むべく候也」としているが、しかし「それも君より仰《おおせ》下されて候ハんをもて、沙汰致すべく候也」と付け加えて、勧進主体が後白河院であることを強調している。したがって頼朝は、東大寺再建の重要性とみずからの協力の姿勢とを強調しつつも、全体としては、「諸国諸床に普く支配され候て、一向に贔負《ひいき》御沙汰候はば、定めて急ぎ出来候うか」と述べ、さらにこの時問題となっていたと思われる材木の確保、運搬等についても、「諸国重任功にも仰下さるか、又院宮および諸家庄領にも、分に随ひ……御沙汰候はば宜しく候なん」と述べている。さらにまた、「志候はん人」や「結縁の心あらん人」たちが「力を合わせしむべきなどと仰下されて、畿内・畿国・西国方ハ、細々に勧進の御沙候うべくに候」とも述べている。つまり頼朝は、東大寺再建方式は、院を中心にして、公領、荘園領主などが経済的負担を背負い、また院の呼びかけによって自主的な寄進を集めてゆくべきだと言っているわけで、彼自身がこれまでとは違って再建事業に積極的にかかわってゆくと言っているのではない。

このような頼朝の姿勢は、それから半年後、年紀を欠くがやはり文治三年と推定される九月八日付の書状にもうかがえる。これは、内容から推測すると、東大寺再建に関する重源からの手紙への返書である[64]。

源頼朝書状

御消息之旨承了、東
大寺御事、争令存疎略
哉、依奉献于心、君御□〔時〕
可被忩修《マヽ》復、且自　叡□〔慮〕
御沙汰候者、仏像も堂舎□〔も〕、
早速令出来給歟、□〔止カ〕諸事□〔てカ〕
御沙汰可有之由を　院〔後白河法皇〕へも□〔令〕
達候了、於事更不可致等□〔閑〕
候也、佐々木左衛門尉高綱
当寺に志を運之様ニ見給
者也、但以如然之家人国々□〔定〕
行事として、令催促候は、、□〔の〕
人訴出来歟、此条雖不可顧、
同ハ令申　院給て、被仰下事
なと候は、宜歟、先日自　院
材木引間事、被仰合て候ひ
し時、公領ハ付国司、荘園ハ
付領家て、御沙汰可有之由を令
申て候也、兼又海道・北陸道
方へも、風雨をも不厭、物腹立
なともせす候はむ御弟子一人を

被下遣て被勧進ハ、縦雖
野叟之輩、何無助成之心
哉、又陸奥・出羽両州へも
差遣可然之上人、可被勧進
候也、是非省大廈之至要、
又可為結縁之因縁者歟、〔仍〕□
執達如件、
（文治三年ヵ）
九月八日（花押）

概略をたどってみる。〈御消息うけたまわりました。東大寺のこと、おろそかに思うこと決してなく、いつも心にかけています。後白河院の治世の間に急ぎ修復されるべきです。院の叡慮による御沙汰あれば、仏像も堂舎も速やかにお出来になるでしょう。院へも御沙汰あるべきよし申し伝え上げました。等閑《なおざり》にすべき事ではありませんので。佐々木高綱は東大寺に献身する覚悟の者です。けれども家人を国々の行事に関与せしめ、人びとを動かそうとすれば、人の訴えが出て来るでしょう。やはり院よりの仰せによるべきでしょう。院より材木の運搬についての仰せがあったとき、公領は国司、荘園は領家にたいして院より御沙汰あるべきかと申し上げておきました。海道・北陸道などへも風雨をいとわず忍耐強いお弟子を送り勧進すれば、一体誰が応じないことがあるでしょうか。陸奥・出羽の両国にも然るべき上人を送り勧進して、結縁の因縁を結ぶべきでありましょう。〉

頼朝は諸国の御家人・地頭を東大寺再建のために積極的に関与させることに躊躇を示している。彼らの権力の行使がいかなるトラブルをひき起こしてゆくのか、予断を許さないからである。しかしそれでも、この書簡の半年後、再び重源の書簡が鎌倉に届く。その内容には驚くべきものがある。以下はすべて『吾妻鏡』から。

文治四年三月十日

東大寺の重源上人の書状到着す。当寺修造の事、諸檀那《しょだんな》の合力を頼まずんば、かつて成じがたし。もっとも御奉加《ごほうが》を仰ぐところなり。早く諸国に勧進せしめたまふべし。衆庶たとひ結縁の志なしといへども、定めて御権威の重きに和順したてまつらんか

それから一か月後、四月十二日、鎌倉に院宣（大宰権師藤原経房執筆）が到着する。重源が院を動かしたのである。

院宣に云はく、

今月十七日のご消息、同廿六日に到来し、くはしく奏聞し候ひをはんぬ。造東大寺の材木引夫《ひきふ》の事、諸國の庄園・公田に支配せらるべしといへども、他事をもつて推察せしめたまふのところ、面々に對捍《たいかん》し、なかなか闕如《けつじょ》の基《もとゐ》たらんか。よつて諸國の大名等に充《あ》て催さしめたまはば、定めて不日の功を終へんか。かつはまた勧進上人計ひ申さしむるによつて、その旨を仰せ遣はされをはんぬ

重源の鎌倉に宛てた手紙は一つの大きな思想的問題性を帯びている。

『玉葉』によれば、

用途大略、智識の物を以て成し寄する由、重源聖人申さしむ（寿永二年二月二十日）

とあり、東大寺再建を決意した初期、重源は「智識」によって事業を成しとげる覚悟だった。それは一つには、当時の諸事情からして他の選択肢もなかったからだが、それ以上に、再建の意味が一人でも多くの人に大仏と「結縁」させるという点にあったからである。それにもかかわらず今、重源は、「衆庶たとひ結縁の志なしといへども、定めて御権威の重きに和順したてまつらんか」、という姿勢をとるに至っている。あたかも重源において、大仏殿の建立が自己目的化してしまったような印象を与える。しかし本当にそうだったのだろうか。一つの例に

すぎないけれども、この時点から十年後に完成した東大寺戒壇院の建設の場合、材木引き人夫五四五二人のうち二九五二人は伊賀と伊勢両国の民衆の「結縁」によるものであったといわれており、重源は決して「智識」による再建という理念を捨ててしまったわけではない(65)。したがって、鎌倉政権に対する重源の期待も、上からの権力行使による効率的な事業の推進としてのみ解釈すべきではないように思われる。その点がこれからの検討課題の一つである。

他方、重源の書簡および院宣を鎌倉政権がどのように受けとめたのか、頼朝のこれまでの姿勢に変化があったのかどうかがさしあたり問題となる。事実の経過を追ってみよう。重源の手紙および院宣が下ってからほぼ一年二か月後。

文治五年六月四日
佐々木左衛門尉(高綱)参入す。すなはち北面の廣庇《ひろひさし》に召して御對面あり。東大寺佛殿の柱已下の材木、周防國の杣《そま》出し、殊に精誠を致すの由、聞こしめし及ぶところなり。汝、軍忠を竭《つく》すのみにあらず、すでに善因に赴くこと、もつとも神妙の旨仰せらる

この記事は日付に注意を払う必要がある。すでに佐々木高綱が周防国の杣《そま》出しに寄与していることは『吾妻鏡』文治三年十一月三日に記載があり、先ほど紹介した重源宛と思われる同年の頼朝書状にもその名が記されているが、今、文治五年六月四日に鎌倉にて賞賛を受けている。この年の七月、頼朝は奥州合戦のため出陣、すでに全国から御家人が鎌倉に集まっており、そこに高綱も参じていた。この出陣直前の時期に「軍忠」のみならず、「善因に赴くこと」東大寺についていわば公に賞賛することは、頼朝の深い思慮なくしてはありえない。翌年から建久に元号が変わる。『吾妻鏡』から東大寺関連記事を抜粋してみる。

建久元年九月二十日

東大寺作事縄料の苧《を》、諸国の御家人に充《あ》て催すべきの由、院宣を下さるるの間、二品〔頼朝〕ことごとくもつて施行したまひをはんぬ

建久二年十二月五日

高三位（泰経）の書状参著す。院の庁の御下文を送り進ずるところなり。これ地頭の輩を相催し、東大寺の柱を引かしむべきの由なり

同年同月九日

東大寺の柱四十八本、明年中に引き進ずべきの由、畿内・西海の地頭等に〔頼朝が〕仰せらる。佐々木四郎左衛門尉高綱奉行たるべしと云々

建久三年十二月二十九日

東大寺修造の間の事、重ねて〔頼朝の〕仰せ下さるるの趣、前左衛門尉（佐々木）定綱言上するところなり。早く周防国の材木を催促すべきの由、仰せ遣はさると云々

建久四年三月二日

東大寺造営料米の事、殊に精誠の沙汰を致すべきの旨、周防国の地頭に〔頼朝が〕仰せらると云々

同年同月十四日

東大寺修造の事、文学〔覚〕上人播磨国を知行し、奉行せしむべきの由、将軍家計《はから》ひ申したまふと云々

建久五年三月二十二日

砂金を京都に奉らる。これ東大寺大仏の御光料なり。仏師院尊に下さるる支度《したく》、二百両を進ぜらるべき旨、〔頼朝の〕御教書ありと云々

同年五月二十九日

東大寺供養の間の総目録、民部卿（経房）の奉〔執筆〕として、これを送り進ぜらる〔到着した〕。御布施ならびに僧の供料米等の事、かつは家人等に勧進し、沙汰し進ぜしめたまふべきの由、〔頼朝の〕仰せ下さるるところなり。最初建立より以来、奉加をもつて大功を成しをはんぬ。今もっとも助成したてまつるべきの由と云々。これによって、因幡前司広元・大夫属入道善信を

奉行として、御書を諸国守護人に下さる。国中に勧進を致すべきの由と云々

同年六月二十八日

造東大寺の間の事、将軍家かたがた助成せしめたまふ。材木の事は、左衛門尉（佐々木）高綱に仰せて周防国において殊に採用あり。また二菩薩・四天王の像等、御家人に充《あ》て造立を致すべしと云々。いはゆる観音（宇都宮左衛門尉朝綱《ともつな》法師）、虚空蔵（穀倉院別当親能《ちかよし》）、増長（畠山次郎重忠）、持国（武田太郎信義）、多門（小笠原次郎長清）、広目（梶原平三景時）、また戒壇院の営作、同じく小山左衛門尉朝政・千葉介常胤《つねたね》以下に仰せ付けられをはんぬ。しかるにその功すこぶる遅引するの間、今日催促せらるるところなり。ただし、おのおのひとへに結縁の儀を存じ、功を成すべきの由、御下知先にをはんぬ。ただ公事に随ふの思ひをもつとし、綷《こと》もし懈緩《けかん》に及ばば、辞し申すべきの旨、厳密に触れ仰せらると云々

頼朝は、大仏開眼供養の際、多大な金品を寄進しているが、その後の東大寺再建過程において、協力の姿勢を崩すことはなかったものの、文治元年以来西国に設置した守護・地頭職の御家人を、このことのために積極的に動かすにはためらいを示していた。あくまでも院主導による勧進体制のもとで、公領や荘園の分に応じた負担、その他人びとの自由な寄進という想定のなかでの協力姿勢だった。けれどもこの姿勢は奥州戦争頃からやや変化を見せ、建久年間に入ると、協力にますます積極的になり、大仏殿落慶式が具体的に問題となる頃には、諸国の守護を動かして勧進を進めさせたり、代表的な有力御家人たちに四天王像の造仏を割り当てたり、あるいは戒壇院の造営を命じたりもしている。むろんこれらの課題は彼ら御家人たちの自発的な「結縁」によるという性格を与えられてはいたが、頼朝の「催促」それ自体が示すように、東大寺再建がこの頃には頼朝政権の課題そのものになっていたことは明らかである。東大寺再建に対するこのような頼朝の姿勢がなぜ生じてきたのか、外的諸事情なかんずく奥州戦争による長い内乱の終結の結果なのか、あるいは重源および後白河院の強い依頼によるものなのか、それとも頼朝自身の政治的な、もしくは何らかの判断にもとづくものなのか。こうした問題について考えるために、その手がかりとして建久六年の東大寺大仏殿落慶供養を取りあげてみたい。

二　建久六年大仏殿落慶供養

頼朝は建久六年三月の東大寺大仏殿落慶供養会に大軍団を率いて上洛し、臨席した。前年十二月十七日の『吾妻鏡』には、

明春御上洛あるべきによつて、供奉《ぐぶ》のために東国の御家人等を催さる。（中原）親能物奉行として、（二階堂）行政これを書き下す。その状の書き様《よう》、

某国の人々、京江《え》沙汰し上るべきの由、仰せらるるところなり。もし上洛に堪《た》へずんば、鎌倉殿に参り、子細を申さるべきなり。かつは御宿直として、京上せしめざるの人々も催促せらるるところなり。遅参に及ばば、定めて御勘発《こかんばつ》あるべきものか

とある。東国御家人のすべてを――「御宿直」は別として――上洛させ、落慶供養に参会させることが、この時期最大の政治課題となっている。

『吾妻鏡』建久六年三月十日の条には、「供奉人の行列」として、京上した東国軍団の編成が掲げられている。先陣は畠山重忠と和田義盛、次に「御随兵」の氏名、おのおの甲冑を着こんだ家子郎従を率いて前方に向かって三騎（三列）、一列三十九名およびそれ以外の三名、つづいて将軍、十六名の氏名、いずれも狩装束、その後に再び「御随兵」三騎（三列）、一列四一名、その後、後陣の梶原景時と千葉新介、それから最後尾として中原親能以下水干姿の十名の氏名。以上、すべて二七四名の名前が掲げられているが、家子郎従を含むと「随兵においては数万騎」の軍団であるという。

頼朝はなぜこの東国全体の御家人を網羅するような、巨大な軍団を編成して、上洛したのだろうか。まずこの軍団の特徴を押さえておこう。

『吾妻鏡』は先陣と後陣に挟まれた軍団の編成を一人ひとりの名前を記述することによって表現しているが、その

ことはこの軍団が、律令制国家の官僚制的な軍役徴募・軍隊編成とは原理的に異質な性格をもっていることを示している。一人ひとりの名前は、彼らの独立性を表現している。そして独立性の強い彼らが全体として一つの軍団を構成するのは、軍団の中心となる「将軍」との人格的な主従関係をもつからであり、したがってたとえば軍団のなかのもっとも名誉ある地位である先陣と後陣とは、『吾妻鏡』において、「御上洛の路次の供奉人の事、畠山次郎重忠先陣たるべし。梶原平三景時、後陣の事を奉行せしむべし」（建久六年二月十日）とあるように、主従関係のなかで人格的に決定されるのであって、官僚制的位階秩序によって「客観的に」決定されるのではない。官僚制的軍隊がピラミッド状の地位編成によって上から下へ規律を及ぼすのに対して、頼朝の軍団は構成メンバーのより主体的・内面的な規律によって支えられているともいえよう。このことが、頼朝の軍隊がこれまで勝ち抜いてきたことの一つの理由であろう。

ところが今、この軍団は大きな問題をかかえるに至っている。何よりもまず、平氏は滅亡し、残る最後の強敵たる平泉の藤原氏も滅亡して、もはや「軍忠」という内面的規律の必要性がなくなってしまったのである。むろんその事によって、ただちに頼朝に対する御家人の忠誠心が失われるわけではないが、しかし状況は決定的に変化したのであり、特に頼朝自身がそのことを強く意識せざるをえなかった。さらにこの事と並行して、文治元年の守護・地頭の設置以来、多くの御家人が平家没官領を中心に全国に配置されていったが、すでに紹介した周防国での地頭の「らうぜき」「自由の濫吹」のように、彼らが地方諸国で自立的な権力の担い手となった時、戦時状況において軍団のメンバーとしてもっていた内面的規律が突然に消えてしまうという危険があった。そうなれば頼朝政権による全国的な治行・経営が成り立たない。

本来、御家人たちは自立性の強い在地領主だったので、独立心や自立心は強かったけれども、しかし全国レベルでの国家の経営に責任をもつという意識は弱く、みずからの領地の外に出た時、規律を失い、あたかも盗賊団のごとき行動をとることも珍しくはなかった。たとえば、右にみた京に向かう軍団後陣の梶原景時の場合、寿永三年、一の谷の合戦に向かう際、摂津国勝尾寺を掠奪し焼討ちしている。その結果、「仏閣・僧坊六十八宇」すべては灰燼に帰している。(66) 似仁王の令旨をかかげる頼朝の配下にもかかわらず、梶原軍は仏敵になることさえも怖れなかった。あるいは、今、京に向かう軍団の先陣をつとめる畠山重忠に対して、文治五年、今から六年前、頼朝は次のような書状を送っている。(67)

源頼朝袖判御教書

（花押）

あすは　こふ〔京〕のこなたに
ちむのはらといふところニ
御すく〔宿〕候へし、いくさたちニハ
こふにはすくせすと申
なり、かまへてひか事すな、
あかうそ三郎（島津忠久）を、やう〳〵ニ
せんニこひたるもの、つい
ふくしたるなり、たうしハ
ほうてう・庄司次郎（畠山重忠）ハ
けふのひくわんニいらすしむ
へうなり、このくにハきはめ
てしむこく〔神国〕なり、かまへて〳〵
らうせきすな、御《くしたるもの》人ともニみな
ふれまわすへし、けふらう

せきしたるものともは、
こさたあるなり、けふの
ひくわんニいらぬほとに、あすの
すくにていりなんハ、ゐこん
のことにてあるへきなり、
（文治五年）八月十五日　（平）盛時〔奉〕□
庄司次郎殿

おそらく頼朝は、かつての木曽義仲のことを念頭においているのであろう。畠山軍に、「京《こふ》」に「宿《すく》」せず、かなたの「ちむの原」に野営するように命じている。畠山軍の「らうせき」「ひか事」を怖れてのことである。文中、「このくにはきはめてしむこく〔神国〕なり、かまへてくらうせきすな」という一文は注目に値する。通常、頼朝が神国をいうとき、平氏の没落を神罰とみなすという文脈においてである。たとえば寿永二年の「源頼朝奏上」には、

日本国は神国なり、しかるに頃年《けいねん》の間、謀臣之輩、神社の領を立てず、仏寺の領を顧みず、押領の間、ついにその咎《とが》により、七月二十五日たちまちに洛城を出《い》で、処所に散亡す、守護王法の仏神、冥顕の罰を加え給ふ所なり(68)

という文がある。ここでは、日本神国論は平氏に対する源氏の正当化論にほかならない。それに対して畠山重忠への書状における神国論は自分の配下の、ただし空間的に遠方にいる御家人軍団の規律の根拠として打ち出されている。この規律の問題こそ、今、東国御家人を巨大な軍団へ編成した頼朝の念頭にあったことだったであろう。つまり頼朝は、合戦のためではなく、東大寺大仏殿落慶供養のために軍団を編成し、仏法・王法の擁護者という理念を御家人た

ちの胸のうちにたたき込み、今後、国家の経営を担う一人ひとりに内面的な規律の根拠を与えようとしたのではあるまいか。これまで、似仁王の令旨やその中の仏法・王法の擁護者という理念は、軍事闘争の過程での頼朝の正当化論としての性格が強かったが、今は外部に対してではなく内部に対して、つまり御家人たちの内面的規律の根拠という性格を強くしたように思われる。これまで見てきたように、頼朝は建久年間に入ると次第に積極的に御家人を東大寺再建に関与せしめようとしてきたが、その意図も、こうした点にあったのではないか。

重忠を先陣とし、景時を後陣とする東国御家人「数万騎」の軍団は、以上のように、理念および規律の内面化という課題をはたすために進軍していたと思われるのであるが、その軍団の内面的姿をかいま見るために、進軍中および供養日当日の『吾妻鏡』の伝えるエピソードを取りあげてみよう。

エピソード一　比叡山衆徒の事

軍団は建久六年二月十四日に鎌倉を出発、三月四日比叡山近辺にいたる。「ここに台嶺《たいれい》の衆徒等、勢多橋の辺に降りて、これを見たてまつる」。挑発せず、挑発もされず、しかも将軍家の権威を失わず山門衆徒に対するにはどうしたらよいのか。「将軍家、御駕を橋の東に安んじ、礼あるべきや否やを思しめし煩《わずら》ふ」。彼は小鹿島公業を呼んで比叡山の衆徒中に遣わす。公業は行き、衆徒の前にひざまずき、鎌倉将軍、東大寺供養結縁のため上洛するところ、「おのおの群集するは何事によるや」、と強く出て、さらに「武将の法、かくのごときの所において下馬の礼なし」とも述べ、返答を待たずに引き返した。その後、軍団はやや緊張した面持ちで衆徒の前を通過したのであるが、衆徒の方が平伏したという。『吾妻鏡』は、この公業に関して、「まことに言語巧みにして鸚鵡《おうむ》の口ばしを驚かし、進退正しくて、龍虎の勢眼に遮《さえぎ》る。衆徒感嘆し、万人称美すと云々」と伝える。武士の勇猛ではなくて武士の「言語巧み」へのこの賞賛は、この時の軍団が、自分たちは仏法の擁護者であるという理念に向かって進軍していること、この理念を内面化するために進軍していること、戦争ではなく平和を守るために行軍していること、そういうことを意識するなかから生まれてくる。

エピソード二　大雨のなかの警護

三月十二日、東大寺供養の日、『吾妻鏡』によれば

> 午《うま》以後、雨しきりに降る。また地震。今日、東大寺供養なり。……和田左衛門尉義盛・梶原平三景時、数万騎の壮士を催し具し、寺の四面の近郊を警固す。日出以後、将軍家御参堂、御乗車なり。小山五郎……等供奉す。随兵においては、数万騎これありといへども、此兼ねて辻々ならびに寺内・門外等を警固せしむ。……御共の随兵に至りては、ただ二十八騎

とある。頼朝、政子、大姫、頼家、彼ら将軍家を守る兵はわずかに二十八騎、あとはすべて東大寺内外の警護に配置した。頼朝は、仏法擁護の理念をこのことによって軍団に吹き込もうとした。『東大寺造立供養記』には、

> 供養の日、武士に命じ、以って四方を守護す。威勢を奮い、以って障《しょう》礙《ぎ》なからしむなり。廻廊の外四面に陣を張る。宛《あたか》も守護の善神の如し

とある。

しばしば引用されるように、慈円も当日のもようを書き留めている。

> 同六年三月十三日東大寺供養《くやう》、行幸、七條院御幸《ごかう》アリケリ。大風大雨ナリケリ。コノ東大寺供養ニアハムトテ、頼朝将軍ハ三月四日又京《きょう》上《じやう》シテアリケリ。供養ノ日東大寺ニマイリテ、武士等《ら》ウチマキテアリケル。大雨ニテアリケルニ、武士等ハレハ雨ニヌルヽトダニ思ハヌケシキニテ、ヒシトシテ居《ゐ》カタマリタリケルコソ、中〳〵物ミシレラン人ノタメニハヲドロカシキ程ノ事ナリケレ(69)。

さすがに慈円は、武士の規律という点に絞って全体を観察している。

頼朝の大軍団の上洛という出来事は、これまでしばしば朝廷や貴族勢力、寺社勢力などに対する政治的デモンストレーションとして解釈されてきた。しかし、すでに平氏や奥州藤原氏を滅ぼした頼朝が、軍事力を誇示して政治的プレッシャーを与える必要があったのかどうか、疑わしい。頼朝の主眼点は、外にではなく内に向けられていて、東国御家人たちに理念と内面的規律を与えることにあったのだと思う。

エピソード三　東大寺衆徒等の事

再び、供養の当日のこと、将軍家が「堂前の庇《ひさし》に著座」してから、その後、「見聞の衆徒等、門内に群入するの刻、警固の随兵に対して数々の事あり」。警固の責任者である梶原景時がこれを鎮めようとしたが、その際『吾妻鏡』の言葉によれば「無礼を現わす」ことがあったので、激しい言い争いが生じ収拾が困難となった。緊迫した事態のなかで、頼朝は結城朝光を呼んだ。朝光は、進み出て、「手を大床《おほゆか》の端に懸け、立ちながら、相鎮むべきの将命」をうけたまわったが、驚いたことに衆徒に向かった時には、ひざまずき敬屈《きょうくつ》し、「前右大将家の使者」とみずからを名のった。衆徒らはその礼に感じ突然、静まった。と、朝光は威厳のこもった言い方でとうとうと弁説をふるった。「無慙《むざん》の武士すらなほ結縁を思ひ、洪基《こうき》の一遇を嘉《よみ》す。有智《うち》の僧侶、なんぞ違乱を好みて、わが寺の再興を妨げんや。造意すこぶる不当なり」。朝光の弁説を聞いて、「衆徒たちまちに先非を恥じ、おのおの後悔に及び、数千許《ばかり》の輩一同に静謐《せいひつ》す」。そして『吾妻鏡』は、「使者の勇士、容貌美好、口弁分明、ただに軍陣の武略に達するのみにあらず、すでに霊場の礼節を存じ得たり」、という朝光に対する賞賛の言葉を伝えるのである。

この朝光の物語は、最初のエピソード、比叡山衆徒の事と同じテーマであり、物語の展開も同じ形式で語られている。すなわち、衆徒を相手にして大きな争いを生む危険な状況、次に将軍が礼節を知り弁説の達者な若者を呼ぶ、すると、彼は相手衆徒にひざまずき、その上でしかし決して威厳を失わぬ態度で演説、衆徒たちみずからの平伏と後悔、そして最後に軍事的勇気とは異なる資質への賞賛。同じパターンである。とはいえ、この二つの物語がフィクションだといいたいわけではない。いずれも、場所、時、人名など現実の場をもっており、実際の出来事をもとにして作られた話である。けれども、このような型の物語に組み立てられたのには、それなりの理由があってのことである。それは一言でいえば、畠山重忠を先陣とし、梶原景時を後陣とする「数万騎」におよぶ頼朝の軍団が、その軍事的威力をアピールするために京上したのではなく、仏法の擁護者という理念をかかげ、そのために京上し、そして実際にそれを貫いたという軍団の自己意識があったからこそ、公業と朝光の出来事は大きな感銘を与え、以上のような物語へと形象化されたのである。ずっと以前から、軍団のこのような自己意識を頼朝はつくり出そうとしていた。彼が軍団の先陣畠山重忠に東大寺増長天の造立を命じ、後陣の梶原景時に広目天の造立を命じたのは、彼らがほとけの世界を守る四天王とみずからとを一体化することを期待したからだった。彼らのみならず武装する自立的な御家人たちは、理念と規律を必要としていた。なぜならば、現実の敵が滅んでしまった後、戦うべき相手は自分自身となったからである。

エピソード四　陳和卿《ちんなけい》と頼朝

落慶供養の翌日、『吾妻鏡』の記事。

十三日　戊戌　晴る。将軍家大佛殿に御参。ここに陳和卿宋朝の來客として、和州の巧匠に應ず。およその盧遮那佛の修飾を拜するに、ほとほと毗首羯摩《びしゅかつま》の再誕といひつべし。まことに直《ただ》なる人にあらざるか。よつて将軍、重源上人をもつて中使《なかづかひ》となし、値遇結縁《ちぐけちえん》のために和卿を招かしめたまふのところ、國敵對治の時、多く人名を斷ち、罪業《ざいごふ》深重なり［と述べ］、謁に及ばざるの由、固辭再三す。将軍感涙を抑《おさ》へ、奥州征伐の時著したまふところの甲冑、ならびに鞍馬三疋、金銀等をもつて贈らる。和卿賜はる甲冑を造營の釘料《くぎれう》として伽藍に施入す。鞍一口を止め、手掻會《てがいゑ》十列の移鞍《うつしぐら》として、同じくこれを寄進す。そのほかの龍蹄《りゅうてい》以下、領納に能はず、ことごとくもつてこれを返し獻ると云々。

陳和卿の言葉と行動は、これまで東大寺再建に心を注いできた人びと、重源、彼にしたがう阿弥陀仏名の同行たち、西行、彼に賛同した歌人たち、造仏造寺長官行隆と、重源に帰依したその息子、記名できぬ数知れない「智識」、こうした人びとの心を代表している。西行が東大寺勧進のため鎌倉、陸奥へと旅したのも、奥州戦争を未然に防ぐためだった。重源が文治四年三月十日の手紙で、「衆庶たとひ結縁の志なしといへども、定めて御権威の重きに和順したてまつらんか」、という驚くべき姿勢を示したのも、時の権力にもたれかかって安易に東大寺再建を進めようとしたのではなく、頼朝をこの再建の主体に位置づけることによって、西行と同じく、緊迫度を深める鎌倉と平泉の関係を平和裡に修復しようと願ってのことだったのである。平泉の主であり戦争をも辞さぬ覚悟の秀衡《ひでひら》は前年に没している。その後継者の泰衡は、勝ち目のない戦争を回避しようとしていた。その年に、重源は右の手紙を書いたのだった。その翌年、文治五年四月、泰衡は、頼朝への服従を示すために、頼朝と対立する義経を衣川の戦いで殺し、その首を鎌倉に送ったのであるが、七月、頼朝は右の記事に出てくる甲冑を着こんで、みずから出陣したのだった。

頼朝がこの甲冑を陳和卿に与えたとき、もはや戦争は行わないこと、もはや日本においてその必要もなくなったこと、争いの時代が終わったこと、そうしたことを彼は告げたかったのであるが、すでに戦争によって多くの人命を絶ったあとの平和は、陳和卿にとって、平和とはいえぬものだった。つまり、平和を実現するためにこれまでの戦争があった、という理屈は彼の前では成り立たないのである。

陳和卿にとって、あの大仏の巨大さは、軍事的争いを未然に回避し、平和の構築を象徴するものだったのであり、その意味での平和が何よりも優先されるべきだったので、大仏は可能なかぎり巨大な姿であるはずのものだった。

第五節　慶派の仏師

一　東大寺再興と古典への復帰

寿永二年六月、東大寺焼失から二年半後、重源が本格的に大仏の鋳造を開始した年、運慶が発願し、多くの慶派の仏師仲間、快慶、実慶、宗慶、源慶などが結縁者に名を連ねる法華八巻の写経（いわゆる「運慶願経」）が行われている。

この経の奥書によれば、運慶はそれ以前から写経の願いをいだいて準備を進めてきたが、いつしか中断し、「自然に年が去ってしまった」。しかしこの年、「宿願を開発」し、また阿古丸という未詳の施主をえたこともあって、以前のごとく精進して料紙を打ち、清僧二名を書き手とし、比叡山横河《よかわ》、園城寺、清水寺から霊水を取り寄せて墨の水としたという。が、特に注意すべき点は、「夢想の告に依りて、〔経の〕軸身の料《かて》に、東大寺焼失の柱の残木」を用いたという点である。この残木を得るために最智法師という人が使者となった、とある。明らかに「運慶願経」は、運慶を中心とする奈良仏師集団（慶派）の東大寺再興への決意を込めるものであった。(70)

この寿永二年からほぼ四十年後の貞応二年、運慶はみずから建立した地蔵十輪院の本尊、丈六盧舎那如来（運慶作）を、京の火難を怖れて明恵の高山寺金堂に移している。盧舎那如来は、華厳経の主であり、東大寺大仏のことでもあり、そして明恵は華厳宗中興の人である。(71)こうした点から見て、運慶がどのような信仰のもとで仏師としての生涯を貫いてきたか、また東大寺再興にいかなる情熱を注いだか、よく分かるように思う。

慶派の仏師の中で運慶とならぶ大仏師、快慶も、東大寺再興のための造仏に使命を見いだした。彼は信仰面では重源の弟子となり、重源によって「安《あん》阿弥陀仏」という名前を与えられた。『作善集』のなかにおいてもこの名前で二度言及されており、重源との結びつきは深く、大きな役割を果たしてゆく。が、こうした事柄の前提には康慶がいた。康慶は、運慶の父であり、快慶の師であるが、一門の大仏師および小仏師を率いて、東大寺復興に彼の人生の最期の情熱を注ぎ込んだのだった。

慶派の人びとが、東大寺復興に使命を感じ情熱を注いだのは、仏師として当然ではあっただろうが、しかし、他の仏師集団と比べた場合、内面的必然性ともいうべきものがあった。

康慶を中心とする奈良仏師集団は、円派や院派の京都の仏師集団とは異なって、天平期・平安初期の古典彫刻に関心を注ぎ研究を深めてきた。この点を具体的に示す事例を一、二あげれば、たとえば運慶の初期の作品である願成就院阿弥陀如来像の髪型や額は平安後期の仏像にはみられないが、奈良時代の仏像には作例があることが以前から指摘されてきたし、同じく願成就院の毘沙門天《びしゃもんてん》像の足の帯のデザインも平安時代にはみられないが奈良時代の作品には現われると指摘されもした。[72] 一見、ささいなことのようだが、こうした細部の意匠の継承は、運慶がいかに緻密に古典作品を研究していたかを示している。あるいは快慶が、慶派のうちにあって安阿弥様《あんあみよう》といわれる独自な作風を確立する以前において、奈良時代を代表する作品の一つ東大寺法華堂執金剛神立像の模作を試みていたことはよく知られている。[73]

慶派による天平期古典彫刻の研究・関心は、当然に、東大寺復興のための造仏活動に結びついてゆくことになる。実際、この造仏活動は慶派の独占するところとなった。その背景には、京都仏師集団が院・公家との結びつきが強く、鎌倉政権と時には折合が良くなかったことや、慶派と関東御家人との関係、重源の意向など、さまざまな理由もあったには違いないが、しかし慶派の古典復帰の姿勢が、東大寺復興という課題にぴったりと適応していたことが根本的な理由であったように思われる。それゆえに、慶派の人びとは東大寺復興の造仏活動のなかで、みずからの力量をフルに発揮してゆき、いわば水を得た魚のごとく、造型の可能性を切り開いたのであり、その画期的な性格は、わずかではあるが東大寺に現存する作品が十分に示している。精神史的に見た場合、慶派の古典復帰の意味は、宗教芸術の領域において、これまでの正統たる定朝様式を乗り越えて、新しい時代精神を優れた芸術作品として形象化したことにある。つまり過去への復帰は、現在の克服だったわけである。

定朝様式とよばれる王朝貴族の好みにかなう日本的様式は、平安時代中期の定朝によって完成され、院政時代にいたっても日本仏像の範型として正統性を維持していた。定朝の唯一現存する作品は平等院鳳凰堂の阿弥陀如来像である。昔も今も、この像の特徴はおだやかな優雅さ・優美さであるといわれてきた。田中嗣人氏の表現によれば、「前代彫刻がもつ塊量性、晦渋性・森厳性およびデフォルメ的要素など」が消えて、「対象の平面的把握・平明性・優美性」が前景に現れる。(74)

定朝の阿弥陀如来像のこうした特徴は、極楽浄土を現世に映し取るという建築空間のもとで、観想念仏の対象として造立されたことにもよるだろう。独特な宗教空間のなかで阿弥陀如来へ神秘的な一体性を深めてゆくためには、如来像はどこまでも優雅で温和な優しさ美しさに満ち、意志的なもの、内面的緊張や葛藤をひき起こすようなものは一切はぎとられていなければならない。したがって定朝様式は、単に王朝貴族の好みというだけではなく、それによって支えられた宗教文化的性格を示してもいるし、さらには、彫刻の領域を超えて、和歌などによって表現される日本的美意識や精神性とも共通なものを有しているのであって、一つの精神史上の出来事なのである。定朝様式が院政期においてもいかに重んじられていたかは、白河法皇および待賢門院の後援をえた院派の指導者院覚についてのエピソードがよく示している。彼は、長承三年、鳥羽上皇の平等院御幸の際に同行し、本堂諸仏はすべて定朝作とされていた当時の通念に対して、不動明王像のみは定朝の作品ではないことを見抜いたと伝えられており、その一か月後、弟子とともに西院邦恒堂にある定朝の作品の寸法を細部にわたって計測したとも言われている。(75)

定朝様式は院政期以後も、日本人の心のあり方に一つの方向性を与えつづけてきたし、はかなくはあるが、静かな安らぎを秘めた優しく美しきものへと向かう日本人の心のひだのなかに今も息づいているのである。これに対して、古典へ回帰してゆく慶派の仏師たちが、東大寺再興という大きな仕事をやり遂げていくなかで、いかなる精神史的地平を切り開いていったのか、東大寺関連の作品を取りあげて具体的に検討してみたい。

二　東大寺南大門仁王像

南大門を通るとき、右手からは吽形《うんぎょう》像が、左手から阿《あ》形像が憤怒の表情をして迫ってくる。巨大であることに間違いはないけれども、基準らしきものがなく、その巨大さを観念化できない。おもいきり近づいてみる。重心のかかる吽形《うんぎょう》の左足は大地を踏みしめて力がみなぎり、足の甲に筋が浮かび、くるぶしの脇には窪みができ骨が浮かび筋が走り、間もなく太くひきしまったふくらはぎの筋肉につづいてゆく。その隣には、どっしりとかかとを台座に置く右足の、その大きく丸みを帯びた親指が力強くねじられて意志をみなぎらせ、見上げるとピクピク緊張する筋肉のふくらはぎが見える。この時初めて、この像が生きた意志をすみずみまで伝えるとてつもない大きさであることが分かりだし、一歩、二歩、三歩、あとずさりするにつれて視野に入ってくる腰裳の上の腹部と胸部の躍動する筋肉や骨格、大きく旋回させる右腕、その手の平の意志的緊張、金剛杵《しょ》を握るたくましい左腕、全体の横幅の広さとボリューム、激しい憤怒の頭部、ようやくにして吽形像の巨大さについての一つの観念が生まれ、そしてその時、圧倒される。

南大門仁王像は、運慶や快慶など慶派の仏師集団の総力を結集した作品であるが、やはり慶派に属する定慶作と伝えられる興福寺の金剛力士像と共通のテーマを打ち出しているように思われる。つまりそれは、憤怒の表情と浮きあがる肋骨や筋肉、筋、血管等によって、身体のすみずみにまで貫き通る意志の力を表現するというテーマである。この場合の慶派の写実主義は、筋肉的な身体の力学的構造を客観的に表現しようとするのではなくて、むしろ眼には見えぬけれども、人間の本質である意志を、過剰ともいえるほどに躍動する身体によって表現しようとした。つまり慶派の人びとは、主意主義的人間像を新たな時代の人間類型として積極的に打ち出そうとしたのである。以前から、南大門吽形像の顔つきは、東大寺法華堂にある天平期の吽形像の、口を強く結んだ表情にそっくりであると指摘されてきた[76]。おそらく慶派の人びとは主意主義的人間像——人間の本質を意志に置く——を打ち出すにあたって、天平期の作品から多く学んだのであろう。あるいはそこに回帰しようとしたともいえよう。けれども、天平期の吽形像は皮革のよろいで身を固めている。それに対して慶派の吽形像は裸形の骨と肉によってはるかに強く意志を顕在化させている。慶派の仁王像あるいは金剛力士像が、肉体それ自体ではなく、人間の精神を、なかんずく意志的存在としての人間を表現するものであることは、現代の、精神なき肉体ともいうべきボディービルディング像のようなものと比べてみれば一見にして明らかとなるだろう。

けれども、精神あるいは意志といっても、それが、「憤怒」の表情で、怒りが全身にみなぎっているというのであれば、実際は怒りという感情の表現にすぎないのではないか、という疑問が生まれるかもしれない。まさしくこの問題に関して、慶派の人びとは天平期の古典を学んで、感情を超えた意志、その表現の可能性をつかんだように思われる。天平期の「憤怒」像、たとえば右にふれた法華堂の金剛力士像、四天王像、執金剛神像、戒壇院四天王の二像などには一つの共通の特徴が見られる。執金剛神像を例にとってみよう。「像は右手に大金剛杵をふりあげ、左手は拳を固めて側方に張り、腰を入れて、いまにも金剛杵をふりおろそうとする勢いを示す。眼を瞋《いか》らせ、鼻孔をひろげ、口をカッと開いて、全身の筋肉と血管が怒張する。天平彫刻にあって、これほど怒勢をなまに表現した例は少ない」[77]。

田辺三郎助氏の的確な描写である。けれども、一つだけ、この立像には現代の感覚からすると理解しにくいところがある。重量のある金剛杵をふりおろそうとしているのだから上半身は右肩をやや上にしてひねりがある。けれども、体をささえる両足はほぼ平行に広げて安定をたもち、左足をぐっと前に出すような動きを示してはいない。このことは執金剛神像だけではなく、法華堂のなかで「憤怒」を示す金剛力士像にもいえることであり、さらには戒壇院の、「憤怒」を表す持国天および増長天の場合には、邪鬼を踏みつける両像はきわめて安定したポーズをとり、決してバランスを失うことはない。その結果、いずれの「憤怒」像においても、口をぐっと強く結ぶ法華堂吽形像や戒壇院持国天像はもちろんのこと、口から怒声を発して目をいからせる執金剛神像や法華堂阿形像あるいは戒壇院増長天像においても、怒りが感情的に流されるのではなくて、知的に抑制され、いわば怒るべきゆえに怒るという緊張をはらんだ必然性、まさにかくあるべしという妥当性を感じさせるのであって、この点こそ慶派の人びとが天平期の「憤怒像」から学びとったものにほかならないのである。南大門仁王像は、骨格、筋肉、筋、血管のすべての統一的な動きのなかに天平期にすらなかった強じんな意志の力を表現するが、正面向きの両像の独特なポーズの一瞬の静止性によって、感情に流されない崇高な怒りを迫真力をもって表している。天平期の作品にはなかった動きの激しさと写実性の徹底にもかかわらず、天平期の作品のもっていた精神性は十分に受けつがれている。南大門仁王像は、怒りの全面的な表現であるにもかかわらず、知的静けさのようなものが作品の奥行きにただよっているのである。その点は両像の姿勢とポーズによるところが大きい。ただし、姿勢とポーズは、感情を抑制する怒りの知的性格だけを表現しているわけではない。

現在の仁王像は、相互に向かいあって位置している。吽形は阿形の方を向き、阿形もまた吽形の方を向く。久野健氏によれば、両像は本来は南面しており、つまり東大寺の外部に向かってそれぞれ怒りの姿勢を示し、相互に向かいあってはいなかったとされるが、反対に西川新次氏によれば、鎌倉時代に造立された時点から現在の相互に向かいあう形で安置されてきたという[78]。

もし両像が南面していたとすれば、その「憤怒」の意味は聖域の守護者の、邪悪な現世への怒りを表すことになるだろう。が、もし西川氏のいうように、現在と同じく、本来の位置も相互に向きあって対していたとすれば、その場合の「憤怒」の意味は、この門を通過して聖域の中に入ろうとする人間に向けられ、彼らの卑小な人間精神を打ち砕き、いわば聖なる怒りで浄化して、大仏の前に進みゆくにふさわしい敬虔性を生み出そうとするものであっただろう。そしてその場合、吽形の体全体から発する聖なる怒り、その巨大な気迫を、阿形像がしっかりと受けとめ、そして今度は逆に怒号する声に力を込めて同じ聖なる怒りを吽形に送り返し、そうすることにおいて南大門内部は共鳴し反響する神聖空間を創り出してゆく。両像の姿勢とポーズはそのような関連性のなかでみた時にのみ、ぴったりと必然的なものとして受けいれることができる。いずれにしても、南大門仁王像を造立した慶派の人びとにとって、大仏の巨大さの意味は、卑小な人間的感情や精神を打ち砕くという点にあっただろうし、それゆえに大仏に対応する巨大な仁王像もその意味にそって創られたのにほかならないだろう。

三　東大寺四天王像

すでに紹介したように、建久五年六月、頼朝は以前御家人に割り当てておいた造仏造堂の遅延に対して、厳しく催促を行った。おそらくその結果として、建久六年（あるいは七年）八月、四天王の造作が開始され、ほぼ半年をかけて完成した。『東大寺続要録』によれば、四天王を担当した大仏師は、持國天（運慶）、増長天（康慶）、多聞天（定覚）、広目天（快慶）で、それぞれ二十名ほどの小仏師を率いて四丈三尺という巨大な天王像を造った。[79]

大仏師の中に康慶の名が見えることに注意したい。彼は運慶の父、他の大仏師たちの師であり、史料上、この四天王造立に名が現れるのが最後である。このことは、東大寺復興のなかで、四天王造立こそが慶派の最大の課題だったことを示すであろう。

しかしさらに、康慶はこれ以前に、現在、興福寺に遺《のこ》る四天王像を創作しているが、この作品は鎌倉武士の精神と課題とを見事に表現している。おそらくこの作品は東大寺造仏に慶派が抜擢された一つの大きなきっかけだったのではあるまいか。

東大寺の巨大四天王像は焼失しているので、興福寺にある康慶の四天王像について見ることにしたい。この四天王像が新しい時代精神を表現するいかに画期的なものであるか、そのことを知るには平安時代の四天王像を想い浮かべるだけで十分である。たとえば、康慶もつねに目にしていたはずの興福寺東金堂四天王像を取りあげてみよう。(80)

この四天王像は八世紀末から九世紀初頭の頃の製作と推定されているが、ほぼ半世紀前の天平期の古典彫刻からは驚くほど大きな様式上の差異を示している。

四躯のポーズにはそれぞれ静動の差はありながら、太造りの頭、体幹部の堂々たる量感には共通したものが感じられる。頭部は胴にめり込むようにすわり、四肢は太く短く、衣は背面で沓より下に垂れて足もとにいっそう重厚な感じを加える。……総じて、動きに不自由を感じさせるほどの肥満体が、あえて気勢を示そうとするあたりに一種のユーモアを感じさせ……(81)

井上正氏の観察である。

天平期の四天王のもつ知性的な目の光や、仏敵に対する緊迫した怒り、現実性を帯びる形姿のなかの精神の鼓動、そうしたものは消えて、好奇心を表すかのような大きなぎょろ目、わざとらしく作られた「憤怒」の表情、歌舞伎役者のごとき演技的ポーズ、肥満した体の重みで邪鬼を踏む姿、これらはむろん実戦の経験をもつ武人像ではなく、伝統主義的な権威を体現する貴族の甲冑姿にほかならず、一言でいえば、四天王はいずれも装飾的存在であって、これらの像をミニチュア化してひな壇に置けば他の人形とともにすっきりと収まるだろう、と思わせるような、そうした貴族好みの装飾性と重量性が本質をなしている。

このような平安時代の四天王像に対して、康慶は一度、天平期の古典へ回帰する。その点は裳裾《もすそ》の形に歴然と現れる。「前代までの天部像の作例は、通常、背面の裳裾を長く垂らし、それが像の動静に従って左または右になびく様を示しているが本像〔康慶作〕にはそれがない。……本像の裳裾の形制は、毛利久が指摘する通り、天平古像のそれを踏襲したものと解してよかろう」。(82)

康慶におけるこの裳裾形制の天平期への回帰は、平安期の像の鈍重さを克服して軽快さを増すためではあったが、しかし単に動きの問題ではなく、裳裾を切り捨て空白を創り出すことは、他の部分とも関連して、四天王の精神性を深く表現するためだった。

特に多聞天像に注目したい。

東大寺戒壇院の多聞天は、右腕を上方にかかげ、その手の平に宝塔を置き、険しい表情の眼ははるか遠方を見つめて知的な光を放っているが、康慶の多聞天はこの像から強いインスピレーションを受けつつも、決してそれを単純に模倣しようとするのではない。両足を開いてしっかりと大地を踏みしめ、左手を高く上方にかかげて手の上に宝塔を置くが、通常の多聞天像にはない高さまで腕はのび、宝塔を苦渋に満ちた表情で凝視する頭部との間に、緊迫に満ちた空間を創り出していて、多聞天の内面における悲劇的なドラマ性を表している。それはほとけの世界の守護者たる多聞天が、外部に対してではなく、みずからの内面における自己克服過程の迫真力あるドラマ性である。この迫真性は四天王が装飾性を切り捨ててリアルに人間化されていることからも生まれてくる。

持國天の、右手で剣のつかを握り左手でひざの剣先を軽く押さえた一瞬の静止、白眼がちの怒りをふくむ眼、それは実戦を経てきた武士の眼つきである。この武士が、いま仏法の擁護者たらんとする時、どれほど深く激しい内的葛藤を経なければならないのか、康慶の多聞天像はそのことを十分に物語っている。そのため、彼の手による像は、天平期四天王の、緊迫性を帯びつつも究極的には知的な静けさを保つ姿とは違って、激しく躍動するヒロイックな内面表現とならざるをえなかったのである。こうした四天王像の形象のなかに、あの頼朝が御家人たちに期待した理念と規律、それをめざす武人の姿が描かれていることはいうまでもなく、頼朝が東大寺四天王像の後援者であることと、康慶みずからがこの四天王の造立にたずさわったこととは、一つの必然性があったのである。

そういうわけなので、現存する康慶の四天王像は邪鬼を踏んではおらず、木製のあらあらしい「岩座」に足を置いている。かつては邪鬼を踏んでいたという推測もあるが、それはおそらく誤りであろう。邪鬼は、仏の知恵を知らぬ無知な、それにもかかわらず仏と敵対した愚かな存在として、邪悪さにもかかわらずユーモラスに表現されることが多かったが、いま邪鬼はそうした外部的存在、軽蔑すべき愚かな他者としてではなく、みずから克服すべき内なる闇として内面化されているからである。

四　人間・神・ほとけ

康慶の四天王像は、平安時代の文化を突き破って登場してきた主意主義的人間とその内面的な課題性（新たなる理念と規律の内面化）を形象化した。しかし康慶は単に新しい時代精神の目撃者なのではなく、彼自身が伝統主義的惰性の破壊者として、その時代精神を体現する者なのであり、そのことは特に彼の肖像彫刻、法相宗六祖坐像に明瞭にうかがうことができる。

この作品は、法相宗の祖師六名のそれぞれの個性を写実主義的に描き出すのであるが、決して理想化せず、むしろ反対に高僧の内面を批判的にえぐり出すような彫出である。

僧衣の衣紋が胸から足もとにかけて深く渦状に広がり、左の立て膝に香炉を執る手をそっと置く若き神叡《しんえい》は、整った顔にどこかとらえどころのない悲哀の表情を浮かべている。両手を胸の前で強く組み、何かにおののくような顔つきで前方を見つめ、ややくずれた跪坐像の玄昉《げんぼう》は、これまでの生涯に幾度となく不安と恐怖に襲われ、苦悩に沈んできたかを、如実に示している。丸顔に眉を寄せて横をにらむ善珠《ぜんしゅ》は、肉づきのよい肩幅や、幅広くかまえた跪座のため堂々とした姿には見えるものの、仏教界で現在の地位にいたるためにかかわってきた権力闘争のごときものの余響を残している。反対に常騰《じょうとう》は、こうした仏教界の陰惨な現実のなかで、かつては神叡のように若く、それゆえ理想に燃えていたのだが、今はそれも砕かれ年老いて、悲しく貧しく不幸な相貌の視線を正面から斜《はす》にずらしている。しっかりとした体格、香炉をささげる左手はやや高く、その腕から流れくだる袂《たもと》の衣紋の谷も深く、壮年の玄賓《げんぴん》は正面を凝視しているけれども、その骨ばった顔は眉を寄せ苦渋に満ちた表情をしており、もう若くはなく、といって老いているわけでもない年代特有の内面的な危機を表に現している。それに比べると、老僧の行賀《ぎょうが》はすでに自分の人生を作りおえてしまった危機意識のない人物である。彼にとって人生は一つのビジネスであり、たえず損得計算を行う処世術によってこの祖師の地位についたにすぎず、そのことは、大きなたれさがる眼の抜けめなさや、額《ひたい》の特徴のない横皺《よこしわ》、きょろきょろ動く目の上のまぶたの皺、鼻から口元へと広がるゆがんだ皺などが示しており、香炉をもつ左腕は立て膝《ひざ》と体脇との狭間に置かれていて、神叡の場合のような折り目正しさを失っている。

　康慶の法相宗六祖坐像は、「これまでにまったく見られなかったような、きわめて著しい写実によって造り出されたもの」、と評価されている[84]。康慶は確かに写実主義を徹底化して鎌倉彫刻の先駆者となった。けれどもその写実主義は、あるがままに対象《モデル》を映しとるというものではなくて、ちょうどゴヤの肖像画のように、モデルとなった人物の内面や生き方をえぐりとってくるというもので、対象にたいしいわば主体的に対決するという姿勢を貫いている。こうした姿勢は、康慶が新しい時代の人間類型を主意主義的にとらえたことと関連している。人間が単なる環境の所産ではなくて、みずからの意志によってみずからを創りあげてゆく存在であるならば、いわばある時点で輪切りにしたある人物の内面は、これまでの意志のあり方の蓄積を、樹木の年輪のように指し示すものであろうし、したがってその肖像はこの人物の内面的あり方に対する対決を帯びるものとなる。

　法相宗六祖坐像は直接には東大寺に関係しない。けれどもこの作品によって切り開かれた視点、技法、思想によって、東大寺再建者重源の晩年の姿があざやかに彫出されることとなった。その重源像が慶派のなかの誰の作品なのか意見は分かれているが、作風の点から、そして康慶の後継者という点から、運慶が一門を代表して、東大寺総供養を終えた晩年の重源を再現したと考えたい。

重源上人坐像は、背から頭部を前に突き出し、拳《けん》をつくる右手とその下の左手に数珠を通し、たたみの上にしっかりと着座している。

もうすでに八十歳を過ぎた重源は、その風貌のなかに彼の人生を凝縮しているが、彼にとって人生とは仕事につくこと、天職に仕えることだったのだろう。頭部はほぼ頭蓋骨そのままの形で肉は削《そ》げ落ちているが、額は広く幾本かの皺がある。細面《ほそおもて》の顔には聴覚の確からしい耳がくっきりと形を整えている。両眼は左右不均衡で、左眼は上《うわ》まぶたの垂れ下がりが大きく、眼球はやや虚《うつ》ろな印象を与えるが、右眼はまばたきをせずに錯綜した現実をしっかりと見つめている。両眼の下には大きな半円形のくまができている。二本の太い皺によって、ほほと、鼻の下、口元の部分とがはっきりと分かたれている。口はしっかり強く結ばれていて、誰もがここに重源の意志の強さが表れていると言う。実際、口だけではなく、骨と筋のたばのような首によって、ぐっと正面に向けられた頭と顔、猫背ではあるけれども、正面から見れば決して崩れのない整った着座の姿、そうしたすべてが、意志によって自分を律する彼の内面性を表している。が、しかしそれは意志だけではなく、もっと深く、彼のたましいの品位のようなものをも表白する。まず胸元の手に着目しよう。水野敬三郎氏は、

「骨太のがっちりとした手に、精力的な活動家重源の面影をみることができよう(85)」

と述べているが、的確な観察である。このがっちりとした手と同様に、着座して折り曲げた両足もしっかりしており、腕から流れてくる袂のすそにふちどられたひざ頭は、決してやせ衰えてはいない。それは、どこか、かすかに、運慶の創作する仏像を思い起こさせる。運慶は、仏像の迫真的な現実性を増すために、組まれた両足の量感をおもい

きり拡大した。その結果、運慶によるほとけの座像は、藤原彫刻の情緒的な優雅さを抜け出して、生き生きとした力強さと、精神的な緊迫感を深めることになった。同じように、重源坐像の「骨太のがっちりとした手」およびしっかりと着座する組んだ足は、仕事の人重源の活動力の面影を表すと同時に、深い内面の一表現でもある。運慶の大日如来坐像（円成寺）や阿弥陀如来坐像（願成就院）の両手が、体から少し離れ距離をもった所で智拳印《ちけんいん》を結び、また説法印を結んでいるように、しかもそれが坐像全体を統一する中心部をなしているように、重源の両手は、猫背の体から随分と離れた所で、上下の大きな拳で数珠の輪を一つ、また一つと送り、心の奥で念仏をとなえる重源坐像の中心部を作っている。ここから再び重源の顔を見上げると、上まぶたの下がる左眼は、虚ろというよりもむしろ静かにみずからを内省しているかのような印象を与え始める。重源の左右不均衡な目は、錯綜した現実を見つめつつも、その現実の判断においては、阿弥陀仏の前で念仏とともに行ってきたことを示すのであり、固く結ばれた口もとは、なるほど意志の力の強さを示すが、しかしそれはいかなる逆境に巡りあおうとも、彼の判断、彼の決心が阿弥陀仏の前でなされたがゆえに、どこまでもそれを貫かざるをえない、という意志の強さ（使命感）なのであって、おそらく作者の運慶は、そこに東大寺再建という大事業をやり遂げた重源の心のありかを見たのだろう。

運慶にかぎらず、慶派の人びとは、人間を主意主義的にとらえようとした。意志がいかなる方向性をたどろうとするのか、意志の力のかぎりなき可能性、それは新しい時代における人間の探究であったし、写実主義はその慶派の探究方法であった。それでは、こうした人間探究に対して、神およびほとけはどのようにつかみなおされたのだろうか。東大寺再建との関連にしぼり、快慶の作品についてのみ触れておきたい。

『奈良六大寺大観　東大寺三』には、南大門仁王像以外に、快慶の円熟期の作品三点、いずれも東大寺所蔵のものが紹介されている。その一つは東大寺の鎮守八幡宮に安置された僧形八幡神坐像である。もう一つは、現在、東大寺俊乗堂にある阿弥陀如来立像、そして最後に東大寺公慶堂所在の地蔵菩薩立像である。

八幡神坐像は、神護寺にある八幡神の画像の「忠実な写し」であり、「神護寺画像に細部にいたるまで非常によく似ている」といわれている。(86) また、来迎印《らいごういん》を結ぶ阿弥陀如来立像や、右手に錫杖《しゃくじょう》、左手に宝珠を持つ地蔵菩薩立像が、勝手な造形ではなく厳密に型を定められた類型的立像であることはいうまでもないが、それにもかかわらずこれら三点の作品には、作者快慶の特徴が現れている。

第一に、身体の造形と頭部表情の緊張感について指摘したい。

八幡神像は、端正に着こんだ僧衣を通じて壮年期のしっかりした骨格や、胸幅の厚さを感じさせる。頭部や肩、腕なども写実的で生きた人間そのもののようだ。顔も知的にすっきりした人間の顔である。が、しかし、どうしたことか表情が感じられない。両目じりと、その上の額の端に左右対称の皺があり、ほほの部分にも軽い窪みがかすかな皺を作り出しているのだが、しかしそれは表情になりきらない。同じようなことは地蔵菩薩や阿弥陀如来についてもいえる。平安時代の如来像は、その優美な印象を強めるために、偏平ともいえるほど胸の厚みをうすくして、「存在《マッス》」そのものに随伴する圧力を減じようとする傾向にあるが、それに対して慶派に属する快慶は如来および菩薩の上半身の量感を回復させ、人間的に生き生きとさせる。それにもかかわらずこれらの諸像は感情を表す表情を失っていて、その結果不思議な精神的緊迫性を帯びてくる。神、菩薩、如来、いずれも生きた身体性を取りもどしながら、同時に、この順序で次第に超越性を深めてゆく。

第二に、この三つの作品に共通して現れる特徴は、誤解を怖れずにいえば、絵画性という性格である。それはむろん、たとえば八幡神像が画像を忠実に写しとった、というような意味ではない。

快慶の作品は、慶派に共通する徹底した写実性をもっているので、身体を描く場合、立体的彫刻的にならざるをえないが、それにもかかわらず、神、菩薩、如来の場合、つまり人間を超越した存在の場合、可能なかぎり絵画化している。三者はいずれも正面向きで不動である。動的なもののもつ騒がしさをかき消して、静謐さを現している。こうした点は快慶だけの特徴ではなく、そもそも仏像彫刻そのものの特徴である。けれども快慶の場合には、厳格な正面像の造型において、生きた身体性を取りもどしつつも、平面的図形に線的描写を徹底することで、現実の低俗性を超越する理知の美を実現する。たとえば菩薩像は、流れるような僧衣の衣紋が美しく彫出されているが、その衣紋は決して現実そのままの写実ではなく、知的に整理されている。それは側面についても言えることだが、特に正面の衣紋は、さざ波が上から下へ次第に波紋を広げてゆき、いわば法則的な美しさを創っている。その点は如来像の場合、意識的に徹底化される。流麗な衣紋は、肩や腕の身体的感触を表しつつ、やがて幾何学的文様に整理された下方へとつらなってゆく。

快慶において、神、菩薩、如来は、身体を取りもどし生きた存在となったが、しかしその表情には人間的情感への通路がなかった。快慶は、これら三者の造型のなかで絵画的な美、つまり理知の美を実現し、この美のイデアの感得をこそ、神への、あるいは菩薩や如来への通路とした。これらの諸像があざやかな色彩によって色どられていることは特徴的である。快慶でなければ、こうした強い色彩は低俗性を醸し出す危険性がある。いずれにしても快慶は、人間を主意主義的にとらえる慶派の立場に立って、人間ならざる神、そしてほとけを、生きた理知的存在としてとらえた。彼はそれらの存在への通路を理知的な美に求めたのである。

第六節　栄　西

一　重源と栄西

建仁三年（一二〇三年）十月、東大寺南大門仁王像が完成すると、その翌月、十一月、東大寺総供養が行われた。それから三年後、建永元年六月、重源は示寂した。八十六歳だった。

『千光祖師年譜』によれば、重源は示寂に際して、栄西を請じて菩薩戒を受けた。その年の九月、栄西は造東大寺大勧進職についた(88)。おそらく重源の推薦による補任だっただろう。重源と栄西はずっと以前からの知り合いで、どこか不思議に共通したところがある。

栄西は備中（岡山県）吉備津の神官の子として生まれたが、十四歳で出家して比叡山で受戒、十六歳のとき保元の乱、十九歳のとき平治の乱を経験している。それから九年後の仁安三年二十八歳のとき、博多から渡海して入宋、その時、前年から入宋していた重源に出会い、ともに天台山に参詣、その後阿育王山にも参詣して、その年の九月、五か月間にわたる在宋期間を経て重源といっしょに帰朝した。『年譜』はその在宋期間について「処々歴遊、霊応多し」と伝えている。

重源と栄西に共通する第一点は、入宋の目的が長期にわたる学問や修行ではなく、宗教的霊感や宋仏教の生きた体験を求める聖地巡礼にあったことである。重源も栄西も日本仏教の再生を志していたのであろうが、その手がかりを、学問の問題としてではなく、宗教的体験の問題として考えて渡宋した。第二に、両者はいずれも、当時、日宋貿易にたずさわる平氏一門の経済的援助を受けて入宋したと思われるが、おそらくその関係もあって、狭い意味での仏教に限定されることなく、広く当時の宋文化に眼を開き、文物の輸入のみならず、のちに勧進活動を行う際に必要な知識を身につけてきた。さらにその勧進活動の性格についても、いわば国際性ともいうべき共通性がある。すでに見たように重源は、宋の阿育王山舎利殿の建立および修復のために周防国の材木を海を越えて送っているのであるが、同じように栄西も二度目の在宋中、天台山万年寺の三門・両廊を修造し、観音院、大慈寺、智者大師塔院を補修し、報恩寺内に覧衆亭を建て、さらに、天童山景徳寺の千仏閣修営のため、帰国後、商船に託して良材を送っている(89)。

ずっと以前に見たように、重源は東大寺の再建を国際的観点から追求して、意識的に宋の人と物とを再建過程に関与させてきた。その重源にとっては、同じく国際的スケールで勧進を行った視野と度量をもつ栄西こそ、彼の後継者として、造東大寺大勧進職につくことがふさわしいと思われたに違いない。

他方、この点もすでにふれたが、栄西の方から直接に東大寺にかかわりをもつのは、建久六年、頼朝の軍団の上洛を待って行われた大仏殿落慶供養のときである。栄西は、それ以前の二度目の在宋中、天台山の菩提樹を商船にゆだねて日本に送り、筑紫の香椎宮《かしいのみや》の境内に植えさせたのであるが、この年、東大寺に植え替えたのである。渡海がまれな時代に、しかもインドから中国に来た菩提樹が東大寺の境内に移植されたという出来事は、大きな感動をもって受けとめられたにちがいない。すでにこの時、栄西と鎌倉幕府との関係の下地ができたのかもしれないし、さらには公家と武家とを結ぶ東大寺の勧進職につく用意がなされたのかもしれない(90)。

しかし、一つの問題が残る。

栄西は、二度入宋しているが、文治三年から建久二年までの四年間にわたる二度目の在宋期間において、臨済宗黄《おう》龍《りゅう》派《は》の虚菴懐敞《きあんえしょう》から宋朝禅を受法し、帰国してから「日本禅宗の初祖」となった人である。その彼が、なぜ建久六年の大仏殿供養に際して菩提樹を送り、重源示寂後、造東大寺大勧進職についたのかという問題である。

東大寺総供養はすでに済んでおり、重源によって東大寺再建は完了しているので、栄西はいわば一つの名誉職として重源のあとを継いだ、という見方が時折現れるが、しかしそれは事実に即してはいない。

東大寺総供養は済んでいたけれども、なお堂舎等の再建の課題は残されていたし、何よりも栄西自身が、勧進職を名誉職的なものとしてではなく、真剣に果たすべき課題として受けとめていた。この事については、最近発見され、稲葉伸道氏によって翻刻された、きわめて貴重な栄西自筆の書状がある(91)。

「（端裏書）論念御房　栄西」
依物惣、御返事不委申、以外懈怠候歟、来六日
令参候へハ、面前可申候也、且路次落散事候
歟とて、存略候了、委細被仰下候条、本意別□
今日水無瀬殿へ細々申候了、定　勅答候歟、
六日可申候也、講堂・三面僧坊事、設被
□掌十箇国トモ誰人造候哉、故上人（重源）
雖無智、以不婬之戒力、此程まて作候了、
栄西又以不婬梵行之戒力こそ作候、
材木のあれハ米のあれハとて、無冥加て
造事ハ不候也、返々不便事候歟、謹言、
九月二日　栄西
論念御房

宛名の論念房は稲葉氏によれば東大寺の僧である。手紙前半部分の詳しい背景はよく分からない。後半の冒頭に出てくる「講堂・三面僧坊」は、大仏殿四面廻廊の完成以後、次に何を造営すべきかをめぐって、重源と東大寺僧との間に対立をひき起こしたところのものである。すなわち重源が仏舎利を納めて「仏《ほとけ》」を体現する七重の塔を再建しようとした時、東大寺僧は教学振興のかなめとしての講堂および学僧常住の場としての三面僧坊の造営を強く求めたことがあった[92]。

今、栄西は勧進職としてこの「講堂・三面僧坊」の再建に向かって気迫を込めた決意を示している。その際、「故上人、無智と雖も不婬の戒力を以って此程まで作り候おはんぬ、栄西また不婬梵行の戒力を以ってこそ作り候」という一文は、栄西と重源の精神的なきずなの深さを物語っていて興味深い。

いずれにしても栄西は、東大寺再建に真心を込めて重源のあとをひき継いだ。最初の問題が再び現れる。「日本禅宗の初祖」にとって東大寺再建はどのような意味をもっていたのか。あるいは問題の提出の仕方を変えていえば、東大寺は三論および華厳の二宗を中心としつつも「八宗兼学」の場であるにもかかわらず、禅宗を独立した一宗、第九の宗として、別宗として立てようとする栄西が、なぜ東大寺再建におもむくのか、という問題である。このことは根本的には、栄西にとって禅宗がもっていた意味、とりわけ日本仏教全体に対してもった意味の問題である。したがって、栄西と東大寺との関連を考える前提として、彼の主著である『興禅護国論』の思想について検討を加えてみたい[93]。

二　『興禅護国論』の思想

禅を興《おこ》すことがなぜ護国となるのだろうか。

栄西の第一回渡宋は、禅を学ぶためではなかった。第二回の渡宋も、禅を学ぶためではなく、第一回の場合と同じく聖地巡礼のためだった。しかも今回はインドの聖地巡礼のために海を渡ったのだった。

> 日本文治三年……春三月、郷《くに》を辞し、諸宗の血脈、ならびに西域の方誌〔地理書〕を帯《たい》して、宋朝に至る。初め、行在《あんざい》臨案府〔首都杭州〕に到って、安撫侍郎《あんぶじろう》〔長官〕に謁し、西乾《せいけん》〔インド〕経遊《けいゆう》の情を覆《ふく》す（第五門四頁）

文治三年は、栄西四十七歳、壇ノ浦での平氏滅亡から二年後である。

栄西が釈迦の聖地インドまで巡礼しようとしたことは、これまで見てきたように西行が日本精神の再生を求めて神代にまで思いを回帰させたり、あるいは慶派の仏師たちが一度古典彫刻に回帰した上で新しい造型の世界を切り開こうとしたことなどと、ある共通性をもっている。それは転換期であるこの時代に対する危機意識の深さである。栄西は、日本仏教は絶え果てたというほとんど絶望的な危機意識をいだいて、仏教の原点に向かって空間的に回帰しようとした。ほぼ同じ頃、解脱上人貞慶の場合のように、釈迦への強い思慕と回帰をめざす精神的復古運動が現れており、高山寺の明恵とその若い仲間たちも釈迦の遺跡を慕うインド巡礼の具体的な計画を立てている。貞慶は重源と精神的に近い関係にあり、また明恵は華厳宗の人であり、貞慶とともに法然の専修念仏の立場と激しく対決した。つまり以上のような人たちは、東大寺再建を共通の課題とする日本型ルネッサンスとも呼ぶべき精神運動に属する人たちなのであり、栄西はその先駆者なのである。

さて、渡宋後、栄西は行政長官にインド巡礼を申請したが、旅行許可証はついに与えられず「独り想ひを竺天〔インド〕に労す」という状態であったが、やがて天台山万年禅寺に登り、虚菴懐敞《きあんえしょう》禅師に師事して、臨済禅の宗風を継いで帰国した。したがって禅への帰依は、インドへ行けなかった結果だったのであり、いわば偶然なのだが、しかしむろん彼が選んだことでもあったわけで、この二つのつながりはどうなっているのだろうか。

栄西は二度の渡宋において聖地巡礼を企図していたが、それは「仏法はすでに絶して懈怠《けたい》する」という日本仏教の病理の克服を求めてのことだった。そしてこの病理は、栄西の眼には言葉・文字による仏教の形骸化の所産として映った。だから彼は言葉・文字による学知ではなく、聖地巡礼による生きた体験を求めた。その彼が、インド巡礼という壮大な計画を放棄せざるをえなかった時、禅宗へ向かったことにはそれなりの必然性があった。一つには、インド巡礼のかわりに別の地への巡礼を構想する、という気にはなれなかったからである。栄西は自分の志をみずから矮小化するような人間ではない。他方、禅宗は言葉・文字を捨てて仏教の真髄に迫る方法だったので彼をひきつけた。そして、虚菴懐敞《きあんえしょう》に会いに行ったのだが、実際に会った時、それは運命的な出会いとなった。言葉・文字ではなく、虚菴懐敞という生きた人間に出会って、栄西はその後の生涯の方向を決定したのだった。

『興禅護国論』のなかには、言葉・文字の仏教を拒絶する経典からの引用が頻出する。「悉《ことごと》く一切諸の語言の道を断じて……」（仏蔵経）、「言語有ること無きを、名づけて仏法とす」（大般若経）、「言をもって宣《の》ぶべからず」（法華経）、「文に執して……得ること無かれ」（天台止観）等々。

言葉・文字の仏教は、仏教を形骸化し、さらには、本来の仏教、真実の仏教を転倒させる。栄西は「仏教の本意」を次のようなものとして示す。

法華に云く、
如来の出でたまふ所以《ゆえん》は、仏慧《ぶつえ》を説かんがための故なり
また云く、
今、応《まさ》に作《な》すべきところは、唯だ仏の智慧のみ
と。凡《およ》そ如来出世の本意は、これ衆生をして邪見《じゃけん》を破《は》し、大般若無諍《むじょう》の心に住せしめんがためなり。天台宗の止観に云く、
如来の教門は、人に無諍の法を示す。消《しょう》するものは甘露《かんろ》と成り、消せざるものは毒薬と成る
弘決に云く、
如来より下《しも》は、仏教の本意、人に無諍を示す。諍は人の過《とが》なり、何ぞ法の非に関《かか》はらん。今、人に無諍の法を示さんと欲す、故に摩訶般若波羅蜜《まかはんにゃはらみつ》を説く。乃至《ないし》、今はすなわち通じて、仏法は大小みな本より人に無諍の法を示すをもつての故なり（第三門二一二―三頁）

栄西にとって、如来がこの世に現れ出たのは、衆生を「無諍《むじょう》の心」（争いを超えた心）に住まわせしめるためであったし、「仏の知恵」も「仏教の本意」も「無諍の心」「無諍の法」にほかならなかった。それにもかかわらず、言葉・文字の仏教は、「戯《け》論」「諍論」つまり争いを生むばかりである。

栄西は、十代の後半に保元の乱、平治の乱を経験し、その後、第二回の入宋の直前までの時期、後白河院政下の政変や、なかんずく源平の軍事闘争を経験してきた。栄西の故郷の地、備前・備中は、平氏勢力の強い地域だったので

源平の戦いがもっとも激しく行われた地域でもあった。こうした時代の人である栄西が、仏教の根本を「無諍の心」に置いたことは当然でもあっただろう。この時代の戦乱を、仏教とは無縁な世俗の事柄として見るのではなく、仏教が本来の力、生きた生命力を失った結果として見るのであれば、仏教の本来の力を、衆生のなかに「無諍の心」をつくり出す力として考えざるをえない。実際、彼はそのように考えたのである。『興禅護国論』という書名には、禅を興すことが仏教の再生につながり「無諍の心」・国家の平安を実現する、という意味が込められている。

けれども、それではなぜ、禅のみが仏教を再生して「無諍の心」を実現するといえるのか。一つには、すでに見たように、禅は争いを生む言葉・文字を離れるからであるが、それと同時に心を直接的につくりかえるからである。

この禅宗は不立文字・教外別伝なり。経文に滞《とどこお》らず、只だ心印を伝ふ。文字を離れ、言語を亡じて、直《じき》に心源《しんげん》を指《ゆび》きしてもつて成仏せしむ（第六門五六頁）

言葉・文字という媒介者から離れて、直接に「心源」に向かい、「成仏」つまり心をほとけとする。

禅宗は文字の相を離れ、心縁の相を離れ、不可思議にして、畢竟《ひっきょう》不可得なり（第七門六二頁）

言葉で語ることができるのはここまでである。あとは禅という実践のなかで「心縁の相を離れ」「心意識を離れて」さとりにいたる以外にはない。しかしまさにこの禅の実践のなかで大きな錯誤に陥る危険性がある。文字を捨て去り、諸法は無という空観の立場に立っているので、道徳的な意味でのニヒリズムや、自分を勝手にほとけとみなすような「増上慢」（自己絶対化）に陥る危険である。『興禅護国論』にはこの点についての経典からの引用が多い。「空見をもつて増上慢を起すこと莫《なか》れ」（宝雲経）、「もし観心の人、即心にして是《ぜ》なり、己《おのれ》すなはち仏に均《ひと》しと謂《い》ひて、都《すべ》て経論を尋ねずんば、増上慢に堕せん」（玄義）。

栄西がこうした禅の陥穽《かんせい》を指摘するのは、当時の達磨宗《だるま》と呼ばれた禅宗と、彼の禅宗とをはっきり区別するためである。

問うて曰く、「或る人、妄《みだり》に禅宗を称して名づけて達磨宗と曰ふ。しかしてみづから云く、行無く修無し、本より煩悩無く、元よりこれ菩提なり。この故に事戒を用ひず、事行を用ひず、只応《まさ》に偃臥《えんが》を用ふべし。何ぞ念仏《ねんぶつ》を修《しゅ》し、舎利《しゃり》を供《く》し、長斎節食《ちょうさいせつじき》することを労せんや、と云云と。この義、如何」。

答へて曰く、「其《か》の、悪として造《つく》らざること無きの類《たぐい》なり。聖教の中に空見と言へるもののごとき、これなり。この人と共に語り、同座《どうざ》すべからず、応《まさ》に百由旬《ひゃくゆじゅん》を避くべし。

（第三門四一頁）

栄西の禅は、達磨宗の禅とは違って、徹底的に戒律を重視する立場に立つ。実に『興禅護国論』は、最初の第一門に「令《しょう》法《ぼう》久《く》住《じゅう》門《もん》」（法を久住せしむるの門）を置き、仏法の根底をなすものが戒律であることを諸経典によって明示し、「この宗は戒をもつて初《はじめ》とし、禅をもつて究《おわり》とす」という栄西の立場を指し示すのである。

禅の実践が、無道徳主義（ニヒリズム）や自己絶対化に転落せずに、「無諍の心」にゆきつくためには、たえず戒律によって外形を規制しておく必要がある。それが栄西の立場である。そして彼はこの禅宗を、「宣下」ないし「勅許」によって、これまでの日本仏教の八宗に対して、第九の別宗として立てることを求めた。『興禅護国論』執筆の直接的な動機もここにあった。その際の問題点を二点に分けて考えてみよう。まず、彼はなぜ「勅許」を必要とするのだろうか。

ある人が、

念仏三昧《ねんぶつざんまい》は、勅無しといへども天下に流《る》行《ぎょう》する。禅宗、何ぞかならずしも勅を望まん

と問うのに対して、栄西は、

仏法はみな国王に付属す。故にかならず応《まさ》に勅に依って流通すべし（第三門四四頁）

と答えている。

栄西は、国王は仏法の擁護者たるべし、という理念に立っているわけだが、そうした理念の背景には、先に見たように、「仏教の本意」を「無諍の法」に置き、この点を基軸にして、王法と仏法とが重なりあい、相互に寄与しあうという考えがある。国王にとって仏教は護国の精神的なかなめとなるはずのものであり、仏教にとって国王は仏法の擁護者となるべきはずの者である。

次に、なぜ栄西は、禅宗を他の八宗とは別に、独立した一宗として立てようとするのだろうか、という問題に移ろう。

ある人が、

禅は諸宗通用の法なり。何ぞ別宗を建立するや

と問うのに対して、栄西は、

通用の法をもって別称を立す。また、一法をもつて両分と為《な》す。その例は一ならず。いはゆる律儀は通用の法とすといへども、しかも今、律宗を立するか。……何《いか》に況んや、禅宗は諸教の極理、仏法の総府なるをや。別に一宗を立すること、妨げ無からんか（第三門二八頁）

と答えている。

栄西の主張は明確である。諸宗はそれぞれ「律儀」を実践しているけれども、戒律の重要性ゆえに、「律宗」という独立した宗がある。それと同じように、諸宗はそれぞれ禅を行っているけれども、禅の重要性ゆえに、禅宗を独立した一宗として立てるべきなのだ、というのである。この主張の仕方から分かることは、栄西が他宗を決して否定してはいないということである。「禅宗は諸教の極理、仏法の総府」なのだが、栄西は禅宗のみ、と言っているわけではない。彼が言いたいことはこうである。他の諸宗は、それぞれ修行の道として禅をもっているが、それをもっと重要視して力を注げば、本来の目的に至ることができる、そのことを指し示すためにも、禅宗を一宗として立てるべきである、と。さらに栄西は禅宗を独立させて、禅の指導者を養成することをも考えていたのだろう。「淮北・河北にむかし狂人有り、僅《わずか》に禅法の殊勝《しゅしょう》なるを聞いて、その作法を知らず。只だ自恣《じし》に坐禅して、事理《じり》の行を廃し、もって邪網《じゃもう》に繋《かか》るの人なり」（第三門四三頁）

栄西は他の八宗を否定しようとしていたのではなく、反対に禅の意義を高らかにかかげ、八宗それぞれが内にふくむ禅の、これまでにない徹底した実践を呼びかけて、八宗の再生を実現しようとしていた。それゆえに栄西は、禅の意義を強調しつつも、それ以外の修行の道や学問を否定するのではない。むしろそれらを生かす道として禅がある。

> 庶幾《ねが》はくは、末代の学者、該《ひろ》く八蔵（すべての経典）を学し、兼ねて万行を修して、偏心《へんしん》に惑はさるること莫《な》く、この禅宗の力をもって、応に重罪を滅すべし（第六門六一頁）
>
> 八宗の行処は区別すといへども、証位に至るにはかならず応に禅を用ふべし（第九門九三頁）

『興禅護国論』は建久九年の作であるが、それから六年後、『日本仏法中興願文』および『斎戒勧進文』が著《しる》されている。このことについて、古田紹欽氏は、「栄西が矢つぎ早にこの二つの文を著したことは、実は栄西の思想に一大転機があってのことではなかろうか」と推測し、以下のように述べている。

『興禅護国論』を撰して、禅の一宗の独立を標榜はしたものの、その独立が旧仏教の統制下にあっては、いかに困難なものであったかを痛感した栄西は、禅をもって仏法の総府であるとした思想を一転して、総府としての仏法こそ宗派に超越してあるべきであるとし、しかもそれは、日本仏法であるべきであるとし、日本的ともいうべき、その綜合仏教を唱えた。(94)

『興禅護国論』の禅一宗独立に関するこのような解釈は、根本的に誤っていると思う。こうした解釈は、栄西の思想と立場とを、法然の専修念仏の思想と立場から類推して理解しようとした結果である。なぜならば、禅と念仏の違いはあるものの、吉田氏の解釈は、禅一宗独立を他宗への拒否、禅を他行の否定という面でとらえているからであり、栄西における禅が他宗、他行にいのちを吹き込むためのものであった、という他との肯定的関連が見失われているからである。

法然をいわば宗教改革者型の精神であるとすれば、栄西は、いわば日本ルネッサンス型の精神であり、両者は少なくとも次の二点において原理的に異なっている。

第一に、栄西における興禅は、法然的な意味での専修禅の主張ではなく、最初から「通仏教的な仏教復興」を意図するものだったという点である。栄西は両手で耳をふさいでただひたすらわが救いの道をゆく、というふうな人ではなく、彼がめざしているものは日本仏教全体の再生であり、そのことへの関連をぬきにしては禅それ自体が意味を失う。おそらく以上のことと深くかかわりをもつのであろうが、第二点として、栄西禅の、「無諍の心」をめざす護国の思想は、宗教的救済の道を貫くことによって政治から宗教を純化する法然の宗教改革者型精神とは原理的に異なっている、ということ。栄西は、禅によって日本仏教全体をよみがえらせ、そうすることでまた国家の平安の回復も構想する。そうした使命をいだく栄西にとって、戒の重視は必然的であった。栄西の徒は、禅による自己の心の救済ばかりではなく、他を導き、他に規律を与える者でなければならない。こうした点においても、栄西禅は、鎌倉幕府首脳部の帰依を受けるべき性格をもっていた。それに対して、宗教改革者型精神は、戒律という外面的規制を宗教的救済にとって本質的なこととはみなさない。

三　栄西における東大寺復興の意味

『興禅護国論』の思想的な特徴を略説したので、ここで最初の問題にもどり、栄西における東大寺復興の意味について少々考察を加え、整理しておきたい。

まず第一に、これまで見てきた『興禅護国論』の思想的特徴それ自体が、栄西と東大寺との結びつきの理由を物語っている。すなわち、栄西の禅一宗は、他の八宗を否定するものではなくて、反対にそれらを活性化しようとするものであったから、八宗兼学の場であり日本仏教全体を代表する東大寺は、栄西にとってもっとも重要な寺院であり、重源のあとを継いでその再建に挺進することは栄西の思想や立場と何ら矛盾するものをもたない。むしろ反対に、何か一つへの専修的な立場ではなく、日本仏教全体の再生をめざすかぎり、東大寺復興はもっとも重要な課題の一つである。栄西は大仏殿落慶供養に菩提樹を送った時から、このことを自覚していた。

ところで、その菩提樹のことだが、これは釈迦の聖地インド、宋国天台山、そして日本の東大寺、それらを結ぶ象徴としての意味をもっている。それは栄西の視野が世界的な広がりをもち、その中で世界と日本を結ぶ拠点として東大寺がとらえられていることを意味する。ひょっとして栄西は、日本仏教の再生ばかりではなく、そのことを通じてアジア仏教の再生までをも考えたのかもしれない。ちょうど宋の寺院修復のために日本から材木を送ったように。

栄西は第二回入宋の際、仏教の原点たる聖地インドへ行こうとしたのであったが、それは彼の現実的視野が日宋を越えてインドに及ぶものであったことを示す。そしてまさにこの視野から栄西は日本仏教を見つめる。『興禅護国論』

は、大般若経から次の文章を三度、引用しているのであるが、根本内容は同一だけれども一部文言が異なっており、明らかに栄西は暗記にもとづいて引用している。そのことは、それだけこの経典の一文が彼にとって重要だったことを示している。それは次の文である。

舎利子よ、我が涅槃《ねはん》ののち、後時後分の後五百歳に、甚深《じんしん》般若相応の経典、東北方において大いに仏事を為《な》さん。何をもっての故に。一切如来のともに尊重したまふところ、ともに護念したまふところなれば、彼の方において久しきを経て滅せざらしめん（第一門一三頁、第三門一七頁、第九門九〇頁）

仏滅後五百年、つまり栄西の今、東北方において仏教は再生するという予言であるが、『興禅護国論』はこのことに関して、「先の大般若経に東北方と説くは、これ震旦《しんたん》・高麗・日本なり」（第三門一九頁）、「東北方とは、日本国これなり」（第九門九一頁）と、解釈を加えている。

こうした栄西の視野からすれば、東大寺は八宗兼学の場として日本仏教全体を代表するとともに、重源の場合と同じように、日本仏教がアジア全体と結びつく拠点として、その国際的性格ゆえに、他にはない重要性をもっていたといえよう。東大寺再建は、東アジアの仏教文化全体の発展に寄与するものと考えられていたと思われる。

最後にもう一点のみつけ加えておきたい。栄西の禅は、達磨宗の禅とは違って、戒律を重要視するものだった。この持戒の前提としていうまでもなく受戒がなければならないが、東大寺はこの受戒が行われるべき場であるから、栄西にとって他の寺院とは異なる重要さをもつことは当然だった。すでに見たように、建久五年、大仏殿供養の一年前、頼朝は小山朝政や千葉常胤などに戒壇院の「営作」を催促しており、建久八年には重源によって戒壇院金堂が造立されたが、栄西の時になって金堂の廻廊と中門が増築され、さらに栄西示寂後、彼の高弟行勇が大勧進職を継承し、戒壇院の講堂ならびに東西廻廊を完成させた。(95)

注

本章で用いる基本文献ないしその略称をまずかかげておきたい。
『史料集成』　小林剛編『俊乗房重源資料集成』吉川弘文館、一九六五年
『玉葉』　高橋貞一『訓読玉葉』高科書店、一九八八－九〇年
『吾妻鏡』　貴志正造訳注『全訳吾妻鏡』新人物往来社、一九七六年
『東大寺造立供養記』　大日本仏教全書第四九巻

(1) 河内祥輔『日本中世の朝廷・幕府体制』吉川弘文館、二〇〇七年、一九六頁。『吾妻鏡』治承四年四月九日
(2) 浅香年木『治承・寿永の内乱論序説』法政大学出版局、一九八一年、一七四－五頁、一九二－三頁
(3) 『玉葉』治承五年七月十三日
(4) 大日本仏教全書第八四巻所収
(5) 浅香、前掲書、二七七頁
(6) 菊池大樹『中世仏教の原形と展開』吉川弘文館、二〇〇七年、第二章「文治四年後白河院如法経供養記」について
(7) 『梁塵秘抄』新日本古典文学体系、岩波書店、一九九三年、一五六頁
(8) 『日本絵巻大成　四』中央公論社、一九七七年
(9) 五味文彦『絵巻で読む中世』ちくま新書、一九九四年、一四六頁
(10) 同上、一八〇頁
(11) 藤田経世、秋山光和『信貴山縁起絵巻』東京大学出版会、一九五七年、二四七－九頁
(12) 同上、八一頁
(13) 『日本絵巻大成　I』中央公論社、一九七七年「解説」一三三頁
(14) 『玉葉』元暦元年七月二十日
(15) 『玉葉』元暦二年八月二十八日
(16) 『玉葉』元暦二年八月二十九日

(17) 五味文彦『大仏再建』講談社、一九九五年、二八‐三三頁
(18) 市古貞次校注『方丈記』岩波文庫、一九八九年、二三‐四頁
(19) 安田元久『後白河上皇』吉川弘文館、一九八六年、四九‐五一頁
(20) 『資料集成』七一、九七頁
(21) 浅井和春、浅井京子『日本の古寺美術七、東大寺Ⅱ』保育社、一九八六年、三七‐八頁
(22) 『玉葉』元暦二年八月三十日
(23) 『資料集成』四八二‐四九五頁
(24) 大山喬平「俊乗房重源の非世俗的経済活動」、『大谷学報』七八‐一、一九九九年、一一頁
(25) 中尾堯『中世の勧進聖と舎利信仰』吉川弘文館、二〇〇一年、二五頁
(26) 生駒哲郎「中世の生身信仰と仏像の霊性」、中尾堯編『中世の寺院体制と社会』吉川弘文館、二〇〇二年、一一六頁
(27) 中尾堯編『日本の名僧六、旅の勧進聖』吉川弘文館、二〇〇四年、二七頁
(28) 『愚管抄第六』、『資料集成』六一頁
(29) 旧約聖書「エゼキエル書」三章一‐二節
(30) 坂井衡平『善光寺史　下』東京美術、一九六九年、六八二頁
(31) 同上、六七九頁、『資料集成』二二頁
(32) 『善光寺史　上』同上、四二一‐三頁
(33) 同上、一四‐五頁
(34) 『資料集成』五四頁
(35) 田中淡「大仏様建築―宋様の受容と変質」、ＧＢＳ実行委員会編『鎌倉期の東大寺復興』法蔵館、二〇〇七年所収、五九頁
(36) 『資料集成』三六頁
(37) 同上、一〇四頁
(38) 同上、一一二頁
(39) 同上、一一七頁

(40)『鎌倉遺文』八四七号。新井孝重「大仏再建期東大寺経済の構造」、鎌倉遺文研究会編『鎌倉時代の政治と経済』東京堂出版、一九九九年、三五六‐八頁、中尾編『日本の名僧六』前掲書、一八一‐三頁、大山喬平、前掲論文一六‐七頁
(41)芦田淳一「造瓦にみる鎌倉期の東大寺復興」、『南都仏教』八二号、二〇〇二年、一一六‐七頁
(42)市川秀之「狭山池の発掘調査」、『日本歴史』五八一号、一九九六年、一〇九頁
(43)佐藤亜聖「考古資料からみた重源上人の行動とその背景」、『南都仏教』八〇号、二〇〇一年
(44)目崎徳衛『西行の思想史的研究』吉川弘文館、一九七八年、三五三頁
(45)同上、一〇二‐三頁
(46)河合正治「伊勢神宮と武家社会」、萩原龍夫編『伊勢信仰Ⅰ』雄山閣出版、一九八五年、八三頁
(47)田村圓澄『伊勢神宮の成立』吉川弘文館、一九九六年、三〇五‐七頁
(48)久保田淳『山家集』岩波書店、一九八三年、二五九‐六〇頁
(49)河合正治、前掲書、八五頁
(50)梅田義彦『伊勢神宮の史的研究』雄山閣出版、一九七三年、一〇一‐二頁
(51)伊藤宏見『貪寒の美』角川書店、一九八二年、三七頁
(52)有吉保『西行』集英社、一九八五年、二〇九‐一〇頁
(53)中川昇一「『西行両宮歌合』私見」、『国語国文学研究』一四、一九五三年。有吉、同上、二〇二頁
(54)辻勝美「西行法師自歌合考」、『論集西行』笠間書房、一九九〇年、二四四‐五頁
(55)山田昭全『西行の和歌と仏教』明治書院、一九八七年、二四五‐七頁
(56)辻勝美、前掲論文、二五五頁
(57)久保田淳、前掲書、二六一頁
(58)有吉保、前掲書、六〇頁
(59)有吉保、前掲書、二一四‐五頁
(60)黒川高明『源頼朝文書の研究　史料編』吉川弘文館、一九八八年、七二一‐三頁
(61)同上二二〇頁。『吾妻鏡』元暦二年（文治元年）三月七日

(62)『吾妻鏡』文治三年三月四日
(63)黒川、前掲書、二六八－九頁
(64)黒川、前掲書、一〇八頁
(65)新井孝重「大仏再建期東大寺経済の構造」、鎌倉遺文研究会編『鎌倉時代の政治と経済』東京堂出版、一九九九年、三五二－三頁
(66)川合康『源平合戦の虚像を剥ぐ』講談社、一九九六年、一二八頁
(67)黒川、前掲書、七〇－一頁
(68)黒川、前掲書、一八八頁
(69)『愚管抄』岩波書店、日本古典文学体系、一九六七年、二八〇頁
(70)久野健『運慶の彫刻』平凡社、一九七四年、一〇七－八頁、一七一－二頁
(71)拙著『華厳宗沙門明恵の生涯』大学教育出版、二〇〇六年、一五一－二頁
(72)前島弘道『運慶　その人と芸術』吉川弘文館、二〇〇〇年、一一四－五頁
(73)毛利久『仏師快慶論』吉川弘文館、一九八七年、一三四頁
(74)田中嗣人『日本古代仏師の研究』吉川弘文館、一九八三年、二四九頁
(75)清水真澄「院政期における一仏師の生涯―仏師院覚」、京都国立博物館『院政期の仏像』岩波書店、一九九二年、所収
(76)林文雄『運慶　転形期の芸術家』新日本出版社、一九八〇年、二三五頁
(77)『奈良六大寺大観第十巻東大寺二』、解説、田辺三郎助「執金剛神立像」、岩波書店、一九六八年
(78)久野健、前掲書、一五三頁、『奈良六大寺大観第十一巻東大寺三』、解説、西川新次「金剛力士像」、岩波書店、一九七二年
(79)『史料集成』三三四－五頁
(80)『奈良六大寺大観第八巻興福寺二』岩波書店、一九六九－七九年、六－一一、七八－九三頁、解説、井上正「四天王立像」（東金堂）
(81)興福寺二、同上
(82)興福寺二、同上、西川杏太郎「四天王立像」（南円堂）
(83)興福寺二、同上、一八－二三、一二〇－一四三頁
(84)小林剛『肖像彫刻』吉川弘文館、一九六九年、七三頁

(85) 東大寺二、前掲書、水野敬三郎「俊乗上人坐像」
(86) 東大寺三、前掲書、西川新次「僧形八幡神坐像」
(87) 中野忠明『日本彫刻史論―様式の史的展開―』木耳社、一九七八年、八頁
(88) 『千光祖師年譜』、『大日本資料』第四編之十三、建保三年七月五日の条
(89) 水野恭一郎『武家社会の歴史像』国書刊行会、一九八三年、一四二頁
(90) 多賀宗準『栄西』吉川弘文館、一九六五年、九六‐七頁
(91) 稲葉伸道「大須観音宝生院真福寺文庫所蔵『因明三十三過記』紙背文書―栄西自筆書状の出現―」、『愛知県史研究』第七号、二〇〇三年三月
(92) 永村真「『南都仏教』再考」、GBS実行委員会編『鎌倉時代の東大寺復興』法蔵館、二〇〇七年所収、一二九頁
(93) 柳田聖山校注『興禅護国論』、日本思想体系『中世禅家の思想』所収、岩波書店、一九七二年
(94) 古田紹欽著作集第二巻「栄西研究」、講談社、一九八一年、一五二‐三頁
(95) 多賀、前掲書、五八頁

第三章　秀吉による大仏造立

はじめに

鎌倉時代の大仏再興以後、ほぼ四百年間、大仏を巡って特別なことはなく無事に経過したが、しかし永禄十年（一五六七年）十月、松永弾正久秀と三好三人衆との激烈な合戦のなかで東大寺は炎上し、大仏は原形をとどめないまでに融け崩れた。

翌年、永禄十一年、正親町《おおぎまち》天皇によって大仏再鋳の綸旨《りんし》が諸国に伝えられ、また東大寺の僧たちも復興に立ちあがり、それからほぼ二十年間「第一期修理」の時期がつづく。しかし、秀吉が権力を握り、京都の方広寺に別の大仏を造営するようになると、東大寺再建は長く中断してしまう(1)。

本章のテーマは、なぜ秀吉は、頼朝のように東大寺再建に寄与することなく、むしろそれを否定するかのように、別の大仏の造立を構想し、かつ実行したのか、その点の追求にある。秀吉の大仏殿は方広寺という寺院名であるが、これは華厳経の正式名に由来し、したがって東大寺を念頭に置いた上での命名であろうが、秀吉の大仏自身は資料上、盧舎那仏《るしゃなぶつ》と呼ばれたことはなく、ただ抽象的・一般的に大仏とのみ呼ばれるにすぎない。秀吉政権は華厳世界を打ち立てようとして大仏の造立を企てたのではない。一体なぜ、秀吉政権は、東大寺大仏再興ではなく、独自に大仏を造立しようとしたのか。この点を解明してゆけば、秀吉政権の政治・宗教政策の一面が明らかになるとともに、否定の形で、裏返しの形で、東大寺大仏が日本の歴史のなかでもってきた思想的な意味についても明らかにすることができるように思われる。東大寺大仏は秀吉政権にとって再興すべき存在ではなかった。一体東大寺大仏の何が彼らにとって都合が悪かったのだろうか。秀吉政権はいかなる大仏を欲していたのだろうか。

第一節　大仏構想の前史

天正十年（一五八二年）、本能寺の変があった。秀吉は山崎の合戦で光秀を破り、翌年には賤ヶ嶽《しずがたけ》で勝家をも破って加賀、越中を平定する。

その後、秀吉は信長の後継者たることを示すために、大徳寺で信長の葬儀を執り行い、それを機に信長の位牌《いはい》所として総見院を造営した。さらに秀吉は、大徳寺僧古渓宗陳《こけいそうちん》を住持とする国家的な規模の寺院天正寺の造営を構想し、実際に着手する。ところが、天正十三年後半頃に、天正寺の造営は中断され、やがて間もなく京都東山での方広寺大仏造営計画が現れて、天正十四年から着手される。したがって、秀吉の大仏造営構想を知るためには、まずは、なぜ天正寺の造営が中断されたのかという点について検討しておく必要があるが、この点については大桑斉氏の研究があり、その論文名も「天正寺の創建・中断から大仏造営へ」となっている。(2) したがってまず、この大桑論文の骨子を紹介しておきたい。

秀吉は、天正十二年九月初旬、信長位牌所（大徳寺総見院）を拡充発展させた新寺を構想し、古渓宗陳と議して太平山天正寺と命名した。十月には古渓宛の寺地を定めた寄進状が発行されている。この天正寺創建の目的は何だったのだろうか。

大桑氏は、天正寺敷地寄進状の発行の五か月前に、秀吉が比叡山再興の許可を発していることに着目し、これまで容易に再興許可を与えようとはしなかった秀吉が、天正十二年四月、長久手の役が起こると、一か月たらずして許可を与えたのは、かつての信長の政策を放棄して「この段階で宗教権威に政治樹立への庇護を求め」たからだ、と解釈する。というのも比叡山再興の許可状には「都鄙《とひ》静謐《せいひつ》、国家鎮護を思ふに依りて」という許可理由があるからである。「比叡山再興が旧主信長の政策を転換するものであったことはたしかである。とすれば、比叡山再興許可をもって秀吉は、独自の宗教政策に転じたとみなしてよい。それは宗教を国家鎮護の方向に再編成することであった」。したがって、天正寺は、この宗教政策の転換にもとづき、かつての諸寺院の復興がなされてゆく際、「旧宗教的権威を総括する新しい国家的な宗教権威」の担い手として構想された。そして翌年、天正十三年三月、秀吉が根来《ねごろ》・雑《さい》賀《か》一揆を制圧した際、焼失をまぬがれた根来大伝法院本堂は、天正寺造営のため古渓の手によって解体が進められた。ところが、驚くべきことに、三か月ないし四か月後、解体作業は終わったのだが、その材質は天正寺ではなく、堺の海会寺復興のために古渓によって転用されることになったのである。天正寺の造営は放棄され、「天正十三年後半以降、天正寺関係の資料は見出せなくなる」。

天正十四年には方広寺大仏創建が着手されたので、この方向へ政策を切りかえるため天正寺造営が中断されたのである。しかしこの政策の切りかえは、古渓と秀吉との関係が悪化したからというわけではない。堺の海会寺復興は古渓自身の希望であったらしいし、また秀吉も海会寺に「寺領三十石の朱印状」を与えてもいるからである。それにもかかわらず、天正寺造営が中断されたのはなぜなのだろうか。大桑氏はその理由として、古渓には「秀吉の新しい宗教政策のブレーンとなるべき要素」がなかったからだ、としている。「天正寺造営をゆだねてはみたものの、秀吉は心の中では、古渓に己の新しい宗教政策を推進するだけの思想的なものがないことを感じとっていたのであろう。天正寺造営中止の根本的理由をここに求めたいのである」。

大桑氏のこうした見方は、天正寺造営の時点ですでに秀吉は「新しい宗教政策」を構想していたという点に立っており、天正寺造営を中断させて「新しい宗教政策」としての大仏造営構想が現れたという連関を無視している。それゆえ、古渓の天正寺構想とは異質な、大仏造立構想の推進主体の探究が十分には行われていないし、また大仏造立の目的に関しても、復興後の諸寺院・諸宗派の統制および「民衆の宗教支配」という一般的解釈にとどまっている。天正寺造営を中断させて現れてきた大仏造立構想がはたしてそれだけのものであったかどうか、検討する余地が十分にある。

当然、こうした検討の出発点は、大仏造立構想の担い手を探すことにあるだろう。誰が古渓にかわって宗教政策の推進者となったのだろうか。

大仏造営に関する初期の資料で、年紀を欠いているが、施薬院全宗《やくいんぜんそう》が興山上人（木食応其《もくじきおうご》）宛に秀吉の意向を伝えた書簡がある。

> 態《わざわざ》飛脚を以て申し候、仍《すなわち》大仏の儀、仰付けらるべき候の間、早々御上洛候へと、御諚《ごじょう》に候、急の御越《おこし》待ち奉り候、面上を期して申し入るべく候の間、具《つぶさ》には態《あた》はず候、恐惶謹言　正月十一日(3)

『高野春秋編年輯録』の天正十四年十二月の条には、「応其上人（又、興山と号す）大仏殿造営監護の仁を司掌す」とあり、その際、木食興山上人の号称を褒賞としてあたえられたという。(4) したがって右の全宗の書簡は天正十五年正月のものかもしれない。

いずれにせよ、古渓の天正寺造営にかわって、全宗《ぜんそう》および応其《おうご》の大仏構想が現れてきたのであるが、この二人の関係は、全宗が秀吉の側近として宗教政策の中心に位置し、応其が大仏殿造営を実施する現実的な総責任者というものだった。この点は、応其が大仏造営の奉行人と思われる右京・公文所の三名に宛てた「大仏殿御造営覚書」にうかがえる。[5] この覚書は大仏殿普請の準備が整ったことを伝えるもので、潤正月八日とのみあり年紀を欠くが、おそらく天正十六年ではないかと思われる。この中で応其は、大仏殿普請にあたって具体的な指示を与えているのであるが、その際、たびたび、施薬院全宗の意向を確かめるように指示しており、「薬院へうかがひ候て……」とか、「上様、治定いつごろおはり〔尾張〕へ御なりにて候や、是又薬院へ御意得べき候の事」とか、その他のことでも「猶以て薬院は御意得べく候の事」、「薬院へノ書状遣はすべく候、それニつき、随分やくいんの御ひまをうかがひ、何事も〱御意得べき候の事」などと述べている。施薬院全宗が、「上様」（秀吉）の側近として、大仏殿造営に関して適切な段取りを設定できる立場にいたことが分かる。

おそらく全宗こそが、秀吉政権の内部にあって、天正寺造営の中断、代わりに大仏殿の造営、という政策転換の中心に立った人物であろう。むろん、小牧・長久手の戦いを契機とする秀吉の政策体系の方向性の転換は、宗教政策にかぎらぬものだったから、大仏造営構想の中心に全宗がいたとしても、とりわけ政治・軍事における秀吉政権の構想の枠内においてのことであり、全宗はいわば宗教部門の担当者だったということであろう。しかしそうした側近の一人である全宗とは、そもそもどのような人物だったのだろうか。簡単に彼の経歴を紹介しておきたい。

全宗は比叡山の天台僧であったが、四十四歳の年に、信長による比叡山焼討ちにあい、京都に逃れて一時還俗《げんぞく》し、医薬に従事した。詳細はよく分からないが、『続日本高僧伝』の「江州延暦寺沙門全宗伝」によれば、俗に還り医を業とし、豊臣秀吉とは旧識だった。京都に病疫が起きた時、百日にわたり薬を施し、「起死回生の輩」は数えきれなかった。その後、僧籍に復し、「薬樹院に住して、ひそかに叡岳《えいがく》再興を以て懐となす」、とある。[6]

すでにふれたように、小牧・長久手の戦いの直後、秀吉は比叡山再興の許可を与えて信長の寺院政策を転換し始めた。その際、全宗が大きな役割を果たしたことは確かで、この時から全宗と秀吉との緊密な関係が生まれた。ところが注意すべきことには、秀吉は比叡山の再興許可を与えたものの、堂宇を焼失し寺領を失っていた比叡山に対して、ほとんど見るべき経済的援助を与えていない。実際、比叡山の堂舎再建は、五十数年後の徳川三代将軍家光の援助によってようやく完成したといわれている(7)。

秀吉は、朝廷を通じて、天正十三年に伊達政宗および徳川家康に延暦寺根本中堂戒壇院への奉加を命じているが(8)、みずからはいわば私寺にすぎぬ比叡山ではなくて、国家的な寺院としての大仏殿造営に力を注いでゆき、施薬院全宗も片足を比叡山に置きつつも秀吉政権の全国家的なレベルでの宗教政策顧問というべき地位につき、大仏構想を担ったのである。

全宗と連繋して大仏殿造営の実施監督を担ったのが木食応其《もくじきおうご》である。応其に関してはすでに辻善之助氏の研究に詳しいので、ここでは必要な点のみ略記しておきたい(9)。

秀吉は、天正十二年、小牧・長久手の戦いで戦局が膠着《こうちゃく》し和睦すると、翌天正十三年、紀州の根来衆と雑賀一揆を滅ぼし、ただちに高野山に向かった。高野山には、根来・雑賀衆および四国の長宗我部氏と結んで、小牧・長久手の戦いの際、秀吉を背後から襲おうとする勢力があったからである。けれども秀吉は高野山を根来寺のように壊滅させようとはせず、武装解除による全面的降服を要求した。その際、木食応其が高野山をとりまとめて秀吉の要求を受け入れさせ、根来寺の全山焼滅のごとき運命をまぬがれさせたのだった。この出来事をきっかけにして、応其は秀吉と高野山とをつなぐパイプ役を果たすようになったのであるが、むろんそれは上から下への媒介者としてのパイプ役だった。その点を明示する資料が応其自身の覚書として残されており、すでに辻善之助氏によって紹介されている。その覚書は、「太閤様御雑談之趣、木食記録之一札」という表題が付され、天正十四年七月二十八日付で、高野山降伏の翌年のものであり、応其の花押がある。その覚書には「御座敷御人数之事」というその場にいた人びとの説明がある。それによると、上様（秀吉）を前にして応其と「聖護院殿」がならんで着座し、その後に昌叱《しょうしつ》と紹巴がやはりならんで坐り、その後に「金剛峯寺使節として衆徒両人」、次の間に諸大名という形だった。

秀吉はこのような場で、高野山を二世（秀吉とその母）の御願所とするので寺領の事など（秀吉の指示にたいする）「相違」があってはならず、また武装による敵対行為は必ず根絶すると述べ、さらに応其に関して、このたび高野山が滅亡しなかったのは応其の面目を立てた上のことだから、これからは高野の応其と思うのではなく、応其の高野と思うべきである、そのことを衆僧に聞かせよ、と、二度にわたって言いわたしたという。それゆえ応其は、「愚老かたじけなく存じ奉り、誠日を経ても猶《なお》感涙押え難く帰山致し、御言葉を其のまま、一字ももらさず、一紙にしるしたてまつる」と覚書を記したのだった。

この出来事は、応其を媒介者にして、秀吉が高野山を規制することを高野山に認めさせることを意味した。したがって、応其は高野山の代表者ではなく、秀吉政権の意向を高野山に伝達し、かつ高野山をその意向に服従させるための秀吉政権の代表者となったのである。応其のこうした役割転換は、応其の場合にかぎらず全宗やその他復興の認められた大寺院の代表者の場合も同様であり、秀吉政権の大寺院規制政策として一貫している。したがって、こうした観点からすれば、全宗や応其を中心とする大仏殿造営構想とその実施は、さしあたり巨大諸寺院・諸宗派の統一的な規制のために行われたと考えることができよう。ただし、それが初期の主目的であったとしても、それ以外の意図も最初から織り込まれていたかもしれない。応其が秀吉と会見した席には「聖護院殿」がその横にいたが、彼は後に方広寺大仏殿の住持となる人物で、五山の禅僧とともに秀吉政権の外交関係に参画した天台僧である。その後に着座する昌叱および紹巴もやがて秀吉の外交顧問として史料に現れてくる。

大仏殿造営構想が、仏教諸寺院の平和化（非武装化）と体制的統合をめざすものであったことは確かであろうが、この平和化（非武装化）は刀狩令のような他の政策にも現れ、かつ大仏造営と関連づけられており、したがって大仏造営構想を狭い意味での宗教政策としてではなく、小牧・長久手の戦い以後の、秀吉の新しい政策体系との関連の中で考える必要があるだろう。

第二節　惣無事令と大仏

一　九州戦役

天正十二年は、小牧・長久手の戦いの年であり、その直後に、比叡山の再興が許可された。天正十三年は、根来・雑賀の一揆が制圧され、高野山は秀吉に服した。この年の後半に古渓の天正寺造営は中断し、全宗と応其を中心にする大仏造営構想が浮上した。そしてこの年の七月、秀吉は関白になっている。

秀吉が朝廷に接近して関白になったのは、一方で信長の「天下布武」（武力による天下統一）の路線を大幅に軌道修正し、戦国諸大名を武家官位制を使って平和的に編成・序列化するためであったが、しかし他方ではそうした豊臣支配体系を構築するために、「惣無事令《そうぶじれい》」（豊臣平和令）と呼ばれる軍事・政治政策を打ち出すためだった。この政策は藤木久志氏の研究によって解明され、研究史上、基本的賛意をえているものであるが、簡単にいえば、秀吉は強大な軍事力を背景にして、諸大名間の領土をめぐる軍事的争いを「私戦」として禁じ、秀吉（関白）の裁定に服するように命じるものである。むろんこれは秀吉政権にとって都合のよい強制的「平和＝惣無事令」であり、秀吉（関白）の裁定に服さない場合には豊臣大名以外の諸大名にも動員令などが下され、全国的な規模での軍事制圧が行われるというものである。(11)

このような惣無事令の最初の本格的な発令は、天正十三年十月、秀吉が関白になってから三か月後、九州における島津氏と大友氏の領土紛争に対して出された。大仏造営の目的との関連を考えるために、この時の惣無事令とその執行過程の概略を見ておきたい。まず、天正十三年十月二日付で、島津義久宛に秀吉の直書が出されている。

勅定に就《つ》き〔天皇の命令で〕染筆《せんぴつ》候。仍《すなわ》ち、関東残らず奥州の果てまで、倫命〔天皇の命令〕を任せられ、天下静謐《せいひつ》の処、九州の事、今に鉾楯《ぼうじゅん》〔戦争〕の儀、然るべからざる候の条、国郡境目相論〔大名間の領土紛争〕、互存分の儀〔互いの主張〕、聞こし召し届けられ、追って仰せ出さるべきに候。先ず敵味方共に双方弓箭《きゅうせん》を相止すべき旨、叡慮《えいりょ》〔天皇の考え〕に候。其の意得らるべきの儀、尤《もっとも》に候。自然此の旨を専《もっぱ》らされざる候はば、急度《きっと》御成敗成《な》されべく候の間、此の返答各《おのおの》の為には一大事の儀に候。分別有りて言上有るべく候也(12)

秀吉は右と同一の停戦命令を大友氏にも出した。島津・大友の両氏は、ひとまず秀吉の領土裁定に服することになったが、しかし九州における軍事領域の現状をまったく無視する秀吉の「国分け」（領土裁定）に島津氏は従うことができず、その結果、島津氏の不服従を制裁するための征伐令が諸大名に出された。この征伐令の一環として、（天正十四年）四月十日付の毛利輝元宛の朱印状が残っている。よく知られた有名な資料であるが、大仏造営と直接にかかわるので掲載しておきたい(13)。

覚

一　分国置目、此節申し付けるべき事
一　簡要城堅固に申し付け、其外下城の事
一　海陸役所　停止の事
一　人数揃えの事
一　蔵納の申付　九州弓箭覚悟の事
一　豊前・肥前人質堅く取るべき事
一　門司・麻生・宗像・山鹿城々へ人数・兵粮差し籠むべき事
一　九州へ至る通道、これを作るべき事
一　一日路々々、御座所城構えの事

一　赤間関御蔵立てるべき事
一　筑前検使、安国寺・黒田官兵衛に仰付けらる事
一　高麗、御渡海の事
一　大友と深長に申談すべき事
一　大仏殿材木の事
　以上
四月十日（秀吉朱印）毛利右馬頭とのへ

右の内容は、人数揃えや諸要害の手当など毛利勢の九州出兵に関する指示と、不要の城の破却、海陸役所（関）の停止や道普請・御座所作事など秀吉の行軍のための領内整備の指示であるが、それ以外に、「高麗、御渡海の事」および「大仏殿材木の事」という項目がある。「覚」なのでそれら諸項目の関連性ははっきり断言できないが、「惣無事令」にもとづく九州平定戦が朝鮮・大陸出兵計画とすでに関係づけられていた可能性が強い[14]。

さらに「大仏殿材木の事」という一条が「覚」全十四条の最後に、全体を締めくくる位置に置かれていることも偶然のようには思えない。

「惣無事令」は、実質的には秀吉政権による「領土裁判権の掌握」を意図するもので、政権の抱く構想と利害の観点から「国分け」や「国替え」などを強制的に執行するものだったし、さらにその執行過程においても右の毛利氏宛の「覚」に見たように、諸大名を強制的に参加させ、秀吉政権への従属性を強化するものでもあった。毛利氏の場合には、秀吉軍のための毛利領内流通路の確保によって事実上の制海権剥奪が行われ、九州平定戦は同時に秀吉による「中国計略」でもあった。

実質はそうだった。が、「惣無事令」は、形式的には、あるいはイデオロギー的には、天皇の意向を受けた関白秀

吉が、日本における「惣無事」ないし「天下静謐」のために行う「平和」令であった。終わりのない戦国大名間の領土紛争を、ついに終息させて「平和」を構築するための新しい政策だった。大仏はこの「平和」の象徴として造立されることになったのである。だから毛利氏への「覚」は、「惣無事令」の執行過程についての具体的な軍事政策上の諸指示を「大仏殿材木の事」という一条で締めくくるのである。秀吉政権下における「惣無事令」政策と大仏殿造立政策とは内面的に結びついており、同一の将来構想、国家構想を共有しているのである。その際、注意すべきことは、大仏を「惣無事令」政策の単なるシンボルとして単純に解釈すべきではない、ということである。毛利氏への要求にもあるように、諸大名が大仏造立に積極的に参加することによって、秀吉政権の構想の担い手へと変貌することが求められているのである。つまり、かつては秀吉の敵だった大名あるいは現在においても潜在的に敵対者である大名を、豊臣化し、秀吉政権の構想の推進主体に転化させてゆく、そのための大仏造立なのである。したがって、大仏殿の材木は毛利氏にのみ求められたわけではない。紀州、信州、東海、中国の諸大名、九州戦役後には小早川氏や島津氏にも材木の運上が命じられている。この点にかかわって辻善之助氏の興味深い指摘がある。

土佐に於ては、長宗我部元親自ら山に入り、大木を伐り、舟数百艘を以て大阪へ上せた。元親は常々より材木乱伐を禁じ、伐木の禁制が厳重であったので、かかる場合にも直にその用を弁ずるを得て、他の国よりも早く着いたとて賞せられた。(16)

材木だけではなく、大仏殿造営のための巨石が、諸大名によって京都へ運ばれた。それらの巨石は現在でも京都国立博物館から方広寺へつづく壁石として残っている。利休の、細川家家老松井新介宛の書簡には、京都における巨石運搬の様子のひとこまとして、

今度越《えつ》もじ様大石を曳かれ候ところ、関白様石の上にて御音頭《おんど》をとられ候事、こゝもと、その隠《かく》れこれなく候。御名誉に候

とある。すなわち、「越もじ様」(細川越中守忠興《ただおき》)が「人夫にまじって大石を曳き、関白秀吉がその大石の上に乗って音頭をとった」のであるが、そのことは大仏殿普請場の監督をしていた松井新介にとって名誉あることだ、と祝しているのである。(17)

大仏殿造営は、秀吉政権の「平和」構築を象徴するものであり、諸大名もそれに参加し負担を担い、さらには元親のように山に入って大木を伐り出したり、忠興のように大石を曳きその上で秀吉が音頭をとるというような、「平和」を演出するための象徴的な行為をもともなうものだった。しかしこの「平和」は、軍事力を背景とする強制的な惣無事令政策のめざすところの「平和」であり、大仏はその意味での「平和」の象徴だったのである。

大仏造営と惣無事令とが一体であることは、九州戦役における応其の行動が端的に示している。彼は「大仏上人　応其」という立場から、島津氏に対する和睦交渉を行った。すなわち彼は秀吉の意向に従って、島津氏に一刻も早く降伏するように呼びかけて熱心に交渉をつづけたのであり、島津氏もとうとうこの「平和」の使徒の説得を受け入れて降伏した。

応其は九州戦役以後もこのような政治活動をつづけるのであるが、それは彼の心情においては「人をたすくる誓願、百千之堂塔建立之功徳にもいやまさるへきと存」じたからであり、「一天下の総無事」を心底から願ったからであった。辻善元助氏と同じくこうした応其の心情を疑う理由は何もないのだが、しかし問題は彼の「平和」への希求が秀吉政権の惣無事令政策と一体をなしていることである。応其の心情とは別に、秀吉政権の「平和」構想がどのような内実のものであるのか、そのことを確かめてゆかねばならない。

二　刀狩りと大仏

以上は惣無事令政策と大仏造立との一体性を見てきたのであるが、藤木久志氏によれば、惣無事令は「単に戦国大名間の紛争のみを対象としたものではない」のであって、「『国侍』・『百姓等』をも包摂し『一揆』や喧嘩の抑制を含む、広汎な私戦禁止の平和令であったところに本質があり、……天正十六年七月の刀狩令は、したがって惣無事令の重要な一環として把えられなければならないであろう」という。[18] そうであれば、刀狩令と大仏造立との関連についても検討を加えておかねばならない。

刀狩令は天正十六年（一五八八年）七月であるが、これには前史がある。

まず天正十三年四月、秀吉は雑賀一揆制圧後、一揆の百姓たちに武器の所持を禁じ、農具を大切にして耕作に専念せよと発令している。その直後、今度は高野山に対して、「武具鉄砲以下、これを用いるべからず。寺僧行人等、向後、仏事勤行を専らにすべき事」等の命令を出すと、これに対する請状（誓約書）を、法印良運、法眼空雄および応其が秀吉のもとへ持参した。秀吉はこれ受け取り、「一山を興して平く、応其を携えて大阪に帰陣す」という。[19]

このプロセスでの詳しい事情は分からないが、高野山の武装解除に際し応其が秀吉と接点をもち、その応其が大仏造営の責任者となる、という関連に注意する必要がある。というのは、翌年、天正十四年、山城（京都府）で刀狩りが行われるが、その実施奉行は大仏造営政策の中心人物の一人、施薬院全宗だからである。

藤木氏の研究によれば、この「山城の刀狩り」指令は前段と後段との二つの内容からなっている。前段は、「百姓どもの刀・脇指《わきざし》・鑓《やり》・そのほか武具」を村々の領主の責任において没収せよ、という秀吉の一般的指示であり、後段は「武具は領主の手許に留め置き、先ずその明細書を提出せよ」という「全宗の指示した施行規則である」。

「山城の刀狩り」は、百姓の武器の没収を原則とする。「それは確かである。ところが、その実施に当たって、奉行は内訳の書類（形だけの審査）に関心を寄せていて、武器の現物を京都に集めることを、あまり問題にしていない様子である」。「これは何を意味するのであろうか」と、藤木氏は問題を提出しているけれども、「同じ山城の鞍馬寺領でも、刀狩りの実情は、似たようなものであった」と指摘するのみで、秀吉の原則的指令と全宗の施行規則との落差について、積極的な意見を述べてはいない[20]。

この問題を考える際のヒントは、天正十六年の全国に向けられた正式な刀狩令によって与えられる。これは三条からなるが、そのうちの第二条には、

「右取をかるへき刀・わきさし、ついへ（無駄）にさせらるべき儀にあらす、今度大仏御建立候釘《くぎ》・かすかいに仰付けらるべし」

という一文がある[21]。

つまり、「刀・わきさし」は「釘・かすかい」に使われるのであって、大仏そのものの鋳造に使われるのではなかった。なぜなら大仏は木製だったからである。が、それは天正十六年の決定である。「山城の刀狩り」の時点では、造立すべき大仏が東大寺の場合のように金銅像であるべきかどうか、いまだ決定していなかったのにちがいない。それゆえ押収した武器はただちに京上する必要がなく、さしあたり明細書だけで十分だったのである。しかし、それではなぜ、造立すべき大仏が金銅像なのか木像なのか未決定のままだったのだろうか。おそらくそれは、天正十四年四月の毛利輝元宛の「覚」に「高麗、御渡海の事」とあったように、もし朝鮮出兵計画が現実化した場合、武器を大仏鋳造に使うことができなくなるからであろうし、この時点ではこの計画自体がなお漠然として不確定性が強かったからだろう。

刀狩りは、一揆を防止し、武士と百姓との身分差を外見的にも明確化し、そのようなものとしての「村の平和」を実現しようとするものであった。大仏は、惣無事令による強制的な大名間の「平和」と同時に、この「村の平和」の象徴としても造立されてゆくことになったのである。が、しかし大仏が金属ではなく木製の像であることが決まった時点で、この二つの「平和」は、朝鮮出兵のための体制へと転化する。それとともに大仏の象徴的機能も変化する。

第三節　高山右近

一　キリシタン禁令の経過と問題点

天正十五年（一五八七年）五月、惣無事令違反により征伐令が下された島津義久が、応其の説得に応じて降伏した。秀吉軍は帰途につき、途中六月七日、筑前の筥崎《はこざき》（福岡市東区箱崎）で九州の国分けを行った。島津氏は薩摩・大隅と日向の一部のみを残し、大幅に領土が縮小された。代わって豊臣諸大名が新たに配置された。また筑前・豊後・肥後の島津側についた部将たちの大規模な転封も行われた。

国分けが行われた直後、同じ六月に、秀吉によるキリシタン禁止令が出された。

本来、九州戦役は島津氏と対立関係にあるキリシタン大名大友氏への救援という意味もあったので、多くのキリシタンの部将たちも十字架の旗をかかげて参戦し、秀吉自身も彼らに大きな信頼を寄せていた。「ジュスト右近殿はその兵を率いて海路彼〔秀吉〕に随ひ、アゴスチニョ弥九郎殿〔小西行長〕は全艦隊の司令官であった」(22)。それにもかかわらず、突然のキリシタン禁止令である。

キリシタン側の資料は、周知のようにこの禁令の背後に施薬院全宗の暗躍があったとしている。また、島津義久との和睦（降伏）交渉を担当した木食応其も秀吉軍とともに帰途についたはずなので、キリシタン禁令と大仏造立政策との間には、何らかの関連性があったことが推測される。

キリシタン禁令は、研究史上、明らかにされたように、天正十五年六月十八日付の「覚《おぼえ》」と、その翌日、十九日付の「定《さだめ》」とがあり、両者の内容には大きな違いがある。

最初に「覚」の内容を見てみよう。

「覚」の骨子は次の囲い込み図によって理解することができる。

外枠A（一と九条）は、「覚」の基本前提であり、バテレン門徒になるか否かはその本人の「何を為すか心次第」「心さし次第」である。それにもかかわらずB（二と八条）、すなわち「給人」ないし「大名」が、その知行する「国郡在所」・「国郡又ハ在所」において、「寺庵百姓已下を」・「其家中の者どもを」、強制的にバテレン門徒にするという「理不尽」・「義然るべからず」状況があるので、C（四と五条）、二百町以上の知行地をもつ大身武士層がバテレンになる場合には公儀の許可が必要であり、それ以下の者は「心次第」とする、という内容である。

覚

A　B　C

① 一　伴天連門徒之儀ハ　其者之何為心次第事

② 一　国郡在所を御扶持ニ被遣候を　其知行中之寺庵百姓已下を　心さしも無之所　押而給人伴天連門徒可成由申理不尽成候段　曲事候事

③ 一　其国郡知行之儀　給人被下候事ハ　当座之儀ニ候　給人ハかはり候といへ共　百姓ハ不替もの候条　理不尽之儀　何かに付て於有之ハ　給人を曲事可被仰出候間　可成其意候事

④ 一　弐百町二三千貫分上之者　伴天連ニ成候ニおゐてハ　奉得　公儀御意次第成可申事

⑤ 一　右之知行より下を取候者ハ　八宗九宗之儀候条　其主一人宛ハ心次第可成事

⑥ 一　伴天連門徒之儀ハ　一向宗も外ニ申合候由　被聞召候　一向宗其国郡ニ寺内をして　給人へ年貢を不成　并加賀一国門徒ニ成候而　国主之富樫を追出　一向宗之坊主もとへ令知行　其上越前迄取候而　天下之さはりニ成候儀　無其隠候事

⑦ 一　本願寺門徒　其坊主天満ニ寺を立させ　雖免置候　寺内ニ如前々ニ者　不被仰付候事

⑧ 一　国郡又ハ在所を持候大名　其家中之者共を　伴天連門徒ニ押付候事ハ　本願寺門徒之寺内をたて候よりも不可然義候間　天下之さわり可成候条　其分別無之者ハ可被加御成敗候事

⑨ 一　伴天連門徒心さし次第ニ下々成候義ハ　八宗九宗之儀候間　不苦事

⑩ 一　大唐　南蛮　高麗江日本仁を売遣候事可為曲事　付　日本ニをいてハ人之売買停止之事

⑪ 一　牛馬を売買　殺し食事　是又可為曲事事

右之条々　堅被停止畢　若違犯之族有之者　忽可被処厳科者也　（御朱印カ）
天正十五年六月十八日

安野真幸氏の研究によれば、この「覚《おぼえ》」は「高山右近を中心とするキリシタン党」と「コエリョを代表者とするイエズス会」とを対象にして作成されたもので、その主要なねらいは、秀吉政権内部に存在する左図のごとき諸大名のキリシタン党を、秀吉の「天下」のもとへ統合するためであった。[23] その際、秀吉はこの「覚」を右近に承認させるだけではなく、キリシタン党の中心に立つ右近に棄教を命令した。強制改宗をともなう領国経営が理由とされたのだった。けれども右近は棄教を拒否して殉教者の道を選んだので、「覚」の内容による統合は破綻してしまい、したがってキリスト教を原則的に禁止する翌日の「定《さだめ》」が出された。「覚」においては、大身武士層には許可制、それ以下は「心次第」だったが、「定」になるとキリスト教は「邪法」とされて原則的に禁じられ、宣教師の帰国命令（追放）までも付せられるに至った。[24] なお安野真幸氏によれば、キリシタン党は次のような人びとからなっている。

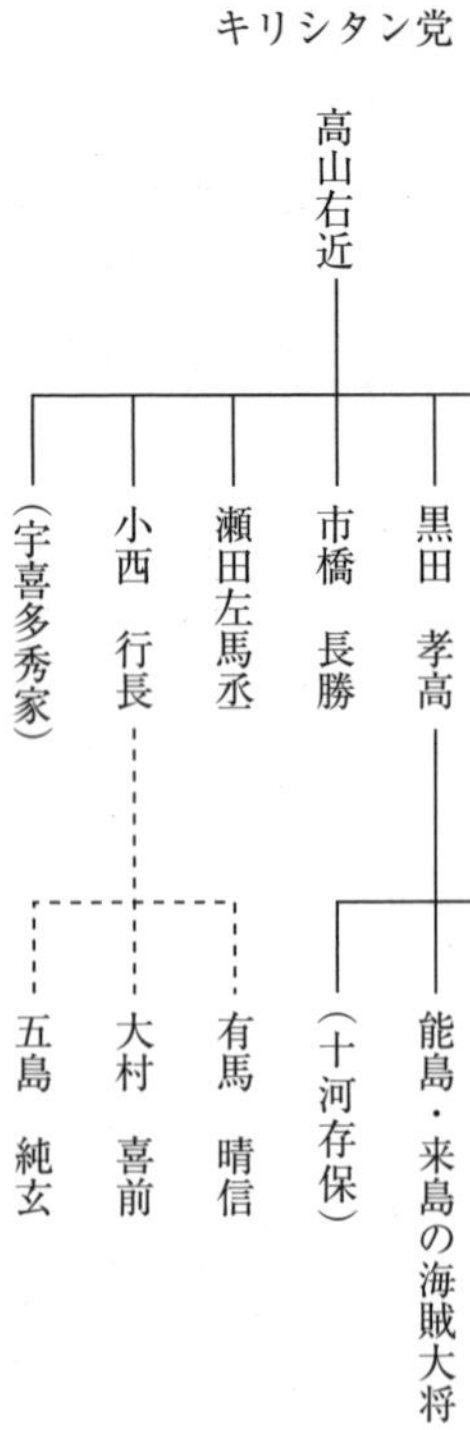

以上が、「覚」から「定」への転化についての安野氏の所説である。この所説に異論はないけれども、思想史的に探究を深めてゆくために三点、基本的な問題点を設定し、探究の方向を明示しておきたい。

（一）「キリシタン党」の諸大名の多くは、高山右近の説得によってキリシタンになったといわれている。問題は、これら諸大名がなぜ彼の説得に応じたのか、あるいは右近の言葉に説得力があったのはなぜか、ということである。むろん一人ひとり異なるさまざまな事情があっての上のことであろうが、それにもかかわらず「キリシタン党」と一括されうるような諸大名の集団が右近の説得によって成立したというのであれば、右近の熱心さというだけではなく、彼らに共鳴を呼び起こすようなものが右近の宗教ないし思想にあったはずである。こうした点にまで検討を加えておかないと、思想史的な出来事としてのキリシタン禁令のもつ深刻な意味を十分にフォローすることができないだろう。すなわち、秀吉政権の大仏造立による宗教的統合とキリスト教の排除という思想史的ドラマの追求には、右近の信仰の思想的性格の把握が前提に置かれなければならない。

（二）次に問題となるのは、右近および「キリシタン党」に秀吉政権が抱いた不安、危惧の理由である。「キリシタン党」が秀吉政権に対立しかねない「徒党」のごとくみなされたのはなぜだったのだろうか。これまで彼らは秀吉に忠誠を尽くして戦闘に従事してきたのであって、決して反逆的行動をとったわけではない。秀吉自身そのことをよく承知していたはずである。それにもかかわらず、九州平定および「国分け」直後、秀吉および政権中枢部は「キリシタン党」に強い不安を抱き、忠誠の試金石として右近に棄教を迫ったり、「覚」において、中小大名のキリシタン改宗に対する免許制を打ち出したりした。それは一体なぜだったのだろうか。

（三）最後に、右近における棄教命令の拒否という問題がある。右近の拒否によって、「覚」は「定」に転化し、キリスト教は「邪法」として原則的に禁止されることになった。一般民衆のキリスト教帰依は少なくとも「覚」においては自由意思によるとされていたのに、「定」によって厳禁とされるに至ったのであり、おそらく右近自身、彼の棄教拒否がこのような結果を招くであろうことを知っていたにちがいない。それにもかかわらずなぜ彼はこの道を選んだのだろうか。一切の妥協を排する信仰一筋の道、それは一般信徒の場合には模範的な態度であろうが、この時の右近に対して、つまり日本のキリスト教の運命について責任を担わざるをえない右近に対して、そのように単純に評価できるのだろうか。一体なぜ右近は棄教を拒否したのだろうか。拒否することができたのだろうか。

二　右近の信仰の思想的性格

右近の信仰がどのような思想的性格をもっていたのか、秀吉麾下《きか》の諸大名はなぜ彼の説得に応じキリシタンになったのか、この問題から考えてみたい。

右近がキリシタンになったのは、彼の父高山飛騨守《ひだのかみ》ダリオの指導によるものだったので決して内発的だったわけではない。ところが天正六年（一五七八年）の高槻《たかつき》開城事件と呼ばれる出来事をきっかけにして、右近の思想と行動は一貫してキリシタンの立場を貫くようになる。一種の回心体験ともいうべきこの高槻開城事件を、フロイスの『日本史』から簡略に紹介してみたい(25)。

出来事の発端は、荒木村重が毛利氏および石山本願寺と同盟を結び、彼の主である信長に反逆した事から始まる。右近とその父は、村重の陪臣で、かつ右近の妹を村重に人質として出していたので、必然的にこの反逆に与《くみ》するほかなかったのであるが、しかし右近は反対した。

彼は高槻城（支城）を出て、村重の在岡城《ありおか》（本城）に赴き、村重に反逆をやめさせようとして説得し、第一に、信長が村重を津の国の領主に取りたてたことへの「信長への恩」、第二に、信長への反逆は軍事的に勝利する見通しがたたないこと、以上の二点から反逆を撤回し信長に謝罪すべきことを、村重に対して諫止《かんし》した。その際、この諫止が、信長に対する右近の迎合であるとする重臣たちの「卑しい疑念」があったので、右近はまだ幼い継嗣《けいし》の息子を人質として出し、「公証の証し」とした。村重はこの諫止によって心を動かされ、これまでの反逆路線を放棄しようとしたのであるが、重臣たちおよび同盟者たちの動向に押されて、「信長の敵」となることを決断した。右近父子は空しく高槻城に帰った。

村重の反逆を知った信長は、まず、軍略上重要な拠点である高槻城を開城させるために、五畿内のキリスト教布教長であるオルガンティーノ師を使って高山父子の説得を試みさせた。高山父子が村重ではなく、その主人たる信長に忠誠を示すべきであるという点に関しては、オルガンティーノ師も西洋の観念にもとづいて同意見だった。加えて、信長は、もし師の説得に応じて開城すれば今後キリスト教布教に支援を惜しまないが、もし開城しなければキリスト教弾圧に躊躇しない旨を伝え、高山父子に圧力をかけた。この点はフロイスのみならず日本側資料にも明示されている。[26]

オルガンティーノ師は高槻城に行き、信長の意向を伝える。

まず、父ダリオのとった態度であるが、彼は信長ではなく村重の側についた。つまり開城に反対した。一つは、娘と孫（右近の妹と長子）が人質として村重のもとにあったからで、この二人の命を守ることは彼の愛でもあり義務でもあった。もう一つの理由は、父ダリオにとって、信長と村重が対立した場合、直接的な主にあたる村重に従うことが忠であり、その点においては、オルガンティーノ師の西洋的な忠の観念とは異なっていた。後者の観念からすれば、信長—村重—高山父子という序列において村重の側につくことは、大忠を捨て小忠を取ることであり、キリスト教にとっては異教的な武士道の立場だった。「高山家の家臣の大部分は異教徒であって、武士道にふさわしく、荒木側に忠誠を維持せんと欲した」。[27]

これに対して右近はどうしたのだろうか。

彼は父ダリオ宛に手紙を書き、そのなかで、「五畿内の司祭およびキリシタンたち」を救うために、彼自身は「世捨て人」となる覚悟であること、また父に対しては「城をよく防衛されたい」旨を述べ、その他の問題に関しても

「恭順と尊敬に満ちた言葉」で書きのこした。

「世捨て人」になるとはどういうことだったのだろうか。彼は高槻城に来た司祭に次のように語った。

すなわち私は髪を切り（日本の習慣により、俗世を隠退し、または捨てる時に行なう）、教会での奉仕に赴き、私のすべての現世の領土の所有を断念し、封禄、従臣を捨てて城から離去することを決意した。なぜなら、かくすることにより、荒木は私の息子を殺害せぬであろうし、伴天連および五畿内の全キリシタン宗門は救出されるであろう

実際に右近は家臣団に、所領の断念と、一族および家臣たちとの別離とを告げ、突如、短刀を抜いて髪を切った。そして、腰の剣を一人に、短刀と肩衣をもう一人に、頭髪を別の一人に与え、着物を脱ぎ「紙の衣」だけとなって城を出て信長陣営に向かった。

その後、事態は思わぬ方向に進んだ。

父ダリオは、高槻城を死守するつもりだったが、右近のいなくなった高槻の家臣たちは彼の父の言葉に従わず統制が乱れた。父ダリオは仕方なく城を出て、村重に従うべく彼のもとへと赴いた。村重はその忠誠を受け入れた。他方、主人を失った高槻城は信長に降伏・開城した。信長は喜び、右近を説得してみずからの家臣とした。おそらく右近は「教会の奉仕」のため信長の説得を受け入れたのだろう。

信長は村重の在岡城に軍団を進め、右近もそれに従った。在岡城には父ダリオと妹および幼い息子が人質として置かれていた。二人の人質の命は危なかった。勢力をもつ村重の重臣が二人の処刑を主張していたからだ。だが、戦闘が起き、この重臣は戦死し、父、妹そして息子は無事に救出された。

以上が出来事の主な概要であるが、右近の直面した精神的な問題状況について整理しておこう。

第一に、右近とその父は、信長への忠誠かそれとも村重への忠誠か、「忠」の分裂した状況のなかに置かれた。彼

らは信長と村重への忠誠の両立を願ったが、一方を取り他方を捨てざるをえない状況に置かれた。第二に、右近にとって、信長への忠と父親への孝とが分裂せざるをえないような状況が現れた。右近は村重に対し「信長への恩」を説き、いわば大忠の立場に立ったが、村重と信長の対立が決定的なものとなった時、父ダリオは村重の側につき、したがって右近における忠と孝とが対立しかねない状況が立ち現れたのだった。と同時に、第三に、右近は村重に妹と息子とを人質として出しているので、信長に忠を尽くして開城することは、妹と息子への慈しみと矛盾せざるをえなかった。加えて第四に、信長は開城問題に関してキリシタンの弾圧ないし支援という条件をからめてきたので、右近の置かれた状況はさらに複雑で困難なものとなった。

右近の直面したこうした精神的な問題状況は、儒教的な武士道の立場からいえば「仁」という問題にほかならなかった。すなわち、忠と忠、忠と孝、忠と慈、忠と信、こうした諸徳の対立的な状況において、いずれをも犠牲にせずに、一身においてすべてを成り立たせようとする課題、それが仁という問題にほかならない[28]。

子の曰はく、志士仁人は、生を求めて以て仁を害すること無し。身を殺して以て仁を成すことあり（衛霊公九）

最初、右近は忠および孝を誠実に尽くそうとした。忠や孝は単なる無条件的服従なのではなく、上の者が判断を誤っていると思われる場合は勇気をもって「諫《いさ》める」のでなければならない[29]。右近は幼い息子を人質に出してまでして村重を諫めたのだった。しかし、この諫止は決して不服従ではなく、忠そのものであるから、上が聞き入れなくとも、その場合には退く以外にない。つまり上に従う以外にない。だから彼は高槻城を開城しなかった。けれども村重が反逆の意志を固めると、これまで見てきたような「仁」にかかわる問題状況が生まれてきた。右近は、「身を殺して以て仁を成すことあり」という姿勢を貫いてゆくことになるのであるが、それは具体的には、おのれの所領、家族、親族、家臣団等すべてを放棄して髪を切り「世捨て人」になることだった。すなわち右近における仁の実現の仕方は仏教的放棄にほかならなかった。ただし右近は、この儒教的な仁の実現、仏教的放棄を、キリスト教的な愛の観念のもとで行った。彼はすべてを捨てて城を出るとき、家臣に次のように言った。

予は、我らに対する愛から、そして我らを救おうとの熱意から栄光を捨てて人間となり給うた主〔キリスト〕に対する愛により、すべてを犠牲にする以外に、なんらより適切で効果的な方法を見い出さぬのである

右近のキリスト教は、儒教や仏教と対立するものとしてではなく、それらの理念を実現するものとして成立したように思われるが、それは右近のみならず日本キリシタンの自覚的な立場だったように思われる。たとえば、『御《おん》パションの観念』という教理書のなかで創造者たる神の愛は、次のように説明されている。

中にも驚く題目の潤沢にあるべきは、この御所作〔創造〕に現われ給ふデウスの、無量広大のカリダァデ、御快くまします御仁徳、大慈大悲にてましますところを観じ奉る儀なるべし(30)

日本人翻訳者は神の無量広大な愛を、「御仁徳」および「大慈大悲」という儒教と仏教の基本概念を使って説明しているのであるが、それはキリスト教的な神の愛が仁および大慈大悲を包み込み、双方を実現するものである、という確信の上での用語の選択・使用であることはいうまでもない。右近は、この日本キリシタンの確信をそのまま共有し、かつ実践したのだった。

右近のキリスト教が以上のような思想的性格をもっていたことが、諸大名なかんずく秀吉麾下の諸大名に説得性をもった根本原因だったように思われる。彼らはかつての右近と同じように、忠と忠、あるいは忠と孝等の諸徳が対立せざるをえない状況に置かれてきた。たとえば、彼らはかつての織田家の重臣柴田勝家と戦い、その後、信長の三男信孝を自刃させ、翌年には信長の次男信雄《のぶかつ》と小牧・長久手の戦いで争う立場に置かれた。こうした、いわば「仁」を

巡る課題状況のなかで、右近のキリスト教は、彼らの動揺を立てなおし、さらには、大名であることつまり軍事的な武力の担い手であることの意味・使命を自覚させ、キリスト教の立場による日本の平和の実現へと誘ったのである。そして、九州戦役の直後までの間、右近を中心とする「キリシタン党」と秀吉の惣無事令政策とは、決して矛盾するものとは思われていなかったのである。

三　キリシタン禁令

九州平定直後、秀吉政権は「キリシタン党」に危惧を抱き、大名のキリシタン化を規制する「覚」を作成し、右近の棄教と「覚」の承認を要求した。しかし右近は殉教の道を選び、一種の妥協的方策である「覚」は捨てられ、代わってキリスト教を厳禁する「定」が発布された。秀吉政権のキリスト教に対する突然の態度の変化をどのように理解すればよいのだろうか。

すでに「覚」は参照したので、その後の「定」を参照して手がかりを探してみたい。「定」の最初の条は次のようである。

日本ハ神国たる処、きりしたん国より邪法を授候儀、太以《はなはだもって》、然るべからず候の事

当然のことながら、最初の「日本ハ神国」という規定が眼につく。他の条では、キリシタン禁止の理由が「日域之仏法を相い破る事」に置かれ、したがって「仏法のさまたけ成さざる輩ハ」「きりしたん国より往還くるしからす候」とされ、仏法擁護が中心とされているのに、なぜ「日本ハ神国」という規定が最初に来るのだろうか。

この点に関して、二つのことが推定できるように思われる。

第一は、キリシタン禁令という事柄そのものとの関係である。

秀吉は右近へ棄教命令を出し、またこの「定」において禁令を出しているわけだが、そのことはキリシタンにデウス（神）を捨てよと命じていることを意味する。ということは、彼らキリシタンに対して、秀吉は彼らのデウスよりも上の存在であるのでなければならない。そのため秀吉は棄教命令においてみずからを神格化しているのであり、それゆえ彼の支配する「日本」（第一の条）、「日域」（第三の条）、「日本之地」（同）は、「神国」となる。このような意味での「日本ハ神国」の規定は、「日域之仏法」擁護の立場と矛盾しない。というのは、自己神格化した秀吉が、彼の支配する「神国」「日本」において、仏法を擁護する、という立場だからである。その具体的な象徴行為が大仏造立である。それゆえ、大仏造立は今やキリシタン排除という意味を担うことになったのである。

「日本ハ神国」という規定は、この「定」においては「きりしたん国」と対比されて現れている。けれども、この規定は他のアジアの諸国との対比も念頭に置かれており、やがて対外関係におけるイデオロギー要素として資料に現れてくる。これを踏まえると、「日本ハ神国」という規定は、九州戦役より少し前の「唐入り」（中国侵略）[31]や「高麗、御渡海の事」（朝鮮侵略）という侵略構想と関連をもっていたにちがいない。そのことは九州平定直後の、またキリシタン禁令直前の、博多基地化構想が端的に示しているだろう。「博多基地化構想とは、周知のように秀吉が、朝鮮出兵にそなえて博多を直轄し軍令機関の所在と兵站の基地として再建を企図したもの」である。[32]

さらにまた、この博多を背後から支える兵站供給基盤として、豊臣蔵入地（直轄領）が天正十五年五月に一件、十六年に四（ないし六）件、設定されている。[33]

秀吉政権が「キリシタン党」に不安を抱き、これを規制・禁止したのは、九州平定・「国分け」によって惣無事令政策が朝鮮侵略政策へと転化し具体化してゆく時だった。これまで「キリシタン党」は秀吉の惣無事令政策を日本における平和の創出、戦国時代の終息策として、積極的に支持してきたのであっただろうが、この平和創出が朝鮮・大陸への大規模な侵略戦争へと転化してゆくとき、一体彼らはどこまで秀吉の意向に従ってゆくのだろうか。「定」の

第二の条に、「国郡在所・知行等、給人に下され候の儀は、当座の事に候、天下よりの御法度を相守、諸事其の意を得べき処……」という文言は「キリシタン党」に対するこのような不安を如実に示している。

実際、この不安には現実性がある。というのは、おそらく右近たちは

平和をつくり出す人たちは、さいわいである。彼らは神の子と呼ばれるであろう（マタイ福音書五章九節）

という立場から惣無事令政策を推進してきたのだから、その侵略政策への転化に追随するかどうか予断を許さなかっただろう。

それゆえに「覚」が作成され、右近に棄教命令が出された。右近は拒絶した。その結果、妥協的な「覚」から、キリスト教を厳禁する「定」へと、状況は悪化・深刻化した。

ここで最初に提出した問題にもどることになる。

右近は純粋な信仰一筋の道を貫いた。彼は模範的な信仰者だった。が、それゆえに、「覚」のキリシタン許可制から「定」のキリシタン禁止へと事態は悪化した。それでは、右近は一人の信仰者としては模範的であったが、教会政治家として、日本キリシタン全体に責任をもつ者としては、誤った道を選んだのだろうか。決してそうではなかった。右近の拒否は、秀吉の神格化に対する拒否であり、神国日本の対外侵略にキリシタンが参加することへの拒否だった。この時からキリシタン迫害・追放が始まることになるが、日本キリシタンは朝鮮侵略戦争に加担することを、右近の決断によって回避できたのだった。それゆえ右近は、一人の信仰者として純粋だったというだけではなく、教会政治家として、日本キリシタンの救済者だったのである。キリシタンが侵略戦争によって迫害される者の側につくのでなければ、名はともかく、キリシタンではありえないだろう。

第四節　古渓宗陳

大徳寺の古渓が秀吉の寄進によって国家的な寺院天正寺の造営に着手したが、天正十三年の後半には、この造営は中断し、代わりに全宗と応其を中心とする大仏殿造営構想が現れ、古渓は堺の海会寺の復興に力を尽くすことになった。このことはすでに見た通りである。ここで再び古渓を取りあげるのは、天正十五年キリシタン禁令の翌年、天正十六年（一五八八年）、古渓は秀吉によって九州に配流されるからであり、秀吉政権の大仏造立を軸とする仏法擁護政策がキリスト教徒だけではなく、古渓のような仏教徒に対しても排他性を示すからである。秀吉政権のキリシタン禁令を仏教とキリスト教との対立というふうに単純化して考えることはできない。

天正寺造営が中断し、古渓が海会寺復興に方向を転じた時、すでに指摘したように、それは決して彼と秀吉との関係が悪くなったからではなかった。『続日本高僧伝巻第十一』によれば、

十三年春三月、豊公、根来伝法院を毀《こわ》し、其の伽監《がらん》を泉州に移す。海会寺を再興し、陳［古渓］を請じ開堂演法す

とあり、海会寺再興は秀吉の側からの依頼だったとされている。(34) また、秀吉は海会寺に「寺領三十石の朱印状」を与えたともいわれている。(35) おそらく秀吉は、大徳寺僧古渓を通じ、またその海会寺復興によって、堺の豪商たちとの関係を築こうとしたのではなかろうか。

その後も、古渓と秀吉との関係は悪くはない。秀吉が天正十五年の九州の役から帰阪し、浅野長政に「筑紫《つくし》」という名の名物茶つぼを与えたとき、古渓はこれに添える詩文を作るように命じられたが、その詩文の序に次のような秀吉賛歌を書いている。

「丁亥《ていがい》ノ春三月旦《たん》　吾が博隆候《はくりくこう》武事ヲ以ッテ鎮西ニ赴ク　其ノ魔城《きじょう》　撕邑《ぜんゆう》　嬰《ふ》ル所ノ者破ラレ摧《くだ》ク所ノ者靡《なび》ク　魔塁《まるい》百万風ヲ望ミ　戈《かんか》ヲ　倒《さかしま》ニス　韓彭《かんぽう》之勇　良平之謀ヲ　屑《いさぎよし》トセズ　日ナラズシテ太平を致ス　未ダ吾ガ王庫ノ内是ノ刀アルヲ聞カザル也　奇快々々天下誰カ嘉尚《かしょう》セザラン哉《や》」(36)

古渓は秀吉を「吾ガ博陸候［関白］」と呼び、九州の平定を「日ナラズシテ太平ヲ致ス」として賞賛する。以前の天正寺造営の際にも、古渓は秀吉とともに「山ヲ大平ト号シ寺ヲ天正ト号ス」とした(37)。つまり古渓は、秀吉が日本の平和を実現することに期待をもち、惣無事令政策の実行としての九州戦役に無条件に賛成し、協力しつづけていたのである。古渓は、全宗や応其とまったく同じように、秀吉こそが信長とは違って、仏教寺院を復興し、惣無事令政策によって戦争の時代を終結させるであろうと期待していた。そしてそれだけの力量があるとも思っていた。「未ダ吾ガ王庫ノ内是ノ刀アルヲ聞カザル也」。九州平定はこの力量を十分に示すものだった。古渓にとって秀吉の軍事的勝利は日本の太平の実現にほかならなかった。

ところが、それから間もなく、天正十六年九月、古渓は秀吉によって九州の筑前に配流された。利休が、九州に赴く古渓のために、聚楽《じゅらく》屋敷で送別の茶会を催したことはよく知られている。

一体何が起きたのだろうか。

古渓の「蒲庵稿」には、「博陸候之威権ニ触《しょく》忤《ご》ス」「故ヲ以テ隈之雲渓に謫《たく》セラレ進退不穏ナリ」とあるばかりで、事柄の経緯はよく分からない(38)。「蒲庵稿」に付された「行状」によれば、「造寺奉行石田治部少輔三成トアワズ内ニ妬心を抱キ頻《しきり》ニ卜《ぼく》シテ之ヲ讒《ざん》ス、関白察セズ師ヲ鎮西ノ大宰府ニウツス、時十六年某月也」とある(39)。小松茂美氏によれば、配流の一か月前、「天正十六年八月、秀吉は生母大政所のために天瑞寺を造営したが、この工事に絡み、三成の奸謀によって、古渓和尚の配流事件に発展したといわれる」(40)。

天正十六年の夏、古渓（および利休）が、石田三成を中心とする秀吉政権のいわゆる吏《り》僚《りょう》派と対立関係に入ったことは事実らしい。

吏僚派は前年のキリシタン禁令の問題に際しても、「覚」における「其の国郡知行の儀、給人に下され候の事は、当座の儀に候、給人はかはり候」という立場、同じく「定」における「国郡在所・知行等、給人に下され候の儀は当座の事に候」という立場、つまり大名の在地領主制を否定して官僚制化し、秀吉の意志を全国隅々にまで貫こうとする立場をとった、と思われる。この点にここで立ち入ることはできないが、いずれにせよこのような立場をとる彼らが秀吉に受け入れられてゆき、反対に右近の棄教が命ぜられたり、古渓の配流が命ぜられたりもした。しかし、右近の場合と同じように、古渓の配流も石田三成と古渓との私的な対立や、後者の「妬心」に解消してしまうことははっきり回避しなければならない。というのは、古渓と同時に、古渓と親密な大徳寺の首席の地位につく二名の高僧もともに筑前に配流されているからである(41)。

古渓と三成との対立は、右近の場合と同じように国策レベルとのかかわりのなかで起きたにちがいない。ちなみに、右近と古渓はともに利休の茶の湯の弟子であり、キリシタンと禅宗という違いはあっても利休を媒介にしてつながっており、ともに吏僚派と対立した。もし以上のごとくであるならば、古渓と三成との対立は具体的にどのような国策をめぐって生じたのだろうか。この問題を考えようとする時、古渓が九州で作った一つの詩文とその序が注意に値するように思われる。詩文には古渓の気迫が込められている。

安国山ハ 廼《すなわ》チ扶桑《ふそう》最初ノ古禅窟《ぜんくつ》ニシテソノ名天下ニ甲タリ。嘗《かって》兵革《へいかく》ニヨリ既ニ久シク廃シ茨《し》棘《きょく》瓦礫《がれき》ノ場トナル。天扶救《ふきゅう》ノ力ヲ施シ去歳《きょさい》已来シ緇徒処心ヲオイテ以ッテ帰休シ士庶《ししょ》精誠ニ而《して》信仰ス。開山千光祖塔再ビ整修サレ、烟雲蔽虧《えんうんへいか》山岳観ヲ改メ勝絶ノ者此《かく》ノ如し。茲《ここ》ニ堂頭《どうちょう》大和尚祖忌《そき》上堂ノ拈香《ねんこう》ニ斯《こ》ノ盛事ヲ聞ク。賀セザル可《べ》カラズ。謾《まん》ニ其ノ韻ヲ塵《けが》シテ以ッテ遠大ヲ祝スト云ウ

古剣斬蛟《ざんこう》流血長シ　人天驚動此ニ堂々陞《のぼ》ル　唯《ただ》鹿苑《ろくおん》ノ曽《かつて》席ヲ開クニ非ズ　臨済龍輝万世ノ光(42)

安国山というのは安国山聖福寺（福岡市博多区御供所町）のことであり、建久六年（一一九五年）、栄西の創建になるもので、後鳥羽上皇から「扶桑〔日本〕最初の禅窟」という宸翰《しんかん》（天皇の書）を賜った臨済宗の寺である。天正十四年、島津・大友の博多合戦で焼亡したが、天正十七年、九州戦役後に筑前の大名となった小早川隆景が願主となって再建された(43)。したがって古渓の漢詩文も配流翌年の十七年のもので、中興の祖、堂頭和尚の祖忌《そき》に、開山千光つまり栄西の祖塔の整修を祝うものである。

詩文の末尾に移ろう。「古剣斬蛟……」とは、序から推測すれば、栄西の思想が、かつて安国山を滅ぼした兵革の道に対抗して、再び高くかかげられるというふうな意だろうか。

「唯鹿苑ノ曽席ヲ開クニ非ズ　臨済龍輝万世ノ光」という力の込もった結句に注目したい。鹿苑は、釈迦成道後、初めて法を説いた鹿野苑《ろくやおん》のことであるが、しかし古渓は、インドの出来事を回想しているのではなくて、万世ノ光を龍起する臨済に対するところの鹿苑、すなわち京都相国寺の禅、かつて室町幕府によって支えられてきた五山の禅林をイメージしていると思われる。同じ禅でも古渓は、栄西の臨済禅の思想的な継承者として、「鹿苑」相国寺の立場を否定しているようにも思われる。したがって、この時期の相国寺について必要な点を眺めてみよう。

相国寺の中心に立つ人物は、のちに秀吉の外交関係に重要な役割を果たすことになる西《せい》笑《しょう》承《じょう》兌《たい》だった。彼は天正十三年、鹿苑《ろくおん》僧録（院主）についている。北島万次氏によれば、「この僧録職は五山十刹以下の禅宗寺院を統括する立場にあり、代々の僧録は寺院行政の手腕をもつとともに、漢籍の博識を有するものが就いている。歴代の鹿苑僧録を見ると、足利義満の外交顧問となった絶海中津、……瑞渓周鳳などがその代表例である。かれらは五山文学僧でもあり、その博識によって室町幕府の対明外交文書の起草にあたっていた。西笑承兌はこの名誉ある地位に就いたのである」。

ところが、すでに室町幕府は滅亡して久しく、相国寺は後援者を失っていた。「西笑承兌が相国寺住持・鹿苑僧録となるまでの相国寺は凋落の一途をたどっていた」のであり、天正十三年「鹿苑僧録となった承兌が直面した課題は相国寺の復興であった」。彼は相国寺の諸堂・庫裡《くり》の修理普請に追われ、「そのためか、鹿苑院は莫大な借銀・利息をかかえるにいたった」。加えて、天正十七年、秀吉政権は山城・大和などの地域に検地を強行、相国寺も対象となり大きな経済的被害を受けた。「しかしこの間、承兌をはじめとする五山の高僧・住持らは検地に手をこまねいていたわけではない」。「五山の高僧・住持らは五山十刹の寺屋敷・境内・門前の検地免除を京都奉行前田玄井、京都所司代浅野長政らに申し入れた。その結果、五山十刹三十六カ寺の寺屋敷・境内・門前は検地免除となったのである。五山十刹を統括する鹿苑僧録西笑承兌とすれば、その奔走は一定の功を奏したのである」。このような背景の上で、天正十七年、「承兌は関白秀吉から紫衣の台帖《じょう》を賜る」。紫衣の台帖とは、かつて室町幕府による五山・十刹《じっせつ》・諸山など、官寺の住持を任命する補任状だった。したがって、天正十七年を境にして、五山禅林の統制権が鹿苑僧録から関白秀吉に移ったことが明示されたのであり、この時以降、承兌をはじめとする五山の高僧たちは、秀吉政権の外交ブレーンならびに外交文書の作成者として登場してくることになるのである(44)。

以上の、鹿苑僧録承兌《じょうたい》を中心とする五山僧の動向と対比してみれば、古渓および大徳寺高僧たちの配流の理由をおおよそ推測することができる。

天正十五年の九州平定、国分け、キリシタン禁令以後、天正十六年に入り秀吉政権は国内全域の平定と同時に対外侵略の具体的構想を明確にし始め、当然のことながら外交関係の担い手・イデオローグ・文書作成者を必要とするに至り、それを大徳寺僧古渓たちに求めた。古渓は天正十二年以来秀吉に近く、秀吉の惣無事令政策の賛同者であったが、この政策が朝鮮侵略戦争に転回してゆく過程において、秀吉政権の依頼を拒絶した。おそらくそれが九州配流の基本理由だったであろう。配流先が九州筑前であったことも、以上のことと関連していたのかもしれない。

配流の年、天正十六年は、大仏殿造営が本格化した年でもあった。古渓は配流先の筑前で、安国山聖福寺を訪れ、東大寺大仏の勧進職にあった栄西の思想と行動を想い浮かべながら、その祖師の志とはまったく違った方向に進んでゆく方広寺大仏と、そちらにひきづられてゆく「鹿苑」相国寺の人びとを心のなかで対比しつつ、「若シ河北アラズンバ便《すなわ》チ河南、志ハ漁樵《ぎょしょう》トトモニ将《まさ》ニ庵ヲ結バントス……是吾ガ円覚ノ大伽藍」(45)、と、そのようにわが道に向かったのである。

第五節　利　休

一　惣無事令政策と「北野大茶湯」

天正十三年七月、秀吉は関白になり、同年十月、島津義久に惣無事令政策を適用して停戦命令を出したのだったが、その際、秀吉の命を受けて、利休と細川幽斎は連署して、島津の家老伊集院右衛門太夫宛に副状《そえじょう》を出し、関白秀吉の意向に従って停戦令を受け入れるように勧めた。伊集院が幽斎の歌道の門人であり、利休の茶の湯の弟子であったからであるといわれている。(46)いずれにしろ利休はこの時点では惣無事令政策の賛同者として行動している。そのことは、この副状に対して、島津氏側から、惣無事令を拒絶する旨の返答を受けた時の利休の様子からもうかがうことができる。次の手紙は、この島津氏側の意向を、副状の連署者幽斎に伝えるもので、小松茂美氏の考証によれば天正十四年一月のものである。(47)

一大事を忘れ申し候間、追って申し候。易《やす》からぬ浮き世の老の山越えて　又大坂にかかりぬるかな
何事もなくて今年も呉羽鳥《くれはどり》　妖《あや》しや本の夢の物かは

もとの夢とは盧生《ろせい》が事にて候。此《か》くの如《ご》く申し承り候や。かしく。
俄《にわ》かに歌あがり申し候。
丹州幽斎　参る　人々
大坂より
易

島津義久が秀吉の惣無事令を拒絶したことに対して、利休は大きな困惑と「盧生が事」（虚しさ）を抱いたように見える。利休が副状に署名したのは秀吉に命じられたからではあろうが、利休自身も全国の「惣無事」・「静謐」への願いをそこに込めていたにちがいない。

その後、天正十五年五月、島津義久はかつて見たように応其の説得を受け入れ、秀吉に降伏し、六月、筑前の筥崎で「国分け」の裁定が行われ、その同じ月にキリシタン禁止令が出された。

秀吉は大阪に帰ると、ただちに、利休と相談していわゆる「北野大茶湯」の催しを企画した。六条からなるこの茶湯の告示は、天正十五年七月二十九日付となっている[48]。

明らかに秀吉は、九州平定による惣無事令政策の成功を、北野の森における大規模な茶の湯の催しによって祝賀しようとしたのであり、利休も協力をいとわなかった。

山上宗二記のなかに

其比《そのころ》天下に御茶湯仕《つか》はざる者は人非仁《にんぴにん》に等し　諸大名は申すに及ばず、下々洛中洛外、南都、堺悉く町人以下乞《まで》、御茶湯を望む

という言葉がある[49]。

茶湯は、戦いの時代のなかで人間性を回復する平和の営みとして、身分を超えて流行した。秀吉が惣無事令政策の

成功を祝うために、平和の祭典としての大規模な茶の湯の催しを企画したことは、理解できぬことではない。北野茶湯告示六か条のうちの一つには

茶湯執心之ものは、若党、町人、百姓以下によらず、釜一つ、つるべ一つ、のみ物一つ、茶はこがしにても苦しからず候

とあって、身分や貧富を超える。また別の条には

遠国の者まで〔名物を〕見させらるべきために、十月十日迄《まで》日限を延ばしなされ候の事

とあって、距離の壁をもできるかぎり超えるために、茶会は十月一日から十日までと延ばされた。(50)身分を超え、貧富を超え、距離を超え、広々とした北野の森「松原にて」、大規模な平和の茶会を開くという発想は、茶座敷の空間を四畳半から一歩また一歩と狭めていった利休の、一見逆方向をめざすかのような、しかしその独自の自由な精神に由来する可能性が強く、

坐敷《ざしき》の儀は、松原にて候条、畳二帖、但、侘者《わび》は、とぢつけにても、いなばきにても苦しからず候の事

という一条がある。

ところが、これに反して、利休的な精神とは異質な、秀吉独自の権力主義的志向を示す一条が最後の方に付加されている。

右の如く仰せ出され候の儀は、侘者《わび》をふびんに思《おぼ》し召さるるの儀に候の所、此度罷《このたびまか》り出でざる侯の者は、向後において、こがしにても立て候の事無用との御異見に候。罷り出でざるものの所へ参り候の族《やから》までも、同前之《これ》ぬる者たるべき事

秀吉は「佗者をふびんに」思い、無条件に「北野大茶湯」へ招いているのであるが、それにもかかわらずこの招きに応じない者は、今後茶湯を立てることを禁じ、また、そのような者へ参る者も同じ扱いとする、というのである。すなわち、平和の一大祭典たる「北野大茶湯」の催しは背後に秀吉の強制力が置かれているのであり、それはちょうど「惣無事＝平和令」が秀吉の軍事的強制を背後にもっているのと同じである。こうした「北野大茶湯」と惣無事令政策との関連性は、この大茶湯が、「十月朔日より十日迄の間」「十月十日迄」と二か条にわたって予告されていたにもかかわらず最初の一日のみ行われただけであとは取りやめになってしまったことの中に如実に現れている。

大茶湯の会の一日が過ぎたとき、九州の肥後で一揆が発生した旨の急報が入ったのである。肥後の一揆と、天下に告示した大茶湯会のとりやめとはどのような関係があったのだろうか。

肥後国は、天正十五年の九州平定・「国分け」によって、佐々木成政を新領主にして、朝鮮侵略基地博多の最重要な後援軍事力供給地として位置づけられ、そのため三年間検地不施行とされたのであったが、佐々木氏は入国早々に検地を施行し国衆一揆をひき起こしてしまったのである。(51) 肥後は秀吉政権の惣無事令政策構想の重要な一環を担っていたので、ここでの一揆の勃発は、ただちに惣無事令政策の祭典としての「北野大茶湯」の催しにひびいてきたのである。一揆を弾圧することは秀吉政権にとってそれほど困難ではなかったであろうが、精神的ショックは強く、この催しを続行する気持ちにはなれなかったのである。こうした観点から大茶湯の告示をふり返ってみると、次の一条が眼をひく。

日本の儀は申すに及ばず、右之条、数寄《すき》の心掛け之《これ》在る者は、唐国《から》之《の》もの迄も苦しからず候の事

「唐国のもの迄」、平和の祭典たる大茶湯の会に招かれているのであるが、そのことは惣無事令政策が唐国をもその

射程範囲に収めており、唐国の強制的な平和（支配）をこの大茶会が遠望しているからではあるまいか。おそらく肥後一揆はこうした時期尚早の甘い楽観主義に冷水をあびせたのではなかったか。

「北野大茶湯」は秀吉と利休の共同企画であったし、利休は秀吉の側近として惣無事令政策を推進する立場に身を置いていた。けれどもこの政策の推進プロセスにおいて、彼の弟子右近は迫害され、親密な古渓は配流され、心をこめて準備を進めてきた「北野大茶湯」はわずか一日のみで中断された。利休がどこまで秀吉政権の惣無事令政策と一体化をつづけることができるのかどうか、次第に問題は深刻になりつつある。

二　大仏と利休

天正十六年、「北野大茶湯」の翌年、京都方広寺大仏殿の造営が本格化する。『当代記』巻二は、天正十六年の記載を、まず「春大仏普請始」と記し、次に「聚楽に行幸之次第」についてまるで絵巻物の行列を文字化したように描写し、最後に「此の春より京都に大仏始」と結んで、秀吉を頂点とする諸大名の武家官位制による編成・秩序を「大仏」造営が囲むような形で記述している[52]。

大仏殿造営と同時に、その境内に茶座敷が建築される運びとなり、それにかかわる利休の手紙がのこされている。たとえば、天正十六年九月十八日、利休は前田利家にあてて次のような手紙を書いている。

当月二日の御礼拝見。一、大仏御屋敷、縄打ち渡り申し候間、大方の事、弾正殿へ台所、御馬屋内と申し乍《なが》ら勝手を御談合申すべき旨を入魂《じっこん》仕《つかまつ》り候。数寄屋の事は、我等才覚申すべく候。一笑、一笑。
恐《きょう》惶《こう》謹言。
此方《こなた》御用の事候わば、承るべく候。一笑、一笑。かしく。
菊月十八日宗易　（花押）

羽筑州様　尊報　　　　易
　　　　　　　　　　利休

小松茂美氏はこの文面を次のようにたどっており、参考になる。「今月二日のお手紙拝見いたしました。ところで大仏殿のお屋敷の縄打ちが済みました。大体のことは、浅野弾正少弼《しょうひつ》殿へ申しあげておきました。台所・御馬屋のこと御迷惑ながら、設計などにつきお話し合いくださるように、よくよくお頼み申しあげます。なお、数寄屋（茶室）のことにつきましては、拙者の才覚でいたしますので、どうか御一任下されたく。ハハハ……。最後の一句に、利休の自負がこめられているではないか」(53)。

京都方広寺大仏殿は、天平・鎌倉時代の東大寺大仏殿よりも規模の大きなものが構想され、実際に建造された。それに対して利休の茶座敷は前にふれたように可能なかぎりの極小化をめざすものであり、大仏殿境内に付属する茶座敷も二畳だった。秀吉の、外に広がろうとする権力空間と、利休の、極小化をめざす精神的・芸術的な空間とは、この前田利家宛の書簡においては、決して対立的なものとはされていないが、しかし明確に異次元のものであることが自覚されている。もし書簡が利家宛のものではなく、もっと心を吐露することのできる相手であったならば、この利休の自覚のより具体的な内容が浮かびあがるにちがいない。右の手紙の四日後に書かれた蒲生氏郷《がもううじさと》宛書簡は、そのようなものだった。特に秀吉政権の造立する大仏に対して、利休がどのように見ていたのか、注意を向けてみたい。

的便《てきびん》の条、一筆申し候。仍《よっ》て、南坊、昨日、午《うま》の刻《こく》に都（宮古）を立ち申され候。浅弾少の書状を取り下し申し候。先《ま》ず先ず、仕合わせ目出度《めでた》く下向にて、本望《ほんもう》、此《こ》の事に存じ候。御心底同前為《た》るべくと存じ奉り候。芝、本望の由、申され候。
一、我等、大仏普請《ふしん》、一昨日、家の屋根を葺《ふ》き申し候。

当月中に茶湯出し申すべき覚悟に候。貴殿へ御屋敷、渡し申すべく候間、其《そ》の分御心得なされ、早々《はやばや》と御上洛なくては、家の壥成し申す（間）じく候。殊《こと》（事）の外、大仏は寒く申し候。御城、早や出来と存じ承り候。目出度く存ぜしめ候。将亦《はたまた》、般若《はんにゃ》の壺《つぼ》、口を切り茶飲み申し候。凡《およ》そ天下一とは申し難く候壺、別して、今、下し申し候事、惜しく存ぜしめ候。茶を少し残し置き申し候。是《これ》を一服、申し上ぐべく候。関白様、大坂に御成りにて候。当月中は、未《いま》だ逗留《とうりゅう》申さず候。恐惶《きょうこう》謹言。

　大仏は極楽へこそ行くべきに　同じ浮世の月を見るかな

我等が壺も上洛申し候えども、大仏にて口を切るべく存じ候いて、口をあけ申さず候。かしく。

菊月二十二日　　　　宗（花押）

伊勢侍（持）従殿　人々御中　　　宗易

利休

まず利休は、氏郷に、南坊（高山右近）が無事に都を出立したことを告げ、深い安堵の気持ちを明かすとともに、芝（芝山監物）とともに氏郷も同じ気持ちにちがいないとして、右近を巡る三人の心の深いつながりを伝えている。前年、右近が棄教命令を受けこれを拒絶して以来、利休たちは深く彼の身の上を案じつづけていたのである。

　次に手紙は、大仏殿の茶室に移り、氏郷の上洛を待って茶を一服さしあげたいと言っているのであるが、このなかで大仏にふれている利休の言葉が気にかかる。利休は、氏郷に上洛を急ぐように述べたあと、

殊《こと》の外《ほか》、大仏は寒く申し候

と結び、次に「御城、……」と話題を氏郷の城の話に切りかえている。が、手紙末尾に大仏についての不思議な狂歌を添えている。

大仏は極楽へこそ行くべきに　同じ浮世の月を見るかな

一体、この歌の心をどのように理解したらよいのだろうか。桑田忠親氏の受けとめ方によれば、「初めの一首の狂歌も、随分、人を食っている。大仏というものは、極楽へこそ行くはずべきなのに、人間と同じく、憂き世の月をながめるとは、妙なものだ――と洒落《しゃれ》たのだ」。「『大仏は寒く申し候』とあるが、これも、大仏殿の工事がまだ完成しないのを、しゃれていったものだろう」(54)。

はたしてそれだけのことだったのか。この手紙は、高山右近の身の上を告げる文面から始まっている。宛先は蒲生氏郷である。氏郷は右近の道を選ばなかったが、キリシタン大名だったのであり、それも右近を信頼・尊敬して、その説得に応じてキリシタンとなった人である。その彼に、「殊の外、大仏は寒く申し候」と書き、右の狂歌を添えたのは、おそらく単なる「しゃれ」ではなくて、大仏がキリシタン迫害に利用され始めたこと、それゆえ大仏は寒く、しかも憂き世の月を見る境遇におとし入れられている、といっているのではないか。つまり利休は、秀吉政権による大仏の政治的・象徴的な利用のからくりを見抜いてこの狂歌をつくり、氏郷ならばこの狂歌の意味をただちに察知できるだろうと、思っていたにちがいない。そして利休にとって問題は、大仏がキリシタン禁令に利用されたというだけではなかった。この氏郷宛の手紙の十八日ほど前の九月四日、利休は九州に配流される古渓との送別の茶会を、大徳寺春屋《しゅんおく》と玉甫《ぎょくほ》の二和尚および三井寺の本覚坊を聚楽第内の利休屋敷に招いて行っている。その際、利休は、表装を仕直すように命じられ秀吉からあずかっていた虚堂《こどう》の墨蹟を床に掛けて茶会を開いたのであった。[55]この大胆な行動によってこの茶会は今では有名であるが、それはともかく、こうした背景で右の狂歌を見るとき、利休は秀吉政権の惣無事令政策の象徴としての大仏に対して、つまり政治的に利用される大仏に対して、本来の大仏を擁護する立場からシニカルな表現を使ったものとして考えることができるだろう。この頃から、利休は秀吉政権の惣無事令政策に対して、明確に距離を置いてゆくようになる。

少しあとのことではあるが、天正十八年、秀吉は北条氏に対して惣無事令を発し、小田原戦役を行うことになる。秀吉は天皇と関白という正当性根拠を利用し、全国諸大名に北条氏の打倒を命じ、かつて北条氏の同盟者であった徳川家康にも、九州戦役の時の毛利氏と同様の惣無事令執行の役割を担わせ、孤立化させた北条氏を全面的に包囲して、全体の力で押しつぶしてゆこうとする。その時の利休の、石清水八幡宮社僧の滝本坊実乗への手紙がのこされている。[56]

其の後は書状を以《もっ》て成《な》りとも、申し入るべき処に、関《かん》（白）様《さま》、会津へ御下向の事、一定《いちじょう》に候。我等は御許しにて候。然《さ》り乍《なが》ら、駿河《するが》に待ち申せとの御諚《ごじょう》に候。少しく用所《ようしょ》、仰せ付けられ候。

一、小田原、哀れを催《もよお》し候。涙ばかりに候。我等所より手下《てした》に申し候。

一、何もかも思《おぼ》し召すままにて候間、目出度く上洛《じょうらく》の覚悟にて候。

　橋立の茶も床《ゆか》しとも思すなよ　泥水《どろみず》なれば飲まれざりけり

一筆、唯今、之《これ》を進め候。恐々謹言。

呉々も不図罷《ふとまか》り上り、御礼申すべく候。自然《じねん》（万一）此方《こなた》、御用、色々候わば、承るべく候。

　以上。

卯月二十二日　　　宗易（花押）

滝本坊　参る　玉床下

文中、「小田原、哀れを催し候。涙ばかりに候。我等所より手下に申し候」という言葉には、単なる感傷ではなく、胸をえぐるような痛切な響きがある。小田原北条氏は、秀吉の支配する全体の論理、全体の力にたいして、それへの従属を拒絶して、自立的な領国防衛の論理に従った。池上裕子氏は、この抵抗を「戦国大名権力の論理であったとしても、勅命と尊大でかってな中央の論理をふりかざすものへ（の）反抗」であり「戦国期社会が達成したものの一つの形」と評価している(57)。おそらく利休も同様の思いの上での、「哀れ」、「涙ばかり」だったのであろう。秀吉政権の「中央の論理」の背後には、「地域権力」の自立性の否定ばかりではなく、思想的排他性や対外侵略性がこびりついており、そのことも北条氏の抵抗にたいする利休の心をかき立てるもう一つの要因であっただろう。文中、「橋立の茶も床《ゆか》しとも思《おぼ》すなよ　泥水なれば飲まれざりけり」という狂歌が挿入されているが、そこには御茶頭として秀吉陣営の側にいる利休の、いいようのない苦悩が表れているように思われる。そして言うまでもないが、この小田原包囲戦の時、小田原城には利休の一番弟子山上宗二がいて、北条の部将たちに茶の指導を行っていたのであるが、落城後、宗二は激しく秀吉に反発して、秀吉に殺されることになる。利休と宗二とは、秀吉に平和の実現を期待したが、その実現の仕方、惣無事令政策は今やまったく期待に反するものになっていたのである。

三　利休の世界

利休は、天正十六年以前、施薬院全宗《やくいんぜんそう》や木食応其《もくじきおうご》などと同じように、秀吉側近として、惣無事令政策の「平和」的性格を代表する者として重用されてきたが、天正十六年に入ると、彼らの大仏に対して利休の茶の湯は明確な精神的違いを示すようになり、この時から利休はかの賜死《ちょうし》事件への道を歩み始めたのである。全宗や応其と利休を分かつものは何であったのだろうか。そうした点を根本から考えるためには、どうしても「わび」と呼ばれる利休の茶の精神のなかに立ち入らざるをえないが、そのためのアプローチとして、ここでは利休の茶室の特徴を取りあげてみたい。

これまでもふれたことがあるように、利休は茶座敷の極小化を追求しており、そこに利休の大きな特徴がある。さしあたりまず一つの具体例を紹介しよう。大仏殿の茶室が完成すると、すぐに茶会が開かれた。あの氏郷宛の手紙のほぼ一週間後、天正十六年十月一日の大仏殿茶会記——利休が大仏殿造営奉行織田上野介信包《のぶかね》に書き送ったもの——(58)。

十月朔朝《さくちょう》、大仏に於《おい》て御会の次第。御座二畳。
御床、玉澗《ぎょくかん》の雨絵。
四十石大壺《おおつぼ》。御茶入《ちゃいれ》、新田。井戸茶碗。水指《みずさし》、芋頭《いもがしら》。
御囲炉裡《いろり》(理)。責紐《せめひも》釜。水飜《みずこぼし》、亀蓋《かめふた》。竹茶杓。竹輪、蓋置《ふたおき》。
一、食汁、鮎。ユシソ、酒浸《さかび》て。鮒《ふな》焼きて、殿下の御持参。山折敷《おしき》、浅葱《あさぎ》濃き。
菓子、山折敷に焼物(栖)黒雁。以上。
上野殿　　休

この茶会記は、少々大げさに言えば、日本精神史上、類例のない出来事を伝えている。茶座敷の広さは、「御座二畳」とある。この狭い空間のなかに、客としているのは「殿下」関白秀吉である。関白という身分の者が、二畳という空間において、利休と対座しており、かつ食事の内容の中心は、当時、農民の貧しい食べ物であった鮒を、関白自身が焼いて持参したものだったのである。やがて利休と秀吉は深刻な対立に陥るが、しかし最初からそうだったわけではもちろんなく、秀吉も利休の「わび」を理解できる側面をもっていたのである。

利休の二畳茶座敷の思想的・美学的な意味について、これまでの研究成果をふり返っておこう。

まず、社会的な身分との関係について。

堀口捨身氏は、利休以前の、茶座敷についての通念を示す『数寄道大意』の一文を紹介しているが、それによれば座席之広狭、貴人の御茶湯之座ハ　六畳敷相応、其謂《そのいわ》レハ　イカニ茶湯ト申共　膝詰《ひざづめ》ニアラヌ物也。御相伴も　少《すこし》間ヲ置テ　恐アル風情ニ　ミナ着座ス。ソウ〔総〕ナミ〔並〕ハ四帖半ヨシ

とある。[59]

これによれば、貴人にたいしては六畳が望ましく、それ以外一般的には四畳半が適当なのである。関白を招いた二畳の座敷は、この通念からすれば、革命か反逆か、といったところである。

身分原理の通念に対する違反は、利休の創意によるにじり口にもあてはまる。にじり口の創設によって、縁《えん》が取り除かれ、書院から草庵へと外観的に自立する茶室が作られたのであるが、このにじり口のもつ身分原理に対する挑戦性について、やはり堀口氏の紹介する江戸時代の文献が雄弁に物語っている。

客を侍《また》せ、両刀を席へ入ず、あまつさへ溜近きあたりに刀掛をしつらひ、客に自身草履《ぞうり》を取せ、にじり上りの狭き所より這入《はひいら》せ、扨亭主はふすまを明《あけ》て出るなど、皆客をうつけにし、客より亭主をうやまひつるごとくにふるまふ事、一つとして理にあたらず、其《その》無礼云ふに及ばず。[60]

けれども、にじり口はむろん身分原理への挑戦を自己目的化するものではなく、堀口氏の解するように、二畳敷という極小空間に入る際、「躙口の如き入口から室内を腰をかがめて見る時は……室内は一つの独立した超尺度の世界を現すであろう」[61]という工夫の結果でもあろうし、あるいは中村昌生氏の強調するように、下地窓と連子《れんじ》窓の併用によって室内の明かりの微妙な明暗の効果を意図する際に、できるかぎり出入口のふさぎやすさを求めた工夫でもあったのだろう。[62]けれども、それが結果的には、身分原理の否定につながったことも事実であり、利休はそれを意に介さなかったのである。

一般的に言って、身分関係は、空間的には距離と高低とによって表現される。自分よりも高貴な身分の者に対して

は距離をとって対面し、また一段低い位置に身を置かねばならない。利休の茶室はこの身分的空間性を極限まで否定しようとする。この否定の努力は、人と人の関係を、身分の壁から解き放ち、人格的な交わりを構築するためだったように思われる。茶の湯は亭主が客をもてなすわけだが、この関係は相互に代わりえるものであり、人と人とはいわば対等な、人格的な関係となる。利休の茶室においては、同一平面上の距離が極小化されるので、人と人との間に独特の緊迫感が生じるが、その雰囲気のなかで自由な心の、つかの間の時であっても意味深い、交わりがめざされる。利休などの茶人は、当時の戦争の時代のなかで、非世俗的な茶室空間のなかで人間性を回復し、人格的交わりを実現して「平和」を原理的に構築しようとしたのである。利休がある時までは秀吉の惣無事令政策の協力者として現れ、ある時からそれに疑いの眼差しを向けるようになったのは当然のことであっただろう。

次に、利休の茶室の別の特徴に移ろう。

利休は茶室を極小化するばかりではなく、いわばその日本化を徹底化していった。その点をまず端的に示すのが利休独自の室床《むろとこ》である。堀口氏は利休の妙喜庵の床の間について次のように述べている。

> この妙喜庵圍の床の間についてなほ見るべきはその壁の質である。これは一寸余りの藁苆《わらすき》を入れた土壁で、農家に見る荒壁仕上げである。茶座敷は最も宜くもてなさる可き客の座敷として紙張付けの壁仕上げを世の常のしきたりとして居たのに対して、これは思ひ切った大きな変え方である。(63)

待庵も同様で、中村氏によれば、

> 待庵の壁は、大きな藁苆《わらすき》を表面に散らした、荒壁様の仕上げであります。それがそのまま床のなかにも及んでいるのです

という。(64)

利休以前の、かつての四畳半の茶座敷の床の間は、主に舶来の豪華な名物を飾る場だった。利休は、日本の農家にふつうに見られる土壁で室内の空間枠を構成し、それを床の間にまで貫いたのだが、こうした茶座敷の空間と室内で使われる茶道具の変革とは有機的に結びついている。たとえば、利休が長次郎という瓦師に唐物茶碗や高麗茶碗の代わりに、日本の土で、ろくろを使わず手びねりのいわゆる楽茶碗を焼かせたことはよく知られている。あるいはまた、利休は天井から茶釜を炉につるす鎖《くさり》を農家で使う「竹の自在」に代えたり、みずから竹を削って茶杓《ちゃしゃく》を作ったり、山から竹を切り出して古銅や青磁に対抗する花入《はないれ》を作ったりもする。利休は決して唐物やいわゆる名物を排斥するわけではないが、舶来万能主義や名物の権威主義を捨てようとするのであり、その過程のなかで日本的な美を発見してゆき、茶室の日本的空間化を完成させる。そしてこの空間は美学的な意味においてだけでなく、日本精神史上の大きな意味のある出来事だったのである。利休の弟子、山上宗二は「数寄者之覚悟ハ禅宗ヲ全ト用ル可也」と言っており、[65] 利休自身も古渓を参禅の師とする人間だった。が、いわゆる利休七哲の一人高山右近はキリシタンだったし、それは右近にかぎらない。すなわち日本的空間としての利休の茶室は、身分や宗教などの壁を超える宇宙的な空間であったし、二畳の極小空間は精神的には広大無辺の広がりをもつものであった。こうした日本的空間をつくった利休が、惣無事令政策をかかげて大陸四百余州を日本化しようとした秀吉と対立したことは、必然だったのである。秀吉の精神的に狭隘な日本は、物理的暴力によって物理空間的にのみ拡大化しようとする。天正十八年、秀吉は朝鮮国王の国書の返事において、中国征服の抱負を告げて、「大明国に入り、吾朝之風俗を四百余州に易す」と宣言している。[66] 利休の日本と秀吉の日本とは原理的に対立した。

第六節　朝鮮侵略と大仏

天正十六年五月十五日、大仏殿の定礎式が行われ、京の町中で祝いの催しがあった。そうしたなか、大仏造営に関して重大な決定がなされた。第一は、大仏殿の完成を今後五か年に期すというものであった。第二は、大仏を金属で鋳造するのではなく木像造りとし、漆膠《しっくい》を塗って頑丈にし、彩色を施すという決定である。この二つの決定は密接に関連している。

天正十六年から五年後は、文禄元年である。この年、朝鮮出兵（文禄の役）が行われる。これは、結果からみた偶然の一致ではなく、大仏殿完成が、日本の精神的統一と朝鮮出兵の旗印として位置づけられたことを意味する。朝鮮出兵は綿密な計画と準備がなければ実現できるはずもなく、へたをすれば国内が内側から崩壊する危険さえもある。総合的な意味で準備期間が五か年と設定され、大仏殿の完成もそこに照準が合わされたのである。

他方、大仏が鋳造ではなく木造とされたのも、一つにはこの五か年という期限設定の結果であったかもしれないが、それと同時に、主要には、朝鮮出兵・中国侵略戦争が大量の武器を必要とするからであったことには疑いがない。実際、諸大名は文禄の役が近づく頃になると、城下町に職人たちを集めて武器製作の体制づくりに追われることになる(67)。秀吉の大仏造営は、聖武天皇の大仏造営とまったく反対の方向をめざして推進されたのであった。

天正十六年に以上のように目標期限が設定された。したがって、戦争準備体制と大仏殿造営とは同時並行的に進んでいったのであるが、時には両者の間に矛盾が生じることもあった。たとえば次のような豊臣秀吉朱印状がある(68)。

急度《きっと》被仰遣候、高麗船共被仰付候、然者《しからば》材木人数等指合候間、大仏儀、先々打置、柱ニハ蓋を仕可置候、但今迄大仏へ取寄在

之材木分、有次第者《は》、人数五六千人ニて可仕候、委曲被差越羽柴下総（市橋長勝）入道候條、可申聞候也、

十月十日〇（秀吉朱印）

「高麗船」建造と、大仏殿造営とが競合関係に陥り、前者が優先されたのであるが、むろんこれは原理的矛盾というわけではなかったから、すでに集まった材木は五、六千の人夫を使って大仏殿造営に使うように指示している。目標の時期が近づくと、秀吉は朝鮮出兵政策に本腰を入れるため、関白の地位を秀次に譲り、みずからは太閤となった。その秀次から、大仏造営を急ぐよう応其に命じる朱印状がある。(69)

大仏造畢《ぞうひつ》之間、自餘之寺社修造事、可令停止、拜世上之時宜、抛万端他事、急速可勵造営之功、右両條、自然於違背者、可為曲事《くせごと》者也、

三月朔日〇（秀次朱印）

高野山

興山上人

応其は、むろん大仏造営に力を傾注していたが、しかし彼は同時にこれまで、真言宗の寺院の修繕や再興にも大きな役割を果たしてきたのだった。朝鮮出兵の時期が近づくにつれて、大仏殿の完成も急がれたのである。応其自身も、上から命令されずとも、両者の関連を十分意識しており、軍事的な国家の大事を、大仏殿完成によって祈る、というふうな意識であったと思われる。朝鮮侵略が始まってまもなくの頃、文禄二年と推定される二月八日付で、応其は高野山領の諸村の人足頭にあてて、「大仏人足」を至急集めるように催促し、「高麗」出陣の時節、「天下こころやすくある所は之無く候」として、戦時体制下での総動員化を当然としている。(70)

猶〻此時節無沙汰仕候段、曲事《くせごと》不及是非候、早々有様ニ可致沙汰候、
以上、
先度も書状遣候へ共《ども》、一切ニ不請付候由、言語道断曲事ニ候、大仏人足ニ切々召遣候ゆへ、たとひ在所をあけ候共、学侶《がくりょ》方より被仰候儀、もちひ申ましき由、種々かしひまヽニ申候由、治定其分ニ候や、此返事急度《きっと》可申候、高麗へ被成御出勢候上ゟ、一天下ニこヽろやすくある所ハ無之候處、必々子細慥ニ可申候、其上にて可申付候、

（文禄二年カ）　　　　　　木食
二月八日　　　　　　　　　　応其在判

志ふさ
あらミ
すいえら
をちろさ
地下人中

応其の必死の努力によって、文禄二年九月には大仏殿の棟上《むねあ》げがあり、十二月には瓦の下地ができあがった。文禄四年、大仏殿は完成に近づき、聖護院道澄が大仏殿住持となり、落慶供養は翌年の八月十八日に定められた。この年は、朝鮮での戦争の行末について微妙な時期を迎えていた。文禄元年に始まった朝鮮侵略は、文禄三年には、初期の快進撃はすでに終わり、戦線は停滞し、小西行長の使者内藤如安が明の皇帝と会見し、秀吉の知らぬ所で和議の可能性を探っており、文禄四年一月には明の正使が北京を発して釜山に向かっている。翌年、慶長元年一月、秀吉は明使の渡来と朝鮮王子の来朝を要求した。使節と会見して、戦争を終結し和議を結ぶか、それとも戦争を続行するのか、その決断のためだった。そして、この年の八月十八日が、大仏殿落慶供養の日と決められたのだった。

ところが、その決められた日のほぼ一か月前、大地震が京都を襲った。地震はむろん落慶式を間近にひかえる京都方広寺をも襲ったが、その襲い方は通常のものではなかった。この点についての資料はすでに辻善之助氏によって紹介されているが、あらためて確認しておきたい。

(一)「大仏ハ堂ハ不苦、但《ただ》柱ヲ二寸程土へ入了、御仏ハ御胸ヨリ下少々損了(71)」

(二)「大仏事、堂無為、奇妙々々、本尊大破、左御手崩落了、御胸崩、其外所々響《ひび》在之、後光聊《いささか》モ不損、中門無為、但四方角柱少々サクル、其外無吴儀、三方之築地悉崩、或転倒、妙法院門跡廊転倒、照高院台所少々損、大仏供養延引、寸善尺魔歟《か》(72)」

(三)「大地震、子刻《ねのこく》動テ数万人死、京中寺々所々崩倒之、第一伏見城町已下《いか》転倒了、大仏築地本尊裂破了(73)」

(四)「十二年己前自《よ》り、大仏殿御建立、仏亦造畢《ぞうひつ》、然ると雖も去年七月之地震、堂者《は》柱根傾かず、瓦甍《ががく》落ちず、仏者《は》破却、四支分段(74)」

右の資料のうち第二のものは、三宝院門跡義演の日記であるが、そこに「奇妙々々」の言葉がある。何が「奇妙」だったかといえば、それには二つある。一つは、大仏殿本堂は地震によってびくともせず、資料(四)によれば瓦が落ちさえしなかったにもかかわらず、本尊の大仏が大破したことである。この点は資料(一)(二)(四)が共通に報告している点である。もう一つは、やはり義演の日記に「大仏供養延引」とあるように、大地震によって大仏が大破し予定の供養が延引されたことが「奇妙」だったのである。というのは、この日記の筆者である義演は、落慶供養の日に真言宗を代表して呪願師《じゅがんし》の役割を果たすことになっていたのであるが、この落慶供養は、鎌倉時代の建久六年、東大寺の落慶供養の先例に従って行われるはずだった。当然、義演のみならず多くの人びとは、鎌倉時代、大仏開眼供養を前に大地震があったことを、『方丈記』や『平家物語』によって知っており、しかも大地震にもかかわらず大仏は無事で地震からほぼ一か月後開眼供養が行われたことも、知っていたのである。ところが今、方広寺大仏供養を前にして事態はまったく逆になり、大仏は大破し、「大仏供養延引」に陥った。このことが「奇妙々々」だったのである。秀吉をはじめ、政権の中枢部の者たちや義演たち宗教者は精神的なショックを受け、疑惑に襲われたにちがいない。なぜならば、朝鮮・中国侵略戦争のための精神的な統合の象徴である大仏は、こうした役割を続行することをみずから拒否したからである。少なくともそのように思われたからである。利休は天正十九年秀吉によって自害させられ、その翌年に文禄の役が始まったが、その利休は以前、氏郷への手紙のなかで、

　大仏は極楽へこそ行くべきに　同じ浮世の月を見るかな

と一首書き留めたのだった。が、今、大仏はこの浮世を拒絶して極楽へ去ったのだった。

以上は慶長元年七月十三日のことだったが、この「奇妙」な出来事の意味を何も理解できなかった秀吉は、それから二か月後の九月、大阪城で明使楊方亭を引見した際、表文の無礼を怒り、使者を追い返し、朝鮮への再出兵を決定する。十一月にはキリシタン二十六名を長崎で磔殺《たくさつ》し、翌年一月秀吉軍は朝鮮に上陸した。それが慶長の役である。その後どうなったのだろうか。戦争の推移と大仏殿のその後とは、いかなる結末を迎えるのか。この事についてもすでに辻善之助氏が資料にもとづいて説明している。[75]

この大地震の後、秀吉夢に善光寺如来を見ること一七夜に及んだ。か丶る事をいひ出すのも如何と抑へてゐた處、元年九月七日の夜、現のやうに影向して、都に還り阿弥陀峯の麓に居ようとの告があった。即ちこの旨を木食に報じて、事を奉行せしめ、其の遷座を命じた。

甲斐国善光寺如来、一七夜以来、夢ニ被レ成二御覧一候も、か様之儀被二仰出一候事如何思召、此中雖下被レ成二御遠慮一候上、既昨夜者現様ニ影向候て、都へ被二相移一阿弥陀峯興申山麓ニ有レ之度と示現候、然者其段可レ被二仰聞一間、聖護院同道候て、早々大坂へ可二相越一候也、

（慶長元年）

九月八日　○（秀吉朱印）

木食上人

善光寺如来は、諸大名のリレーによって、甲州から京都へ運ばれてきたが、応其も高野山の学侶《がくりょ》衆すべてを率いて迎えに行った。(76)

善光寺如来は、慶長二年七月十八日、京に入り、大仏に代わって、大仏殿本尊として安置された。(77)

信濃国善光寺如来入洛、近年乱国故、甲斐《かい》国ヨリ御上洛、大仏殿之本尊安置也、路次行粧歴〻也、御迎衆、天台宗百五十人、真言宗百五十人、都合三百人、僧乗馬法服袈裟ニテ具奉也、門跡禫高院殿、三宝院殿（義演）、大学寺殿、梶井殿、竹内門跡後陣、聖護院殿前駈《ぜんく》、木食上人、楽人衆騎馬也、如来御厨子如鳳輦《ほうれん》也、旗二行ニ八本都合十六本、与《ともに》浅野弾正少弼後陣之騎馬也、

それから間もなく、秀吉は病に陥った。それは不治の病だった。一年後、慶長三年八月十七日、突然、秀吉は病気の原因が善光寺如来であったことを悟り、信州に如来を帰国せしめた。が、それは手遅れだった。翌日、秀吉は如来に撃たれて死んだ。(78)

十七日、雨小降、
善光寺如来帰国、太閤依霊夢告俄《にわか》信州江《え》帰国也、路次之義依俄簡略云々、晩幽斎江振舞罷也、
十八日、天晴、御霊會如常、次太閤御死去云々、

秀吉の死んだ日、八月十八日は、如来を安置する堂の供養の予定日だった。仕方なく四日後、二十二日、善光寺如来帰国後の、本尊なき堂供養が行われた。それは虚無の一言につきる式典だった。

惣無事令政策とともに造立された大仏は、朝鮮侵略戦争突入後、戦争の中断か続行か決断の年に、みずから大破の道を選んだのであったが、その後、戦争が続行されるに至って、信州の善光寺如来が一七夜に及んで秀吉の夢のなかに現れ、ついに「都へ相移られ阿弥陀峯と申す山の麓に之あり」と、その意図を告げた。秀吉は拒絶することができずに応其を大坂に呼び、相談の上、善光寺如来を大仏なき大仏殿へ招き入れた。つまり秀吉は、善光寺如来に動かされて、如来を入洛させたのであり、行動の主体は秀吉ではなく如来だった。この善光寺如来は、鎌倉時代、重源が参詣し、劇的な宗教体験をしたあの如来だったのであり、朝鮮半島から仏教伝来とともにやってきた朝鮮出自の如来だった。この善光寺如来が、再度の朝鮮侵略を決断・実行した秀吉のもとにやってきて、彼の命を奪ったことは決して偶然ではなかったであろう。

秀吉の死後間もなく、朝鮮半島において、小西行長軍は明の軍に激しく攻められ、加藤清正軍は城を包囲され、やがて明の水軍によって多くの犠牲を出しながら撤退することになった。

注

(1) 前田・西大田・村山・戸津・平川『東大寺大仏の研究』(解説編) 岩波書店、一九九七年、九七頁
(2) 『大谷学報』六三－二、一九八三年
(3) 大日本古文書・高野山文書三、四二六号
(4) 日野西真定編『新校　高野春秋編年輯録』名著出版、一九八二年
(5) 『ビブリア』四三号、一九六九年、一〇月
(6) 大日本仏教全書六四巻史伝部三
(7) 兼子恵順「キリシタン禁令と薬樹院全宗」、『日本仏教史論叢』永田文昌堂、一九八六年、二九六－七頁
(8) 『大日本資料』十一編の四「伊達家文書」天正十三年三月二十六日、同十一編の二〇「延暦寺文書」天正十三年九月十二日
(9) 辻善之助『日本仏教史　近世篇之二』岩波書店、一九五二年、三〇三頁以下

(10) 同上、三〇六－七頁、大日本古文書・高野山文書三、四〇六号・大日本古文書・高野山文書
(11) 藤木久志『豊臣平和令と戦国社会』東京大学出版会、一九八五年
(12) 歴史学研究会編『日本史資料〔三〕近世』岩波書店、二〇〇六年、二八－九頁
(13) 大日本古文書・毛利家文書九四九号・大日本古文書・毛利家文書
(14) 藤木、前掲書三一頁、藤田達生『日本近世国家成立史の研究』校倉書房、二〇〇一年、一一二頁。池享編『天下統一と朝鮮侵略』吉川弘文館、二〇〇三年、六三頁
(15) 中野等「羽柴・徳川『冷戦』期における西国の政治状況」、藤田達生編『小牧・長久手の戦いの構造』岩田書院、二〇〇六年、二八七－九頁
(16) 辻、前掲書、三七七頁
(17) 桑田忠親『定本　千利休の書簡』東京堂出版、一九七一年、二七〇－一頁
(18) 藤木、前掲書、三六－七頁
(19)『高野春秋』前掲書、天正十三年、四月十六日
(20) 藤木、前掲書、一七一頁、同『刀狩り』岩波新書、二〇〇五年、六二－三頁
(21)『日本史資料』前掲書、三三－四頁
(22) 村上直次郎訳『イエズス会日本年報　下』雄松堂出版、一九六九年、二〇七頁
(23) 安野真幸『バテレン追放令』日本エディタースクール出版部、一九八九年、二〇二－五頁
(24) 同上、二一〇、二一九頁以下
(25) 松田毅一、川崎桃太訳『フロイス　日本史五』中央公論社、一九七八年、第四九章
(26) 松田毅一『南蛮資料の研究』風間書房、一九六七年、四四八頁
(27) ヨハネス・ラウレス、松田毅一訳『高山右近の生涯』エンデルレ書店、一九四八年、一一二頁
(28) 拙著『孔子と古代オリエント』大学教育出版、二〇〇三年、四七頁以下
(29) 同上、一六七－八頁
(30)『キリシタン書』日本思想体系、岩波書店、一九七〇年、二五〇頁
(31) 岩沢原心彦「秀吉の唐入りに関する文書」、『日本歴史』一六三号、一九六二年一月

(32) 清水紘一「博多基地化構想をめぐって――天正禁教令との関連を中心として――」、『近世日本の政治と外交』雄山閣出版、一九九三年、一八九頁以下
(33) 森山恒雄『豊臣氏九州蔵入地の研究』吉川弘文館、一九八三年、三五九頁
(34) 大日本仏教全書第六四巻史伝部三、九二頁下
(35) 『堺市史』第七巻別編、六二三－五頁
(36) 「共同研究・蒲庵稿」七、五一頁、『淡交』一九巻八号－二〇巻二号、以下「浦庵稿」と略す
(37) 「蒲庵稿」五、五六頁
(38) 同上、五、六〇頁
(39) 同上、八、八二頁
(40) 小松茂美『増補版　利休の手紙』小学館、一九九六年、三七一頁
(41) 同上
(42) 「蒲庵稿」六、六〇頁
(43) 芝村哲三『栄西を訪ねて』吉備人出版、二〇〇四年、三四四－五一頁
(44) 北島万次『豊臣政権の対外認識と朝鮮侵略』校倉書房、一九九〇年、一三七－四二頁
(45) 「蒲庵稿」五、六〇頁
(46) 桑田忠親『豊臣秀吉研究』角川書店、一九七五年、一九九頁
(47) 『増補版　利休の手紙』前掲書、四二三－四頁
(48) 桑田忠親『千利休研究』東京堂出版、一九七六年、一六四頁
(49) 筒井紘一『山上宗二記を読む』淡交社、一九八七年、一七頁
(50) 桑田『千利休研究』前掲書、一七三頁
(51) 森山『豊臣氏九州蔵入地の研究』前掲書、八二頁
(52) 史籍雑纂第二
(53) 『増補版　利休の手紙』前掲書、三六九頁
(54) 桑田『定本　千利休の書簡』前掲書、四五九頁

(55) 桑田『千利休研究』前掲書、一九四頁以下
(56)『増補版　利休の手紙』前掲書、四八九頁
(57) 池上裕子『織豊政権と江戸幕府』講談社、二〇〇二年、一六二頁
(58)『増補版　利休の手紙』前掲書、四四五頁
(59) 堀口捨身『利休の茶室』岩波書店、一九四九年、四九頁
(60) 同上、一一九頁、注八
(61) 同上、一一九頁
(62) 中村昌生『待庵』淡交社、一九九三年、一一一頁 - 四頁
(63) 堀口、前掲書、三九五頁
(64) 中村、前掲書、一二九頁
(65) 筒井紘一、前掲書、三二頁
(66) 桑田『豊臣秀吉研究』前掲書、二三八 - 九頁
(67) 藤木久志『戦国大名の権力構造』吉川弘文館、一九八七年、一九五頁（戦国大名佐竹氏の場合）
(68) 大日本古文書・高野山文書二、三五四号、豊臣秀吉朱印状
(69) 同上、三六〇号、豊臣秀次朱印状
(70) 大日本古文書・高野山文書三、四一八号、興山上人応其書状案
(71) 大日本古記録・言経卿記七、慶長元年閏七月十三日
(72) 史料纂集・義演准后日記第一、文禄五年閏七月十三日
(73) 史料纂集・舜旧記第一、文禄五年閏七月
(74) 西笑承兌、日用集、辻善之助、前掲書、四〇三頁
(75) 辻、前掲書、四〇〇頁
(76) 大日本古文書・高野山文書三、四一二号、興山上人応其書状
(77) 史料纂集・舜旧記第一、慶長二年七月十八日
(78) 同上、慶長三年八月十七日、十八日

あとがき

現代は超高層ビルの時代なので、東大寺大仏がいかに巨大であっても、人はその巨大さに驚くことはほとんどなく、かすかに天平時代という遠い過去を想起することによってのみ、いわば意識的に驚くことができるにすぎない。物体としての東大寺大仏は、現代においてもはや衝撃性を失って、過去のなかに沈みこんでいる。この大仏を過去の遺産として現代によみがえらせるためには、大仏造立の意味をつかむ以外に方法はない。なぜ大仏は造立されたのか。また、どのような想いで再興されたのか。そもそも大仏の巨大さそれ自体にいかなる意味がこめられていたのか。

東大寺大仏は決して聖武天皇の権力誇示のために作られたのではなかった。天皇勅願とはいえ、その造立の仕方は貧しい人びとをふくめ一人でも多くの民衆の自発的な寄進によるという方策、今風にいえば一大カンパ政策がとられた。それは鎌倉時代の再興の時も同じだった。権力の誇示手段ではなかったとすれば、東大寺大仏の造立および再興の意味をどのように理解すべきなのだろうか。

私事にわたるけれども、こうした問題を考え始めたのは、小学六年生だった子供が卒業旅行で東大寺を訪れたときからだった。日本中の子供たちに、東大寺大仏が現在においても失わない意味を、いったいどのようなものとして語ることができるのだろうか。

むろんそれは、修学旅行の子供たちだけの問題ではなく、東大寺に参詣する私たちすべてに対して、大仏それ自身が投げかけてくる問いかけでもあった。神なき時代、ほとけなき時代のなかで、大仏造立・復興の歴史的な意味の探究は、私たちと大仏との内面的出会いを可能にするであろうし、現代という時代において失われた何ものかを回復する試みでもあるかのように思われた。

子供が卒業してからすでに六年も経過してしまったが、ようやくこの課題にひとまず決着をつけ、大学教育出版から出版できるようになったことを、感謝したい。

磯部　隆

二〇〇九年一二月

■著者紹介

磯部　隆　（いそべ　たかし）

1947年　神奈川県藤沢市に生まれる
1975年　名古屋大学大学院法学研究科博士課程修了
1985年　名古屋大学法学部教授
現　在　名古屋大学大学院法学研究科教授

主な著書
『釈尊の歴史的実像』（大学教育出版、1997年）
『孔子と古代オリエント』（大学教育出版、2003年）
『華厳宗沙門　明恵の生涯』（大学教育出版、2006年）他

東大寺大仏と日本思想史

―大仏造立・再興の意味を問う―

2010年2月10日　初版第1刷発行

■著　　者――磯部　隆
■発 行 者――佐藤　守
■発 行 所――株式会社 **大学教育出版**
〒700-0953　岡山市南区西市855-4
電話（086）244-1268　FAX（086）246-0294
■印刷製本――モリモト印刷㈱

ISBN978－4－88730－955－5

好 評 発 売 中

華厳宗沙門 明恵の生涯

磯部　隆　著

ISBN4-88730-722-5

定価 2,625 円(税込)

明恵の心と精神の歩みを見つめ，内面史的に追跡することを試みた。

釈尊の歴史的実像

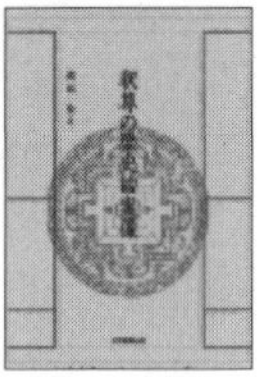

磯部　隆　著

ISBN4-88730-205-3

定価 2,310 円(税込)

仏教の開祖釈尊の生涯を教典類の分析により学問的に再構成した。

孔子と古代オリエント

磯部　隆　著

ISBN4-88730-512-5

定価 2,310 円(税込)

共通の座標軸において比較吟味し、思想の独自性と共通性を論じる。

古代中国における儒の思想と道の思想

鳥谷部平四郎　著

ISBN4-88730-687-3

定価 1,260 円(税込)

歴史を概観し，伝統的思想の基盤「儒」と「道」の思想も考察する。

聖伝の構造に関する宗教学的研究

宮本要太郎　著

ISBN4-88730-511-7

定価 5,250 円(税込)

聖徳太子伝を分析解釈しながらイエス伝や仏伝と比較し構造を論じる。